하룻밤에 읽는

파란만장 고려왕사

하룻밤에 읽는

파란만장 고려왕사

초판 1쇄 인쇄 | 2021년 1월 21일
초판 1쇄 발행 | 2021년 1월 29일

지은이 | 석 산
펴낸이 | 박영욱
펴낸곳 | 깊은나무

편 집 | 이상모
마케팅 | 최석진
디자인 | 서정희 · 민영선

주 소 | 서울시 마포구 월드컵로 14길 62
이메일 | bookocean@naver.com
네이버포스트 | post.naver.com ('bookocean' 검색)
전 화 | 편집문의: 02-325-9172 영업문의: 02-322-6709
팩 스 | 02-3143-3964

출판신고번호 | 제2013-000006호

ISBN 978-89-98822-78-1 (03910)

하룻밤에 읽는

파란만장 고려왕사

석산 지음

깊은나무

여는 글

하룻밤에 읽는 파란만장 고려왕사

고려Corea, 그 이름 자체가 역동적이다.

고구려 계승이라는 왕건의 천명에 맞춰 국호를 정했기 때문이다. 그래서 신라와 후백제를 통합한 후, 고구려인이 세운 발해 유민까지 수용했던 것이다. 이로써 삼한일통三韓一統을 이루고 북진정책의 발판을 마련한다. 마침 세력이 커진 요나라가 중원을 차지하려 송나라를 겨누던 상황이라 요나라는 물론 송나라도 앞다퉈 고려와 화친하기를 원했다. 당시는 요나라가 송나라에 일방적으로 승리하던 때였지만 고려 성종은 송나라와 손을 잡았다.

이유는 단순했다. 거란이 고구려의 옛 땅을 차지하고 있기 때문이라는 것.

요나라 입장에서 보면 북진정책을 펴는 고려를 배후에 두고 중원공략에 전념할 수 없어 수차례 대규모 침략을 시도한다. 그러나 실패했다. 특히 1018년 침략 때는 요나라 최고 전성기였고 송나라조차 요나라와 형제의 맹약을 맺고 있었음에도 불구하고 귀주대첩에서 고려에게 대패했다. 그후 국력이 하락하며 결국 금나라를 세운 여진족에게 망했다. 그때부터 송나라는 고려에게 저 자세를 취한다. 고려왕들이 해동천자海東天子를 자부한다며 자존심이 상해 있던 소동파가 송나라 조정에 고려 사신의 입국을 막자는 상소까지 올릴 때가 그 무렵이다. 당시 개경의 관문은 벽란도로서 동아시아 무역의 중심지였다. 아라비아, 일본, 인도, 페르시아 등 세계 각국의 상인들로 붐볐으며, 그때 코리아란 국명이 전 세계에 알려졌다.

하지만 고려 시대의 3분의 1은 전쟁일 만큼 기복도 심했다. 그 피해에 노출된 백성들도 수많은 민란을 일으켜 내부 모순을 해결하고자 꾸준히 시도한다. 그토록 파란만장했던 역사 앞에는 고려왕 34명이 서 있는데 능동적으로 헤쳐 나간 왕도 있고, 더 악화시킨 왕도 있었다. 그들을 아홉 가지로 분류해 볼 수 있다.

첫째, 통합을 이끌어 낸 왕으로, 초대 태조 왕건과 8대 현종이 있다. 통일신라 말기, 골품제도와 수취체제의 모순이 극에 달하고 지방 세력이 대두하면서 후삼국 시대로 치달았는데, 왕건이 특유의 흡인력으로 궁예를 꺾고, 견훤 세력의 분열을 유도하면서 삼한을 통일한 것이다. 고려건국 후에도 지방 호족과 혼맥 등을 만들며 연합정권을 유지해 나갔다. 아직 삼한의 정서가 남아 있던 백성들을 고토회복을 내세우며 통합시켰다. 고조선을 이은 고구려의 후예라는 삼한인들의 자긍심을 고취시킨 것이다. 현종도 험난한 과정을 거쳐 즉위한 뒤, 고려인의 염원을 모아 거란을 물리치고 송과 대등할 정도로 국력을 키워 냈다

두 번째, 백성의 필요에 민감한 왕들로, 6대 성종, 9대 덕종, 10대 정종, 11대 문종, 13대 선종 등이다. 성종은 탁월한 인물을 발굴해 적재적소에 배치하며 고려의 제도와 문물을 완성했다. 현종의 아들인 덕종과 정종은 덕치를 베풀면서도 신하들이 서로 기만하지 못하게 했다. 고려의 황금기를 연 문종은 모범을 보이며 관료를 줄이는 등 백성 위주로 제도를 고쳤다. 순종은 문종의 정책을 그대로 이어갔다.

셋째는 돌파형 스타일로, 집요하고 치밀한 승부사 기질이 있는 4대 광종과 권력욕의 화신인 15대 숙종이 그러했다.

넷째 감성적인 왕들로, 5대 경종과 12대 순종, 16대 예종, 31대 공민왕 등이 있다. 경종은 부왕 광종의 공포 정치를 청산한다며 감성 정책을 펴다가 호족의 복수전에 말려들었다. 순종은 부왕의 장례를 치른 후 슬픔을 이기지 못해 즉위 3개월 만에 병사했다. 예종

같은 경우 시를 주고받는 낭만적 군신 관계를 꿈꾸었다. 공민왕도 한때 고려의 마지막 희망처럼 여겨졌지만 개혁이 벽에 부딪치자 변태적 행위에 집착하며 소일했다.

다섯째는 우유부단하여 늘 기회를 놓친 왕들이다. 2대 혜종, 14대 헌종, 17대 인종, 19대 명종, 33대 창왕, 34대 공양왕인데, 소심해서 때에 맞는 결단을 내리지 못하고 늘 머뭇거렸다.

여섯째, 파당을 조성한 경우가 있다. 왕은 모두의 왕이어야 한다. 그런데도 3대 정종, 24대 원종은 달랐다. 이들처럼 왕이 파당에 치우치면 갈등이 심해져 나라가 조각난다. 정종이 서경파 중심으로 정치를 하다가 개경파의 반발을 야기했고, 원종은 무신 정권을 종식시키려다 더 큰 적인 원나라를 불러들여 고려가 부마국으로 전락했다.

일곱째는 쾌락만 추구하는 왕으로 18대 의종이 그랬다. 통치를 아예 환관에게 맞기고 향락으로 나날을 보냈다.

여덟째는 스톡홀름 신드롬에 허우적대던 왕들이다. 25대부터 30대까지 여섯 명의 충忠자 돌림(충렬, 충선, 충숙, 충혜, 충목, 충정) 왕이 대표적이다. 인질로 오래 잡혀 있다 보면 인질범에게 동조하는 스톡홀름 현상이 생겨나는 것처럼, 6충 왕들이 원나라에 오래 짓눌리면서 벗어나려 하기보다 원나라에 더 밀착하려 했다.

아홉째는 허수아비 스타일로, 7대 목종, 20대 신종, 21대 희종, 22대 강종, 23대 고종, 32대 우왕 등이다. 목종은 어머니의 말이라면 꼼짝 못 했고, 신종·희종·강종·고종은 무신 정권의 얼굴 마담 역할에 만족해야 했다. 우왕도 이인임의 꼭두각시였다.

이처럼 왕들이 각기 다른 특징을 지녔어도 고려인이 왕을 평가하는 원칙은 분명했다. 고려건국의 목적인 '북방을 얼마나 확보했느냐'였다. 고려인은 만주와 간도를 자국영토로 여기고 있었던 것이다. 그래도 16대 예종까지는 꾸준히 북방을 개척했다. 우유부단한 17대 인종이 이자겸과 묘청 등에게 이용당하면서부터 고려가 달라졌다. 당시 여진이 금나라를 세우고 요나라와 송나라까지 몰아붙여 송은 남송으로 크게 위축돼 있었다. 고려가 고구려의 옛 땅을 장악할 마지막이자 절호의 기회였던 것이다.

이를 날려버린 고려조정을 무신 정권이 100년간 독차지한다. 고려왕조의 존재 이유는 북벌이었다. 이에 충실할 때 여진과 거란이 조공을 바쳤고 송나라도 눈치를 보았다.

그 존재 이유를 상실하면서부터 민란이 반발해졌고 급기야 이성계의 역성易姓혁명까지 일어났던 것이다.

| 차례 |

우리나라의 역사를 살펴보면, 여러 작은 나라가 한 나라로 합쳐지거나, 내부 혁명으로 한 나라가 전복된 경우는 있었어도, 각자의 목소리를 내는 군웅에 의해 큰 나라가 작은 나라로 쪼개진 적은 한 번밖에 없었다. 후삼국 시대는 신라라는 통일국이 작은 나라로 나뉘어 각자의 목소리를 낸 유일한 시대다. 분열의 시대, 각자가 목소리를 내는 시대에 이들을 이끄는 참 리더십이 나타난다.

제 1 부

후삼국 실록

1

천하 대란의 시대, 내가 왕이다

천년 왕국의 끝자락, 제도의 와해

국가나 기업이나 일종의 사회적 유기체다. 사회 변화에 맞춰 나아가야 성과를 낼 수 있고 유지할 수 있다. 높은 성과를 내려면 변화를 선도해야 한다. 그러나 사회적 변화란 상당히 여러 단계를 거치며 이루어진다. 얼핏 보기에 급격한 변화처럼 보일지라도 이미 꽤 오랜 기간 진행되던 것이 표면으로 드러난 것뿐이다. 이런 흐름을 면밀히 보고 그 방향으로 몇 발자국 앞서 나가는 사람들이 블루 오션blue ocean을 차지하는 리더다.

천년 신라처럼 오래된 조직이 흔들릴 때는 두 가지 증상이 나타난다. 먼저 구심체가 와해된다. 조직을 생동감 있게 끌고 갈 리더가 사라지고 형식과 전통대로만 움직인다. 조직의 적폐積弊가 쌓여도 오래된 습관처럼 무기력하게 순응한다. 이런 낙후된 현실을 지적하면 그 조직에서 축출당한다.

신라의 본격적인 혼돈은 제51대 진성여왕眞聖女王(재위 887~897) 때부터 시작됐다. 조정이 극도로 문란하자, 이를 비판하는 대자보가 관청거리와 여러 대로변에 나붙기 시작했다.

신라 조정은 당시 대야주에 은거하며 뭇 백성의 존경을 받던 육두품六頭品 왕거인을 용의자로 지목했다. 억울하게 서라벌로 압송당한 왕거인은 문초당하며 그 심정을 시로 써서 감옥 벽에 붙였다.

于公痛哭三年旱(우공통곡삼년한)

우공이 통곡하며 3년 내내 가뭄이 들고

鄒衍含悲五月霜(추연함비오월상)

추연이 슬퍼하며 오월에 서리 내리네

今我幽愁還似古(금아유수환사고)

지금 내 깊은 시름은 도리어 옛일 같건만

皇天無語但蒼蒼(황천무오단창창)

어찌해 하늘은 무심하게 푸르기만 한가

시에 등장하는 우공과 추연은 춘추전국시대의 인물로 음양오행陰陽五行에 밝았으며 자꾸만 어지럽게 돌아가던 시절을 한탄했었다.

왕거인이 이 시를 짓던 그날 밤, 마른하늘에 번개가 치며 하늘에 구름이 끼고 사방에서 안개가 몰려왔다. 이에 진성여왕은 크게 놀라 병석에 눕는다. 왕거인을 풀어주고 나서야 비로소 날씨가 맑아지고 진성여왕도 병에서 회복되었다.

이는 신라의 통치계급인 성골聖骨과 진골眞骨이 육두품에게 고개를 숙였다는 뜻이다. 곧 신라의 사회 체계인 골품제가 무너진 것이다.

신라 왕실은 이처럼 형식만 남은 골품제를 유지하려다 천 년을 이어온 신라를 다 망가뜨렸다.

한 조직을 버티게 한 체계 또는 제도가 무용지물이 되려는 조짐이 보일 때 리더는 어떻게 해야 하는가? 대안 체계를 개발해내야 한다. 그러지 않으면 신라처럼 조직 자체가 사라진다. 조직이 사라진다면 리더란 자리가 무슨 소용이 있을까?

신라 말기 왕들은 무너져 내리고 있는 기존 체계를 고수하려다가 나라를 송두리째 잃고 말았다.

장강長江의 뒤 물결은 앞 물결을 밀어내며 바다로 나아간다. 물론 기존의 폐쇄성을 걷어내기가 그리 쉽지는 않다. 그러나 그렇게 해야만 부패한 과거와 단절해서 구태舊態에 물들지 않은 인재를 확보할 수 있다. 새로운 시대는 새로운 체계와 새 인물을 요구한다. 여름이 오면 겨울옷을 벗어야 하듯이 조직도 위기가 오면 오래된 옷을 벗고 새 옷을 입어야 한다. 그래야 외부 충격을 흡수하여 이를 추진력으로 삼을 수 있고, 새로운 계획을 세우고 실천할 수 있다.

이런 변화를 주저하거나 거부하게 만드는 속성이 바로 조직 관성이다. 조직 관성은 일종의 문화로서 그 조직에 속한 사람들이 공유한 가치관이며 행동의 보편적 규범이다. 그 조직에 속한 사람들이라면 그 행동 양식을 당연하게 받아들이고 새로 들어온 사람도 이 행동 양식에 따라야 인정받고 승진하며, 그렇지 않으면 외톨이가 되고 축출된다. 이것이 조직 관성의 지배 논리다.

신라가 지속되려면 골품제를 변혁했어야만 한다. 그러나 성골과 진골은 이 골품제야말로 지난 천 년간 신라를 번영케 한 제도라고 굳게 믿었다.

신라는 제30대 문무왕文武王이 668년 삼한을 통일한 이후 최대 전성기를 구가했다. 그 후 100년 가까이 지난 36대 혜공왕惠恭王(재위 765~780)에 이르러 급속히 약화된다. 여덟 살에 왕이 된 혜공왕은 조정을 장악하지 못해 친왕파와 반왕파의 갈등에 시달렸다. 여섯 차례 반란과 친위 쿠데타가 번갈아 일어나더니 급기야 상대등上大等 김양상金良相이 혜공왕을 죽이고 스스로 왕이 된다.

이후의 150년이 신라 하대下代인데, 20명의 왕이 수시로 뒤바뀐다. 평균 즉위 기간이 7년에 불과했다. 그중 여섯 명이 반란으로 왕이 되었는데, 다섯 명이 피살당했다.

이런 혼돈의 와중에 적극적 변화를 모색한 세력이 바로 육두품이다. 신라는 골품骨品(성골, 진골, 육두품, 오두품, 사두품, 평민) 사회다. 육두품은 능력이 아무리 뛰어나도 올라갈 수 있는 벼슬이 고작 6관등인 아찬阿飡에 불과했다.

왕권이 약해지자 지방 호족이 등장했는데 진골 중심의 신라에 불만을 품은 육두품 세력이 이들과 힘을 합쳐 변화를 주도했다. 만일 이런 육두품을 신라 왕조가 수용했더라면 신라는 쉽사리 망하지 않았을 것이다. 지도층의 내분 때문에 신라는 구심점을 잃었다. 지도층이 적극적으로 문호를 개방해 과감히 새 인물을 충원했다면 망국을 피할 수도 있었을 것이다.

육두품은 신라 귀족과 오두품 이하인 백성 간의 징검다리였다. 이들은 누구보다 민심을 잘 파악했고 그에 맞는 정책을 내놓았다. 실제로 육두품 최치원崔致遠은 당나라에 유학을 다녀온 후 894년 2월 시무십조時務十條를 제안했다. 이는 골품제도의 누적된 모순을 해결하는 방안인데 처음에 진성여왕이 가납嘉納했으나, 귀족들의 반발로 결국 무산되고 만다. 진골 귀족의 이익과 정면 배치되기 때문이다. 이로써 신라의 붕괴를 막을 마지막 기회를 놓쳤다. 혁신해야 할 때 과거의 성공에만 안주한 신라는 '조직 관성'의 늪에서 헤어나지 못한 것이다.

급변하는 시기에 리더가 갖추어야 할 조건이 세 가지 있다.

첫째, 과거에 승리한 방식을 잊고 새 조직을 만들어야 한다. 새 술은 새 부대에 담아야 한다. 인적 쇄신을 통해 기존 틀에서 벗어난 자유로운 인재를 충원해야 한다. 그래야 과거의 경영 방식에서 벗어난 혁신안이 나온다.

둘째, 변경에서 튀는 인재를 포섭해야 한다. 항시 변화는 중심부가 아닌 변경에서 온다. 관성의 힘은 조직이 파멸될 때까지 쉽게 사라지지 않는다. 이를 멈추려면 조직을 패턴화하는 특정 사고의 틀 속에 묶이지 않은 외부 인재가 필요하다. 오히려 기존 전문가 그룹은 변혁에 걸림돌이 된다. 과거 방식이 아닌 새로운 관점으로 세상을 볼 수 있는 핵심 인재는 제도권 학습에 물들지 않은 '튀는 인물'인 경우가 많다.

셋째, 난세를 평정할 리더는 기득권의 반발을 무마하거나 분쇄할 수 있어야 한다. 진성여왕이 귀족들에게 눌리자 절망한 최치원은 관직을 버리고 가야산에 은거하며 생을 마쳤다. 이처럼 과도한 카르텔을 형성한 기득권은 혁신은커녕 개혁도 불가능하게 만든다. 육두품 중 일부는 산중으로 도피했고, 나머지는 촌주村主 등 토호나 중앙에서 밀려난 일부 진골, 초적草賊 등과 함께 중앙에 반기를 드는 지방 호족에 합류했다.

이들 중 경제력과 군사력을 갖춘 호족들은 성주城主 장군이라 불리며 자기 세력권 안의 백성을 지배하는 등 독자적 권한을 행사한다.

천하 대란의 불쏘시개—세금 독촉장

혈통 사회인 신라 시대의 피지배층에게는 무엇보다 인간의 기본 욕구needs인 생존과 안전이 제일 중요했다. 이에 비해 이미 기본 욕구를 충족한 지배층은 자부심과 체면 욕구wants인 권력과 명예를 놓고 다툰다. 이 권력과 명예를 진골이 독점하며 육두품을 배척하자 육두품이 피지배 계층을 선동하며 진골에 대항하기 시작했다. 이때 민중은 귀족의 수탈 탓에 생존과 안전이라는 기본 욕구가 철저히 유린당하고 있었다.

이런 상황에 신라 왕들은 귀를 닫았다. 그래서 나온 설화가 '임금

님 귀는 당나귀 귀'다. 이 설화의 주인공은 진성왕의 아버지, 48대 경문왕景文王(재위 861~875)이다. 귀가 길기만 했지 잘 듣지 않고 고집만 센 당나귀에 왕을 비유할 정로도 민심 이반이 심했다.

경문왕 6년 때, 반역을 도모하다 발각되어 정읍井邑까지 도망간 왕족 김윤흥金尹興 등을 잡아다가 일족까지 잔혹하게 살해한 일이 발생했다. 골품 사회인 신라에서는 전례가 없는 일이었다. 이전까지만 해도 설령 왕족끼리 왕위 쟁탈전을 벌인다 해도 그 당사자만 죽였을 뿐 그 가족들은 살려두었다.

이런 불문율을 경문왕이 무시하고 근친 왕족까지 잔혹하게 제거한 것이다. 그동안 왕족을 고귀한 혈통이라 여겨왔던 백성도 이때부터 왕족에 대한 존경심을 버리고 골품제도까지 비웃었다.

상황이 이렇게 되자 경문왕은 자신감을 잃고 두려워하며 여론을 통제한다. 침상에서조차도 귀를 세워 경계하며 공포정치를 폈다. 그럴수록 민심은 더 악화되고 정치 불안이 가속되었다. 이를 견디지 못한 경문왕이 서른 살의 나이에 죽자 헌강왕憲康王(재위 875~886)이 등극하는데 〈처용가處容歌〉가 등장한 시기이기도 하다. 다음으로 헌강왕의 동생 정강왕定康王(재위 886~887)이 신라 50대 임금에 올랐는데 아들도 남동생도 없던 터라 누이인 만曼(진성여왕)에게 왕위를 물려주었다.

실로 선덕여왕, 진덕여왕 이후 200여 년 만에 여왕이 탄생한 것이다.

진성여왕은 즉위 후 선덕여왕을 본받는다며 '대사면大赦免'과 '대대적 감세減稅 조치'를 시행했다. 그러나 사실은 강력해진 지방 호족에 밀려 대호족의 세금을 감면해준 것에 불과했다. 즉 서민 감세가 아니라 상위 1퍼센트 감세였다.

이런 가운데 진성왕은 즉위 전부터 사통하던 위홍魏弘이 죽자 정사를 게을리한 채 미소년을 등용하여 색욕에 빠진다.

나라의 창고는 텅 비어 갔고, 더구나 신라 전역에 지독한 가뭄이 계속되어 유랑하는 농민의 수가 급증했다. 889년에 이르자 서라벌을 제외한 거의 전 지역에서 세금을 걷지 못할 지경이 된다.

사치와 향락에 젖은 서라벌 왕족과 귀족 들은 재원 마련을 위해 징세에 혈안이 되었다. 지방 관리도 농민들만 쥐어짰다. 농민들은 정부가 아무것도 해주는 것 없이 조세만 독촉하자 산적이 되고 도적이 되고, 끝내 반란까지 일으키기 시작했다.

조세 독촉장이 곧 천하 대란의 불쏘시개로 변한 것이다. 신라 왕실이 실패한 이유는 세 가지다. 진골의 폐쇄성과 배타성을 극복하지 못해 지식과 능력을 갖춘 육두품 세력을 사회 변혁의 원동력으로 활용하지 못한 것, 백제와 고구려 유민의 마음을 잡는 데 실패한 것, 그리고 거듭되는 가뭄에도 불구하고 왕실이 유흥에 빠져 텅 빈 국고를 채우려 무리하게 세금을 거둔 것이 그것이다.

이런 강압적 리더십coercive leadership으로는 천하의 대란을 잠재우기 어렵다. 하버드 대학의 심리학 교수였던 데이비드 맥클랜드David McClelland는 공감 역량이 있는 리더가 이끄는 조직과 그렇지 못한 리더가 이끄는 조직 수천 곳의 성과를 비교해 분석했다.

그 결과 공감 역량이 있는 리더가 이끄는 조직의 성과가 평균보다

20퍼센트 정도 더 높았다. 리더가 조직 구성원과 공감대를 형성하지 못한 조직의 성과는 평균보다 20퍼센트 이상 밑돌았다. 두 조직의 성과 차이는 40퍼센트 이상이다. 이는 어마어마한 수치다.

리더가 구성원과 공감대를 형성해야 하는 이유는 미래의 성과를 창출하기 위함이다. 그래야 조직 분위기가 현실 안주나 과거 퇴행으로 흐르지 않는다. 위기 때 공감하는 대처 방식을 내놓으려면 위르겐 하버마스Jürgen Habermas가 제시한 '합리적 합의rational consensus'가 필요하다. 이때 비판적 질문이 상호 이해로 가는 필수 조건이다. 끊임없이 상대에게 '왜'라는 질문을 던져야 상호 이해가 도출되며 그래야 조직적으로 위기를 극복할 수 있다.

그러지 않고 '거짓 합의false consensus'를 남발하면 아무리 유능한 인재들이 모여 있어도 결코 팀워크를 형성하지 못한다. 이런 현상은 두목boss 중심의 조직에서 많이 나타난다.

공감이 부족한 상태에서 진성왕이 일방적으로 서민 징세 정책을 밀어붙이자 백성들이 가슴으로는 'No'라 했지만, 권력이 무서워 입술로만 'Yes'라 했다. 그러다 끝내 참지 못해 봉기함 으로써 온 나라가 산산조각이 났다.

경영 컨설턴트인 제리 하비Jerry Harvey 박사가 '애빌린 패러독스Abilene paradox'라 부른 현상이 나타난 것이다.

미국 텍사스의 시골 마을 콜맨은 찜통더위로 유명하다. 어느 무더운 여름날 이 지역에 사는 사람에게 딸이 사위와 함께 휴가차 찾아왔다. 며칠 지나 사위가 답답해하자 장인은 100킬로미터가량 떨어진

'애빌린에 다녀오자'고 제안했다. 모두들 무더위에 움직이기 싫었으나 장인이 제안하니 마지못해 동의했다. 가족 네 명이 에어컨마저 고장 난 차를 타고 모래 먼지 이는 사막을 세 시간 동안 달려 애빌린에 도착했다. 변변한 식당 하나 없는 애빌린에서 땀범벅이 된 채 맛도 없는 밥을 먹고 다시 세 시간 동안 사막 길을 달려 돌아왔다. 휴가가 아닌 고난의 행군이었다.

애빌린 패러독스는 아무도 원치 않지만 상대가 좋아하리란 생각으로 마지못해 따르는 것을 말한다. 애빌린 패러독스는 한국처럼 속마음을 감추고, 혈연, 지연, 학연 등 인정주의에 쉽게 끌리는 문화권에서 많이 나타난다. 애빌린 패러독스의 끝은 환멸과 분열이다.

신라도 국민과 공감을 이끌어내지 못하고 강압적 수탈로 일관하다가 결국 전국적인 농민 봉기를 맞닥뜨린다. 기본 욕구를 채워주지 못하면 어떤 관계도 무의미해진다. 왕의 일차적 책임은 백성의 기본 생계를 보장해주는 것이다.

신라는 이 기본 욕구를 무시하다가 속절없이 추락했다. 이런 혼돈의 상황 속에서 견훤과 궁예가 잇달아 창업을 선언하며 신라는 삼국을 통일한 후 220년 만에 막을 내리고 후삼국 시대가 열린다.

견훤과 궁예 – 확고한 비전 제시로 후삼국의 문을 열다

660년, 신라는 당나라와 연합해 백제를 멸망시켰다. 232년이 흐른 892년, 스물여섯 살의 견훤이 신라에 반기를 들고 완산주(전주)에서 후백제를 열며 외쳤다.

"내 감히 나라를 세워 의자왕의 원한을 씻고자 하노라."

견훤은 경북 상주에서 백제 의자왕의 후손이라고 알려진 아자개阿慈介의 장남으로 태어났다.

기존 질서가 무너지면서 이 시기에는 계층의 수직 이동이 활발했다. 농민 출신인 견훤은 상승 이동한 사례지만, 반대로 하강 이동도 적지 않았다. 왕위 계승전에서 탈락해 명주溟州(강릉)로 내려가 지방 세력이 된 김주원金周元이 대표적이다. 그는 원래 왕위 계승자였는데 김경신金敬信(신라 38대 원성왕)에게 밀려나 강릉 김씨의 시조가 되었다.

먼저 경주에서 병졸이 된 견훤은 서남 해안에 해군 병사로 파견 나갔다가 많은 공적을 세워 해군 비장飛將이 되었고 순천만灣에서 근무했다. 이때 당나라와 오가는 상선, 유학생, 유학승들을 보며 동남아 정세에 눈을 뜬다. 체격과 용모가 웅대할 뿐 아니라, 지략과 담력도 갖추었으며 책임감도 강해 순천만에서 숙직할 때는 창을 베고 잘 정도였다. 이런 견훤이 난세가 되자 큰 뜻을 품고 중앙정부에 반기를 든 것이다.

견훤이 백제를 세운 지 9년째인 901년, 애꾸눈 궁예도 송악에 도읍지를 정하고 후고구려를 세우며 외쳤다.

"옛적에 신라가 당나라 군대를 청해 칠백 년 역사의 고구려를 쳤다. 이에 평양 옛 도읍지에 풀만 무성하도다. 내 기필코 이 원수를 갚으리라."

세상이 혼란할수록 사람들은 단순 명쾌한 비전을 원한다. 대중은 학술적 비전이나 리더의 개인적 야망이 넘치는 비전을 바라지 않는다. 자신들이 생존과 안전을 확보할 수 있는 구체적 비전을 원한다. 백제 유민은 백제가, 고구려 유민은 고구려가 다시 삼한을 차지하면 위치가 상승하리라 기대했다. 견훤과 궁예는 이런 향수鄕愁를 자극하면서 유민들과 함께 동고동락했다.

중국 춘추시대의 병략가 손자는 난세를 돌파하는 리더는 다음 조건을 갖춰야 한다고 말했다.

> 令民于上同意也 故可與之死(영민우상동의야 고가여지사)
>
> 백성이 군주와 한뜻을 품게 만들어라.
>
> 可與之生 而民不畏危也(가여지생 이민불외위야)
>
> 그래야 백성이 군주와 함께 살고, 죽는 것조차도 두려워하지 않는다.

궁예는 신라 48대 경문왕이 궁녀에게 얻은 아들로서 진성여왕과 이복 남매 지간이다. 하지만 치열한 궁중 암투 가운데 태어난 탓에 포대기에 쌓인 채 창문 밖으로 멀리 내던져진다. 다행히 계집종이 받긴 했으나 그때 손가락에 한쪽 눈을 다쳐 애꾸가 되었다. 멀리 시골에 숨어 살던 궁예는 10세쯤 되던 해, 기막힌 자신의 출생 과정을 알고는 충격을 받아 강원도 영월의 세달사世達寺로 출가해 선종善宗이라는 승려가 된다.

천하 대란의 시대를 맞아 피폐해진 백성들은 유민이 되어 떠돌기 시작했다. 이에 전국에 미륵 신앙이 들불처럼 번졌는데, 특히 강원도 사람들이 가장 절실히 믿었다. 궁예는 이들 민심을 불경으로 다독이며 세상을 구원하겠다는 야망을 품는다.

각 지방마다 군웅群雄이 일어나 할거하고 있었는데 궁예는 일단 이들 중 한 사람을 택해 훗날을 기약하기로 마음먹는다. 그중 죽주竹州(죽산)의 기훤箕萱과 북원北原(원주)의 양길梁吉을 놓고 저울질하다가 교통 요지인 죽주를 차지한 기훤에게 장래성이 있다고 보고 찾아갔다. 당시 기훤은 한참 기세가 오르고 있었다. 그의 눈에 장삼과 가사를 벗어 던진 궁예가 철없는 애송이로만 보여 일개 병졸로 취급했다. 이렇게 묻혀 지내던 궁예는 견디지 못하고 원회와 신훤을 데리고 892년(진성왕 6년) 양길을 찾았다. 당시 양길의 영채營寨는 치악산 줄기에 있었다.

그는 기훤과 달리 궁예를 환대하며 기병 100여 기騎까지 내주며 신라 영토를 침략하도록 했다. 사람 보는 눈이 있었던 것이다. 이때부터 궁예가 날개를 단다. 먼저 승려 시절 익숙했던 대관령 서쪽의 산간 지역을 휩쓴 다음 명주를 점령했다. 명주 주민은 궁예를 크게 환영하고 자발적으로 입대해 병력이 3500명으로 는다. 특히 강원도 지역 하층민은 궁예를 미륵불의 화신으로 부르며 절대적으로 추종했다.

그도 그럴 것이 궁예는 전쟁터에서도 병사와 침식을 같이 했다. 미륵 신앙에 따라 병사가 가난한 농민에게 피해를 끼치지 못하게 막고 백성을 도와주도록 했다. 하지만 사원, 지주, 관청의 창고는 가차 없이 털었다. 그는 이 물품을 자신이 취하지 않고 지역민에게 공평하게 나눠주었다. 차츰 궁예는 양길보다 훨씬 앞서 나가는 리더가 되고 양길에게서 독립해 독자 세력을 형성한다.

견훤과 궁예, 군웅할거를 정리하다

견훤과 궁예 이전에도 이미 여러 영웅호걸이 난세를 휘젓고 다녔다.

당시 신라에서는 거덜난 재정을 메우려 가난한 농민에게 세금을 납부하라고 독촉했고 이에 농민 봉기가 일어나 갈수록 거세지고 있었다. 이 시대의 트렌드는 새로운 나라 건설이었다. 수많은 인물이 저마다 영웅을 자처하며 봉기했다. 처음 공식적으로 반란을 일으킨 인물은 사벌주沙伐州(상주)의 원종元宗과 애노哀奴였다. 진압하러 간 진골 영기令奇가 반란군의 보루堡壘를 보더니 무서워 머뭇거릴 때, 촌주 우련祐連이 달려나가 싸우다가 죽었다. 진성여왕이 영기의 목을 베고 열 살 된 우련의 아들을 촌주로 삼아 싸우게 하여 겨우 진압했다. 당시 신라 집권층이 얼마나 허약하고 무능하고 무책임했는지를 보여주는 사례다. 신라의 행정 및 군사 체계가 무너지자 전라도 지역에서는 붉은 바지만 입는 적고적赤袴賊 무리, 평양 지역에서는 누런 옷만 입는 황의적黃衣賊 무리 등이 위세를 떨쳤다.

각 지방 군벌은 이들을 흡수해 병력을 보충하며 경쟁적으로 세력을 확대해나갔다. 이들 중 북원의 양길, 충주의 기훤, 사벌의 아자개가 가장 큰 세력을 이루었다. 이때 승려였던 궁예가 기훤을 찾아갔으나 멸시당하고 양길의 부하가 된 것이다. 유능한 궁예를 내친 기훤은 위축되어 유명무실한 존재가 되고 만다.

서라벌과 제일 근접한 곳에서 반란을 일으킨 사람이 아자개다. 아자개는 신라 토벌군과 격렬한 전투를 벌였는데, 아자개의 장남이 견훤이다. 처음에 견훤은 서라벌 서남쪽을 휩쓸며 백성의 환호를 받았다. 이에 힘을 얻은 견훤은 아자개를 떠나 무진주(광주)에 터를 닦고 독자적 세력을 구축했다. 견훤은 당시 야망이 컸던 궁예에게 선망의 대상이었다.

궁예도 양길의 신임을 얻고 주천酒泉(예천), 내성奈城(영월), 명주 등 강원도 대부분 지역을 점령했다. 이를 지켜본 예성강 북부 지역의 호족들이 자진 투항했다. 이런 상황에서 견훤이 후백제를 창업하자 이에 뒤질세라 궁예도 양길과 결별을 선언하고 후고구려를 세웠다. 나중에 양길이 궁예를 공격하나 무참히 패배한다.

산도적처럼 일어선 양길과 기훤은 욕심만 컸지 나라를 세울 만한 주제, 즉 대중과 함께 생사고락을 같이할 만한 구체적 목표가 없었다. 이에 비해 견훤과 궁예는 비록 반란군으로 시작했으나 함께한 무리와 일심동체가 되어 나아가야 할 확고한 방향을 내놓았다. 어두운 밤일수록 북극성은 빛난다. 나그네는 그 별만 바라보고 밤길을 걷는다. 대중의 가슴을 울리려면 하늘에 무수히 많은 별이 아니라 북극성처럼 명확한 방향을 제시할 수 있어야 한다.

군웅할거 시대에 튀는 리더에겐 세 가지 T가 있다. 이때의 리더는 시대 흐름trend을 정확히 읽고 적시timing에 민중을 사로잡을 수 있는 주제title theme를 내놓는다. 견훤은 옛 백제 지역에서 백제의 재건을, 궁예는 옛 고구려 지역에서 고구려의 부흥을 내세웠다.

시대가 신라 말처럼 어수선하고 황량할수록 리더가 타이밍에 맞게 확고한 주제를 제시하면 민심을 얻을 수 있을 뿐만 아니라 리더 자신에게도 흔들리지 않는 내적 확신을 심어줄 수 있다. 이 확신에서 어려운 시기를 이길 힘과 지혜가 비롯된다. 또 이러한 확신은 주위 사람들에게 기필코 성공할 것이라는 신뢰감을 준다.

리더가 확고한 주제 없이 시류에 따라 흔들린다면 양길과 기훤처럼 조직이 나아갈 장기적이며 전략적인 계획을 세울 수 없다. 기껏해야 리더의 기분에 따라 임시변통할 뿐이다. 주제가 선명할수록 나아갈 방향과 해야 할 일의 우선순위가 명확해진다.

무진주에 자리 잡은 견훤은 남부 지역을 공략하며 의자왕의 원수를 기필코 갚겠다고 선언했다. 마침 신라의 폭정에 시달린 지역 주민들은 누군가를 기대하며, 무엇인가를 희망하고 있었다. 견훤이 이런 민심을 자극했다. 그래서 견훤이 오리라는 소문만 들려도 그 고을 주민들은 설레었다. 900년, 견훤이 서쪽 지방을 순행하다가 완산주에 이르자 백성이 몰려와 크게 환호했다. 그는 신라에 반기를 들며 이 지역에서 첫 일성一聲으로 백제의 부흥을 약속한 바 있다. 그는 8년 전의 약속을 다시 상기시키는 연설을 한다.

"삼국의 시초에 진한辰韓이 먼저 있었고 이어 혁거세赫居世가 일어났다. 마한馬韓과 변한弁韓이 이를 뒤따랐다. 이어 금마산金馬山(익산)에서 개국한 백제가 6백여 년을 유지했는데 나당연합군에게 멸망당했다. 내가 감히 완산에 도읍하여 의자왕의 오랜 울분을 씻어내려 한다."

이처럼 견훤이 백제 유민의 향수를 자극하는 동안 북쪽의 궁예는 '고구려의 영광을 재현하겠다'며 고구려 유민의 향수를 자극했다. 남쪽 민심은 견훤에게, 북쪽 민심은 궁예에게 일거에 쏠렸다.

이에 남부와 북부 지역에서 일어났던 많은 군웅들이 모두 궁예와 견훤에게 흡수되었다. 이미 정세를 좌우할 힘을 상실한 신라는 더욱 위축된 채 후백제, 후고구려와 함께 후삼국後三國 시대를 맞이한다.

천하는 지역과 시대에 딱 맞는 주제를 내놓고 행동으로 옮긴 견훤이 앞서나가고 그 뒤를 궁예가 추격하는 형국이었다.

궁예, 왕건을 영입해 견훤을 추월하다

후삼국 초기에는 후백제가 주도권을 쥐고 있었다. 견훤의 주요 근거지인 차령산맥 이남의 충청도와 특히 전라도는 삼한 최고의 곡창지대인 데다가 비교적 지형이 평평해 통치가 용이했다. 가난에 찌든 강원도 산골의 농민을 흡수해 독자 세력을 형성한 궁예와는 비교할 수 없이 통치 여건이 좋았다.

강원도는 개혁 성향의 미륵 신앙이 강한 지역이었다. 철원을 근거지로 삼고 새로운 세상을 만들어나가던 궁예는 임진강을 따라 북상했다. 이에 송악松嶽 호족이며 서해를 장악하고 있던 왕륭王隆이 896년에 아들 왕건王建과 함께 투항한다.

용맹한 궁예가 지략이 뛰어난 왕건을 얻은 것이다. 첫눈에 왕건의 됨됨이를 알아본 궁예는 왕건을 철원군 태수로 임명했다. 왕건은 궁예의 기대에 부응이라도 하듯 경기 북부 지역과 서해안 일대를 점령했다. 이후 충주 지역과 청주 지방, 소백산 이북의 한강 유역을 모두 장악했다. 이처럼 큰 공을 세우자 궁예는 899년 왕건을 아찬으로 삼는다.

5년 후인 904년, 궁예는 도읍지를 다시 철원으로 결정하고 청주인 1000여 가구를 이주시켰다. 승려 출신으로 호족 기반이 약했던 궁예가 청주 지역 주민을 친위 세력으로 삼으려 한 것이다. 이후 청주 출신들이 궁예 정권의 문부文武 요직을 맡는다. 이런 다음 궁예가 본격적으로 신라 공략에 나섬으로써 견훤과 궁예는 18년간 최강 라이벌로서 한반도 곳곳에서 부딪친다.

주로 충청도와 경상도 북부 지역에서 국지전局地戰이 벌어졌는데, 처음 대격돌이 일어난 곳이 바로 금성金城(나주)이다.

왕건은 대대적으로 해상 교역을 해온 집안에서 자랐다. 해상 전투라면 삼한에서 그를 따라올 자가 없었다. 금성은 해상 요충지일 뿐 아니라 견훤의 뒷마당이다. 견훤은 그곳을 침입당하리라 생각지도 못했다. 궁예는 902년 말 왕건을 홀로 불러 은밀히 금성을 공략하라고 명령했다.

그때부터 왕건은 금성 지역 호족들과 내통하기 시작했다. 그만큼 왕건은 치밀했다. 금성의 호족들은 신라 말기 대중국 무역을 하며 독립적인 세력으로 성장했으나 서남 해안을 장악한 견훤에게 투항했다. 그러나 견훤이 전비戰費와 병사까지 차출해가자 내심 불만이 많았다. 이 때문에 왕건이 내민 손을 잡은 것이다.

903년 3월, 궁예의 명을 받은 왕건이 수군 3천 명을 거느리고 서해안을 따라 내려와 영산강을 통해 금성을 급습했다. 견훤은 예상치 못했다. 금성 연안 호족 세력을 왕건이 이미 포섭한 덕분에 궁예군은 별다른 저항을 받지 않았다. 금성에 발을 디딘 왕건은 고을 이름을 나주로 바꾸고 나서 수비병을 남겨두고 귀국했다.

두 번째 큰 충돌은 906년 상주에서 일어났다. 상주가 어떤 곳인가. 견훤에게는 아버지 아자개가 지배하던 땅이었고, 궁예에게는 신라를 공략하는 데 최적인 전진기지였다. 양쪽 모두에게 이 지역은 포기할 수 없는 전략 요충지였다.

궁예는 왕건에게 장군 검식黔式과 3천 군사를 주며 상주의 사화진沙火鎭을 치게 했다. 왕건은 여러 차례 격돌한 끝에 견훤을 이기고 소백산맥 이남으로 진출할 통로를 확보했다. 상주를 공략하자 주위의 30여 주현州縣에서 항복해 오는 자들이 많았다. 그러나 신라에 대한 적개심으로 충만한 궁예는 이들을 가차 없이 베었다. 신라의 영토는 경주 분지 일대로 축소되었다. 궁예는 그런 신라를 멸도滅道라 부르며 그 심장부를 겨냥했다. 그 가운데 909년 국제 정세에 밝은 견훤이 당시 당唐나라가 멸망하고 일어난 5대10국 중 강남 지방의 오월국吳越國에 사신을 보냈는데 왕건이 이들을 붙잡아 철원으로 압송하고 진도珍島와 고이도皐夷島를 침공했다.

또한 무안반도와 목포 사이의 압해도壓海島, 갈초도葛草島 등 여러 섬들 사이를 누비며 해적질을 하다가 견훤의 부하가 된 능창能昌을 잡았다. 수달이라는 별명이 붙은 능창은 물속에서도 육지에서처럼 활개 치는 자였다. 능창은 왕건이 자신을 잡으러 온다는 첩보를 듣고 도적 떼를 갈초도 섬에 숨긴 다음 왕건을 덮칠 계획을 세웠다. 미리 짐작한 왕건이 갈초도 나루에 여러 장수를 은밀히 보내 지켜보다가 작은 배를 나포했는데, 그 안에 능창이 타고 있었다. 왕건은 능창을 포박해 궁예에게 바쳤다.

이런 일들로 화가 난 견훤은 910년 나주 수복전에 나섰다. 일단 후백제의 수군으로 나주 앞 해상을 봉쇄하고 기병 3천으로 나주를 포위했다. 이 소식을 듣고 당시 철원에 있던 왕건이 급하게 달려왔으나 이미 나주성은 견훤에게 열흘 동안 포위당해 고립무원孤立無援이 되어 있었고 나주 앞바다도 견훤의 수군으로 가득했다. 이를 본 수하의 군사들과 장수들이 크게 걱정하자 왕건이 다독였다.

"근심하지 마라. 전쟁의 승패는 군사의 수가 아니라 인화人和에 달려 있느니라."

왕건은 드디어 진격 명령을 내렸다.

"질풍노도처럼 적을 공격하라."

거세게 다가오는 왕건의 선단을 본 견훤 선단은 일단 퇴각했다. 이때 바람이 백제 선단을 향해 불자 왕건이 불화살을 쏘아 백제 병사 5백여 명이 물에 빠져 죽었다.

놀란 견훤은 기함旗艦를 버린 채 쪽배를 타고 급히 후퇴했다. 견훤과 왕건이 직접 부딪친 싸움에서 전투의 달인 견훤이 패배한 것이다. 그만큼 해상 전투에서는 왕건이 달인이었다. 왕건은 나주 관아에 들어가 여러 고을을 안정시켰다.

이 전투를 기점으로 궁예가 영토와 병력 면에서 견훤을 앞서기 시작했다. 동시에 궁예는 큰 공을 세운 왕건을 견제하기 시작한다. 이를 눈치챈 왕건도 나주에 머물며 선정을 베풀고 자기의 심복을 늘려

갔다. 마침 나주 정복에 공이 큰 부장副將 종희宗希, 김언金彦 등이 궁예가 상을 주지 않는다고 불평하자 왕건이 타일렀다.

"지금 주상主上이 방자하고 포악하여 살육이 많고, 아첨하는 자가 득세하니, 내직에 있으며 화를 받기보다 차라리 외직에서 몸을 보전하여 후일을 도모하는 것이 더 낫다."

913년, 궁예는 나주에 주둔하고 있던 왕건에게 시중侍中이라는 최고의 벼슬을 주며 철원으로 올라오도록 했다. 나주와 수군의 일은 김언金言이 맡았다. 이리하여 후삼국 시대 중반의 주도권은 초반에 강자였던 견훤을 누르고 궁예가 차지한다.

궁예는 지상전은 자신 있었으나 해상전 경험은 전무했다. 그에 비해 해군 장교로 근무한 견훤은 해상전에 훨씬 능했다. 궁예는 자신의 약점을 해상 전투 전문가인 왕건을 기용해 보완했다. 그러지 않았더라면 궁예가 나주나 서해안을 장악하기 어려웠을 것이고, 천하는 결국 내륙 북부는 궁예가, 서해안과 남부는 견훤이 지배하는 양강 구도로 고착되었을 것이다.

사회에서 개인은 타인과 교류하며 존재한다. 서로의 강점으로 서로의 약점을 보완해주는 것이 사회 존속의 원리다. 이런 개인이 모여 조직이 되고 나라가 된다. 조직과 나라를 잘 다스리는 리더도 강점 교환과 약점 보완이라는 동일한 원리를 이용한다. 어떤 리더도 모든 일을 다 할 수는 없다. 따라서 조직이 커질수록 만기친람萬機親覽 스타일의 리더는 실패한다. 우선 리더는 자신의 강점과 약점을 정확히 분석하고 보완해줄 참모를 기용해야 한다. 누구를 핵심 참모로 영입하느냐에 따라 조직의 성격이 달라진다. 리더는 다양한 의견을 수렴해 결정을 내려야 하는데, 이때 핵심 참모가 어떤 조언을 하느냐에 따라 방향이 완전히 달라지기 때문이다. 따라서 리더는 측근일수록 성향과 장단점을 잘 파악해야 한다. 그래야 참모를 골고루 등용할 수 있고, 특정 의견에 미혹되지 않는다.

모든 일을 리더 혼자 독점하려는 욕구를 버리고 핵심 경쟁력만 유지한 채 경쟁력 있는 파트너를 찾아 역할을 분담하는 조직이 성장한다. 궁예는 큰 뜻을 품고 기훤을 찾아갔다가 냉대를 당한 경험이 있어 왕건에게 처음부터 걸맞은 역할을 주었다. 견훤 역시 수하에 유능한 장수가 많았다. 하지만 대부분 자신의 약점을 보완할 장수이기보다는 엇비슷하거나 조금 부족한 참모들이었다. 뛰어난 용장인 종훈宗訓, 훈겸訓謙, 최필崔弼, 상달尙達 등은 아쉽게도 운주성(홍성) 전투에서 잡혀가고, 추허조趨許祖는 대야성(합천)전투에서, 능창은 갈초도에서 붙잡혔다. 물론 견훤의 사위인 박영규朴英規나 지훤池萱도 있었으나 왕건에 비하면 별 특색이 없었다.

당시 최치원, 최언위崔彦撝와 함께 '신라 말 삼최' 중 하나인 최승우崔承祐도 당나라 유학에서 돌아와 견훤의 책사가 되었지만, 어디까지나 격문 정도를 써주는 역할이었지 현장 전투력은 없었다.

서남 해안 수군의 지휘관으로서 자기 밑에 있던 군인들을 동원한 반란을 일으켜 권력을 잡은 견훤이다 보니 다른 호족과는 달리 신라 체제 속에서 운신의 폭을 넓히려 했고 확장성에 한계를 보인 것이다.

이때 궁예 지도부 내부에서 갈등이 일어난다. 외부 위기가 감소하면 내부 갈등이 일어나기 쉽다. 이를 어떻게 조절하느냐에 따라 안정기에 리더 역할을 감당할 수 있느냐가 판가름 난다. 궁예는 백척간두百尺竿頭의 위기 앞에서는 타의 추종을 불허하는 리더십을 발휘했다. 새로운 조직을 만들고, 조직의 과업을 설정해 역량을 집중하는 데 탁월했다. 그러나 권력의 정점에 선 순간부터 큰 조직을 안정적으로 운영하는 데 실패했다.

궁예는 세력을 삼한에 떨치자 중앙집권화에 박차를 가했다. 권력 핵심 기구로 순군부徇軍部를 세워 지방 호족의 병력을 중앙에서 직접 지휘하려 했다. 이것이 개척형 또는 창업형 리더들이 빠지기 쉬운 함정이다. 땅을 개간하는 것부터 시작하여 일일이 거름을 주고 농사를 지은 농부와 문전옥답門前沃畓이 있는 상태에서 일군을 부려 농사지은 농부의 수확량은 많은 차이가 난다. 궁예는 권한을 위임하여 통치할 줄 몰랐다. 설령 알았다 해도, 위임 통치를 하면 부하들이 월권하고 자신의 장악력이 떨어지리라 우려했다. 궁예가 지방 호족들의 병력을 회수하자, 평소 사병으로 농지 개간과 농사일을 하던 호족들의 힘이 크게 줄어들었다. 이에 호족들이 크게 반발하자 궁예는 숱한 신하들을 죽였다.

아직도 신라가 명맥을 유지하고 있고, 권토중래捲土重來를 노리는 견훤이 버티고 있는 상황에서, 중앙집권 정책을 너무 서둘러 시행했다. 이에 호족들이 왕건을 궁예의 대안으로 생각하기 시작했다.

2

승자의 갈림길, 내분이냐 단합이냐

호족을 버린 궁예가 미륵불을 자처하다

애당초 호족 기반이 든든했던 왕건과 달리 궁예는 독자적인 세력 기반 없이 도적 떼인 양길 밑에서 활동하며 세력을 형성한 끝에 독립했다. 이러니 궁예는 확고한 친위 세력 구축을 서두르지 않을 수 없었다. 그 과정에서 무리한 공포정치를 펴자 내부에 균열이 생겼다. 리더가 성공하는 조건 중 하나는 '리더가 리더다워야' 한다는 것이다. 리더는 다른 사람에게 자신의 비전을 강요하기보다 명확히 설득하여, 그들도 같은 비전을 원하도록 만들어야 한다. 그래야 내부 단결이 되고 비전을 이루는 데 수반되는 고통을 기꺼이 받아들인다.

궁예 같은 카리스마형 리더에게 길들여진 사람이 리더에게 실망하면 이와 상반된 성격의 리더를 찾는다. 그래서 불같은 성격의 궁예보다 온화한 성품의 왕건을 추종하는 사람이 나날이 늘어났다. 이는 왕건에게도 큰 부담이었다.

그러지 않아도 궁예는 송악 세력이 지나치게 커지는 것을 내심 경계하던 중이었다. 이럴 때 궁예의 마음을 읽은 청주 호족 아지태阿志泰가 달라붙어 아첨과 참소를 일삼았다. 도읍지를 송악에서 철원으로 옮기고 국호를 동방 대국이라는 뜻의 마진摩震이라 정한 것도 모두 아지태의 건의에 따른 것이다.

궁예가 왕건의 본거지인 송악을 떠나 철원으로 온 905년부터 왕건이 고립되기 시작했다. 이때부터 그동안 왕건과 거리를 두었던 서라벌 출신 호족들이 왕건을 가까이했다. 이에 궁예는 서라벌을 멸도라 비하하며 서라벌 출신 호족들을 제거하기 시작했다.

궁예는 막강한 송악 세력을 대체하고자 청주 세력에 더 의지했다. 그러자 청주 세력 내에 알력이 생겼다. 아지태가 같은 청주 세력인 입전笠全 등이 왕건에게 은밀히 선을 대고 있음을 눈치채고 조사했으나 확실한 증거가 나오지 않았다. 하지만 궁예에게 입전, 신방辛方, 관서寬舒 등을 참소했다. 자신이 기댈 언덕인 청주 세력에 내분이 생기자 궁예는 크게 당황하여 유사有司를 시켜 입전, 신방, 관서를 몇 년씩 심문했다. 그래도 갈등만 깊어질 뿐 확실한 증거를 잡지 못했다. 이에 궁예는 청주 세력이 아닌 왕건을 불러 조사하라고 명했다.

왕건이 개입해서 입전 등의 무고를 밝히자 913년 아지태가 벌을 받는다. 청주 세력이 풀지 못한 사건을 해결하면서 왕건은 호족의 신망을 한 몸에 받는다. 이때부터 고구려 출신 호족도 왕건을 전폭적으로 지지하기 시작했다. 서라벌 출신 호족을 모두 축출한 후 한시름 놓던 궁예는 또다시 긴장할 수밖에 없었다. 고구려 호족은 바로 궁예의 기반이었기 때문이다.

왜 이들은 궁예에게서 멀어졌을까? 첫째 이유는 궁예가 후고구려를 세운 지 5년 만에 국호를 마진摩震으로 바꿨기 때문이고, 둘째는 철원으로 천도한 이후 청주 호족에게 밀려 소외당했기 때문이다. 이제 궁예에게는 청주, 명주, 철원뿐이었다. 어쩔 수 없이 궁예는 911년 국호를 마진에서 태봉泰封으로 고쳤다. 천지가 어울려 상하가 하나 되어 만물을 낳는다는 뜻의 태봉. 이후 고구려 호족은 궁예가 화합 정책을 펴리라 기대했다.

그러나 국가 이름과는 달리 궁예는 눈 밖에 난 고구려 호족에게 철퇴를 가하기 시작했다. 서라벌 호족, 고구려 호족을 차례로 내치면서 궁예는 고립된다. 이런 고립 속에서 궁예는 미륵불을 자처했다. 머리에 금책金幘을 쓰고 몸에 방포方袍를 둘렀다. 그는 군주이자 교주敎主가 되었다.

미륵은 귀족 등 지배 계층의 횡포로 인간 세계가 혼란에 빠질 때 출현하여, 극락왕생極樂往生이 아닌 현실 세계에서 정토淨土를 구현한다. 따라서 미륵 신앙은 귀족이 아닌 서민의 신앙이다. 신앙은 하나의 정서다. 궁예가 미륵을 표방한다는 것은 더 이상 귀족이 아닌 서민을 대변하겠다는 뜻이다. 호족이 아니라 일반 대중을 자신을 지탱해줄 세력으로 삼았다. 이런 궁예의 미륵불 정서는 고구려 호족은 물론 신라 호족이나 백제 호족의 정서와 다를 수밖에 없다.

내부 단결이 와해하면 궁예 같은 카리스마형 리더는 현실성 없이 공허하고 환상적인 구호로 조직을 장악하려 한다. 마침 진성여왕 때부터 빈발한 농민 반란 이후 불교가 이전과 다른 방향으로 나아갔다. 이전에 신라 왕실과 밀착한 교종教宗인 화엄종이 약해졌고, 선종禪宗이 유행했다. 선종은 교종과 달리 복잡한 교리에 의존하지 않고 누구나 참선하면 부처의 깨달음에 이를 수 있다고 본다. 백성은 이런 분위기에서 새로운 미륵불의 출현을 고대했다.

미륵불을 자처한 이후 궁예는 직접 불경을 20권 정도 저술하며 미륵 세상에 대해 강론했다. 이를 듣던 고구려 호족 출신인 석총釋聰이 "다 사설괴담私設怪談"이라고 비웃다가 철퇴를 맞고 즉사하는 일도 있었다.

왕건이나 견훤도 이에 부응해 미륵의 후신이라 자처는 했으나, 이는 어디까지나 대중 정서를 감안한 구호에 불과했다. 실제로 왕건이나 견훤은 궁예와 달리 호족 위주의 정치 전략을 추구했다.

궁예는 911년부터 913년까지 왕건 지지 세력을 계속해서 없앴다. 그래도 그 세력이 줄지 않았고, 왕건은 수시로 자신을 감시하는 궁예에게 흠 잡히지 않게 행동했다. 그러자 궁예가 관심법觀心法을 이유로 정적을 탄압하기 시작했다. 많은 신하가 관심법 탓에 처단되자 왕건도 크게 부담을 느껴 궁예에게 외방外方 일을 맡겠다고 자청했다. 마침 서해의 제해권이 백제로부터 위협을 받고 있던 터라 궁예가 허락했다. 그러면서 보장步將으로 강선힐康瑄詰과 흑상黑湘, 김재원金材瑗을 붙여 왕건을 감시하고 견제하도록 했다.

914년 봄, 수군을 이끌고 나주에 내려간 왕건은 백제 군대와 주변 도둑 떼들을 차례차례 제압했다.

왕건이 나주 지방을 행군할 때였다. 금성산 남쪽을 지나다가 목이 말라 우물가에 멈췄다. 우물가에서 빨래하던 한 처녀에게 물을 달라 하자 그녀가 바가지에 버드나무 잎을 띄워 주었다. 왜 그러느냐고 묻자 처녀가 공손히 대답했다.

"물도 급히 마시면 체하실까 염려되어서입니다."

처녀가 마음에 든 왕건은 바로 처녀의 집으로 찾아가 청혼했고 그날 밤 훗날 고려 제2대 왕이 되는 혜종을 갖게 된다. 이후 나주는 철저히 왕건의 땅이 되었다. 왕건은 이곳에서 궁중 암투에 지친 심신心身을 다스리고 다시 철원으로 올라갔다.

왕건의 흡입력, 궁예의 독선을 누르다

궁예는 관심법으로 왕건의 사람들을 책잡고 계속 제거했다. 이를 보다 못한 궁예의 부인 강씨가 915년 어느 날, 이렇게 직언했다.

"당신은 옳지 못한 일을 하고 있습니다."

그 말을 듣는 순간 궁예는 부인 강씨마저도 왕건의 지지 세력이란

의심을 한다. 그만큼 궁예는 왕건에 대한 피해의식으로 주위를 바라보았다.

의처증이 생긴 궁예는 관심법을 써서 강씨가 왕건과 간통했다고 몰아세웠다. 강씨가 어이없어 하자 잔인하게 죽였다. 궁예가 부인마저 죽였다는 소문이 돌자 궁예의 마지막 지지 세력이던 철원 지역도 등을 돌렸다. 이제 궁예는 고립무원이 되었다. 궁예에게 무한한 성원을 보내던 민심은 싸늘하게 식어갔다. 여론 조성에 능한 왕건이 궁예에게서 떠난 민심을 자신에게 돌려놓는 작업을 벌이던 918년 3월, 당나라 상인 왕창근王昌瑾이 궁예를 찾아와 청동거울 하나를 선물로 바쳤다. 이 거울은 철원 시장의 한 노인에게 쌀 두 말을 주고 구했는데 햇빛에 비스듬히 비추면 147자의 글자가 나타났다. 그중 중요한 부분은 다음과 같다.

> 振法雷揮神電 於巳年中二龍見(진법뇌휘신전 어사년중이용견)
>
> 불법을 떨치고 번개가 번쩍이며 두 마리 용이 뱀띠 해에 나타나
>
> 一卽藏身靑木中 一卽現形黑金東(일즉장신청목중 일즉현형흑금동)
>
> 한 용은 청목 뒤에 있고, 다른 용은 동쪽의 흑금에서 나타나리.
>
> 智者見愚子盲 興雲注雨與人征(지자견우자맹 흥운주우여인정)
>
> 지혜인은 보고 무지인은 보지 못하리니, 구름과 비를 일으키며 뭇 사람과 함께 정벌하리라.
>
> 或見盛或見衰 盛衰爲滅惡塵滓(혹견성혹견쇠 성쇠위멸악진재)
>
> 때때로 성쇠를 보이기도 하나, 이는 세상의 혼탁을 없애기 위함이라.

此一龍子三四 遞代相承六甲子(차일용자삼사 체대상승육갑자)

이 용의 서너 아들들이 대를 이어 육갑자를 계승하리라.

이 거울을 본 궁예가 아무래도 심상치 않은 내용이라 여기고 거울을 판 시장 노인을 수소문했으나 찾을 수 없었다. 두 마리 용은 물론 궁예와 왕건이다. 청목은 소나무가 많은 송악이며, 흑금은 철원이다. 이 고경참古鏡讖의 내용은 금세 민간에 퍼져나갔다.

궁예를 미륵불처럼 따르며 존경했으나 가족까지 죽이자 실망한 민심이 이 고경참의 내용을 듣고 왕건이 또 한 마리의 용이 틀림없다며 지지하기 시작했다.

불안과 의심증이 더 커진 궁예는 아예 왕건을 불러 역모죄로 몰아 죽일 계획을 세웠다. 왕건을 불러 노려보며 말했다.

"어젯밤 경이 여러 사람을 모아놓고 반역을 모의했는가?"

왕건이 태연히 웃으며 부인하자 다시 다그쳤다.

"나를 속이려 마라. 지금 정신을 집중해 관심법으로 그대 속을 꿰뚫어 보겠노라."

이렇게 말하며 눈을 감고 하늘을 향했다. 이때 장주掌奏 최응崔凝이 왕건에게 귓속말로 말했다.

"장군, 지금 불복하면 위태롭습니다."

이미 궁예의 친위 세력인 최응마저 왕건의 지지 세력이 된 상황이었다.

이 말을 듣고 왕건이 재빨리 대답했다.

"신이 잠시 모반을 꾀했습니다. 죽을죄를 지었나이다."

궁예가 눈을 뜨더니 왕건을 주시하며 크게 웃었다.

"그것 보라. 내말이 맞지 않는가. 과연 그대는 정직하도다. 다시는 나를 속이지 마라."

이러면서 벌을 내리기는커녕 금은으로 만든 말안장과 고삐를 주었다. 조정은 나날이 왕건 지지 세력들로 채워졌다. 918년 6월, 복지겸卜智謙, 홍유洪儒, 신숭겸申崇謙 네 사람이 드디어 왕건에게 정병을 권했다. 이를 기다렸다는 듯 왕건은 군사를 일으켰다. 반란 소식을 접한 궁예는 승산이 없다는 것을 알고 왕복을 벗고 도망쳤다. 그렇게 왕건은 고려를 세웠다.

궁예의 최후는 궁예를 폭군으로 기록한 《고려사》 외에 여러 야사를 참조하는 것이 좋다. 정사는 아무래도 승자들 위주의 기록이기 때문이다.

궁예는 거병한 지 28년, 왕에 오른 지 18년 만에 몰락했다.

왕건은 언제부터 역모를 꿈꾸었을까? 궁예에게 투항할 때부터였을 것이다. 왕건이 궁예에게 투항한 이유는 두 가지다. 무엇보다 고구려 유민들이 궁예를 워낙 선호했고, 적어도 지상전에서 궁예를 누를 자신이 없었던 것이다. 그래서 궁예가 송악으로 다가오자 미리 항복했다.

그럼 궁예는 왕건의 야심을 몰랐을까? 궁예는 왕건이 투항해 오자 드디어 서남 해안을 쥐고 있던 견훤을 누를 기회라고 보았을 뿐이다. 만일 궁예가 왕건의 야심을 처음부터 알았더라면 충분히 견제하거나 제거할 수 있었다.

한마디로 왕건은 궁예의 수數를 내다보았고, 궁예는 왕건의 수를 읽지 못했다. 아니 읽을 필요가 없었다. 궁예의 비전 자체가 호족을 해체하여 강력한 전제 정권을 확립하는 것이었기 때문에, 굳이 송악을 기반으로 하는 왕건을 의식할 필요가 없었다. 관제官制도 혈연 중심의 신라 골품제를 업무 위주로 변경했다.

이 모두가 호족보다 민심에 부합하는 정책이었다. 이런 차원에서 궁예는 굳이 후고구려라는 국호를 유지할 필요가 없어 마진으로 바꾼 것인데, 고구려 유민 중 특히 황해도와 경기도 지역의 호족들이 반기를 들었다. 이들은 서라벌 호족이 학살되는 것을 목격한 이들이다. 호족에게 비우호적인 궁예보다 호족을 중시하는 데다가 자신들과 같은 고구려 유민인 왕건에게 기운 것이다.

왕건은 궁예와 달리 익명의 다수보다 현실적으로 힘을 쓸 수 있는 측근을 잘 챙기며 자신의 입지를 다졌다.

리더는 전략적 의사 결정권자다. 어떤 결정을 내리기 전 상대 입장이 되어서 상대가 취할 선택이 무엇인지 예측하고 결정해야 한다. 상대의 진짜 목적이 무엇인지 알면 실수하지 않는다. 궁예는 왕건에게 전략적으로 접근하기보다 감정적으로 대했다. 자신의 세력을 확대할 전략 없이 오직 왕건 세력을 없애는 데만 혈안이 되었다.

리더를 합창단에 비유하면 지휘자이지 솔로가 아니다. 궁예가 개인기만 믿고 주위와 담을 쌓을 때 왕건은 전략적으로 자기 기반을 다져나갔다. 궁예가 호족을 핍박할수록 호족은 왕건에게 기울어갔다.

이런 대립구도를 만든 것이 궁예의 실책이었다. 궁예 대 왕건으로 구도를 짜지 말고 여러 유능한 호족을 자기 아래에 두고 구도를 짜야 했다. 즉, 왕건과 버금가는 인물을 길러 왕건과 경쟁하도록 해야 했다.

또한 후고구려 국호를 버린 것도 큰 실책이다. 궁예는 신라 왕족 출신이므로 고구려와 별다른 인연이 없었다. 그럼에도 강원도 지역의 민심을 얻었고, 후고구려라는 국호를 사용하여 고구려 호족의 지지를 얻었다. 만일 궁예가 국호를 후고구려로 유지만 했어도 왕건의 반정은 쉽지 않았을 것이다.

궁예의 마지막 실책은 민중의 환상을 깨버린 것이다. 대중은 자신이 그리는 이미지로 리더를 만들어간다. 리더가 이미지를 배반하면 대중도 리더를 버린다.

모든 호족이 등을 돌렸을 때도 민중은 궁예를 지지했다. 이는 궁예가 본래 기득권을 싫어하는 밑바닥 정서를 지닌 데다가, 미륵불을 자처했기 때문이다. 그런데 이 미륵불이 부인과 두 아들까지 무참히 죽였다. 여기서 궁예에 대한 대중의 신뢰가 깨졌다. 신뢰란 조직의 가치를 공유하는 과정이다. 그런데 궁예의 왕국에서는 호족은 물론 백성이 공유할 가치까지 사라졌다. 그 자리에 왕건의 왕국이 들어서는 것은 필연이었다.

왕건은 궁예가 버린 후고구려란 국호를 다시 사용해 고구려 호족을 흡수했다. 이와 함께 삼한의 백성이 더불어 사는 평등한 나라를 만들겠다는 미륵의 꿈은 사라졌다. 호족을 중심으로 질서정연한 왕조를 세우려 한 왕건의 꿈이 이루어졌다.

궁예가 이루고자 한 미륵불 세상의 방향은 옳았다. 하지만 그 과정이 전략적이지 못했고, 지나치게 감정적이었다. 게다가 왕건 제거에만 혈안이 돼 결국 나라를 뺏겼다.

견훤 대 왕건, 성동격서 전략을 주고받다

이후에도 궁예의 꿈을 못내 아쉬워하던 추종자들이 있었다. 왕건이 즉위한 지 4일째 되던 날 궁중을 숙위宿衛하던 마군장군馬軍將軍 환선길桓宣吉이 반란을 일으켰다. 환선길은 본래 궁예의 부하로 용맹을 떨쳤으나 왕건을 도와 고려 건국에 참여한 사람이다.

환선길은 아내가 "당신 재주가 모자람이 없는데 정권은 다른 사람이 잡았으니 참 부끄러운 일"이라 말하자 그때부터 왕권을 노렸다.

왕건이 즉위한 지 4일째 되던 날, 환선길은 어전회의 장소에 병사 50명을 이끌고 나타나 곧바로 왕건에게 칼을 겨누었다. 주위에 있던 신하들이 혼비백산하는 데도 왕건은 태연했다.

"짐이 비록 너희 힘으로 왕이 되었으나 이는 천명天命이 아니겠느냐."

칼날 앞에 있는 사람치고는 지나치게 의연하자 환선길은 '주변에 숨겨놓은 궁졸弓卒들이 있다'고 착각했다. 그는 자신이 조금이라도 움직이면 바로 화살이 날아오리라 겁을 먹고 퇴각했으나, 추격한 근위병들에게 잡혀 죽었다.

뒤이어 청주 출신 배총규裵悤規, 경종景琮, 강길아차康吉阿次, 임춘길林春吉 등도 함께 청주로 내려가 반역 음모를 꾸몄지만 복지겸의 첩보망에 걸려 처형당했다.

환선길의 처남인 웅주(공주) 성주 이흔암李昕巖도 왕건에게 적대적이었다. 그는 궁예 집권 말기에 웅주를 점령하고 있다가 매형과 누나가 반역으로 처형당하자 병력을 이끌고 들어가 도성을 장악했다. 견훤은 이 틈을 노려 웅주를 다시 접수했다. 이흔암이 도성에 들어오자 왕건은 심기가 불편했지만 이유 없이 이흔암을 처벌하기는 어려웠다.

왕건이 나라를 세워 왕이 되었다고는 하나, 아직 그 힘이 궁예 세력이 곳곳에 포진하고 있는 지방까지 미치지는 못했다. 고심 끝에 왕건은 첩자를 보내 이흔암을 처벌할 명분을 찾아보게 했다.

첩자는 이흔암의 처가 화장실에서 소변을 보며 중얼거리는 말을 들었다.

"남편 일이 잘 안 풀리면 나도 화를 당할 텐데……."

왕건은 이를 빌미로 이흔암을 반역죄로 잡아들여 저잣거리에서 공개 처단했다.

왕건은 고려를 세운 다음 해 1월 송악으로 도읍을 옮겼다. 그만큼 철원 지역에서 뿌리내리기가 쉽지 않았다. 궁예의 태봉국도 호족 연합체이긴 했다. 하지만 호족들을 억눌렀던 궁예와 달리, 호족의 도움으로 궁예를 꺾은 왕건은 호족의 눈치를 보지 않을 수 없었다. 게다가 태봉국의 내분을 틈타 강성해진 후백제도 상대해야 했다.

견훤은 왕건이 고려를 세우자 일길찬一吉湌 민합閔合을 축하 사절로 보내 공작의 깃털과 지리산 대나무 화살을 선물했다. 일길찬은 신라의 일곱 번째 관등에 해당되는 벼슬로 건국 사절로 가기에는 낮은 직급이었다. 여하튼 민합은 고려 관리에게 후한 대접을 받고 돌아왔다.

왕건과 견훤의 평화는 고려 건국 이후 2년간 지속되었다. 하지만 백제를 다시 세워 삼한 통합을 노리던 견훤은 920년 10월 신라의 대야성과 구사성仇史城(창원)을 함락하고 뒤이어 진례성進禮城(청도)을 공격했다. 이에 신라가 화친 정책을 표방하던 고려에게 구원을 요청하였고, 고려군이 출동했다. 양측은 일촉즉발의 상황에서 옛 가야 지역은 그대로 놓아두기로 약조하고 각자 퇴각했다.

견훤은 옛 백제의 영향력이 미쳤던 김해 등 낙동강 유역을 지배하고 싶었고, 왕건은 신라의 보루인 낙동강 유역을 백제에게 빼앗길 수 없었다. 이로써 후백제와 고려의 틈은 완전히 벌어졌다. 924년 7월이 되자, 견훤은 둘째 아들 양검良劍과 넷째 아들 금강金剛을 보내 조물성曹物城(의성 혹은 안동 근처)을 공격했다. 성민城民들은 고려군의 지원을 받으며 완강히 저항했다. 백제군을 지휘한 신검이 고려 지원군 장수인 애선哀宣과 왕충王忠까지 죽이면서 공격해도 1년 이상을 버텼다. 이 전투는 고려와 후백제가 앞으로 10여 년 동안 치를 소모전消耗戰의 서막이었다. 이때는 일단 고려가 화의를 청해 인질을 교환하며 휴전했다. 인질로 견훤은 외조카 진호眞虎를, 왕건은 사촌동생 왕신王信을 보냈다.

이 화의 조약은 1년 뒤 고려에 간 백제의 인질 진호가 급사하면서 깨진다. 견훤은 독살로 규정하고 왕신을 죽이며 웅진 방면의 성들을 기습 공격했다. 드디어 삼국 통일을 향해 고려와 후백제가 본격적인 전쟁을 시작한다.

왕건은 웅진 근처 성주들에게 총력 방어하라 명령했고 이 전쟁은 무승부로 끝났다. 이 시기에 북방에서 거란족이 발해를 멸망시키는 바람에 고려로 도망 온 발해 유민 덕에 고려 병사 수가 많이 늘었다.

군사력이 크게 늘자 왕건은 927년 정월에 후백제의 땅 용주龍州(예천)를 공략했다. 화가 난 견훤은 왕신의 시체를 왕건에게 보내 모욕했다. 왕건도 분을 참지 못하고 곧 바로 운주성을 공략하여 성문 아래서 성주 긍준兢俊을 죽였다. 사흘 후 왕건은 몸소 근암성近巖城(문경 산양면)을 공략하고 계립령鷄立嶺(문경새재)을 장악했다.

당시 경남 남해 일대는 호족 왕봉규王逢規가 장악하고 있었다. 이 인물은 신라 왕실이 힘을 잃자, 924년 천주(의령) 절도사泉州節度使란 직함으로 후당에 직접 사신까지 파견하며 신라 조정과 대등한 행세를 하고 있었다. 처음 그는 천주 성주였으나 세력을 확대해 강주까지 진출했다. 당시 강주 성주는 고려와 혼인 관계로 맺어진 장군 윤웅閏雄이 었는데 왕봉규에게 희생당했다. 스스로 군주 행세를 하던 왕봉규에게 후당 황제 명종은 회화대장군懷化大將軍이라는 칭호를 내린다.

왕봉규는 견훤이 대야성을 차지하자 왕건 몰래 견훤과 뒷거래를 하고 있었다. 왕건은 수군에게 왕봉규를 공격하게 해놓고, 사흘 뒤 자신이 직접 웅주성을 쳤다. 웅주는 군사 요충지로 궁예의 땅이었으나, 왕건이 궁예를 몰아낼 때 성주 이흔암이 철원으로 돌아가자 다시

〈대야성〉 대양성 전투의 무대(합천 지역)

백제가 차지한 곳이다. 이런 아쉬움 때문에 왕건이 늘 노리고 있었던 곳이고 이를 견훤도 잘 알고 있었다. 그런 옹주에 왕건이 쳐들어온다니 견훤은 크게 긴장하며 총력 대응했다. 왕건은 이 점을 노렸다. 견훤이 옹주 방어에 혼신을 힘을 기울이도록 해놓고 정작 왕건이 노린 곳은 바로 대야성이었다.

왕건의 속을 알 리 없는 견훤의 백제군은 옹주성에 묶여 있었다. 옹주성에서 왕건을 물리치며 견훤이 승전의 기쁨을 만끽하던 그 시간, 재충在忠과 김락金樂이 고려군을 이끌고 대야성을 급습했다.

견훤이 백제를 창업한 이후 20년간 공략해 920년 10월에야 겨우 확보한 곳이 대야성이다. 대야성을 차지하고 난 후 진주, 산청, 거창, 하동, 구미, 선산, 칠곡 지역 등을 차츰 백제의 지배 아래 놓을 수 있었다. 이런 대야성이 927년 7월 고려군에게 함락당하고, 백제 장군 추허조 등 30여 명이 포로로 잡혀갔다.

3개월 전 수군을 이끌고 남해안에 상륙한 고려군은 먼저 강주 주변의 전이산轉伊山(남해), 노포老浦, 평서산平西山(남해군 평산리) 돌산突山(순천) 등 4향鄕을 점령했으나, 강주를 함락하는 데는 실패했었다. 하지만 강주의 북쪽인 대야성을 함락하고 나자 왕건은 강주로 말머리를 돌렸다.

강주의 왕봉규도 대야성이 무너진 상태에서 더 이상 버티기 어려웠다. 마침내 8월에 왕건이 강주에 도착해 왕봉규를 제거하자 주변 백제 성주들이 앞다퉈 항복했다.

돌아오는 길에 고사갈이성高思葛伊城(문경)의 성주 홍달의 항복도 이끌어냈는데, 이때 홍달을 감시하기 위해 파견 나왔던 후백제 관리들까지 투항했다. 왕건이 치고 빠지는 전력으로 백제의 전략 기지인 대야성을 차지하고 덤으로 강주까지 가져가자 견훤은 비통한 심정에 몸부림치며 보복을 다짐했다.

그해 환갑에 이른 견훤은 직접 앞장서 9월 경상 북부를 공략하며 북상하다가, 갑자기 진로를 바꿔 서라벌로 군대를 몰았다. 왕건에게 당한 성동격서聲東擊西 전략으로 똑같이 앙갚음하기 위해서였다.

견훤이 경주로 밀고 온다는 급보를 받은 신라가 고려에 원병을 청했지만 이미 때는 늦었다. 도성에 들어선 견훤은 말을 탄 채 궁정으로 달려갔다. 이때 신라 경애왕景哀王은 포석정에서 연회를 벌이고 있었다. 경애왕은 자신이 지은 시조인 〈번화지곡繁華之曲〉을 악공들의 연주에 맞춰 궁녀들한테 노래하게 했다.

> 祇園實際己兮 二寺東(기원실제기혜 이사동)
>
> 기원과 실제의 두 개의 절 동쪽에,
>
> 松栢 相倚兮 蘿洞中 (송백 상의혜 라동중)
>
> 두 그루 소나무에 기대선 나정 골짜기 한가운데를

回首一望兮 塢花滿(회수일망혜 오화만)

얼굴 돌려 바라보니 가득한 꽃이

細霧輕雲兮 竝朦朧(세무경운혜 병몽롱)

얇은 실구름에 아련히 가려 있어라.

한참 흥이 오르는데 설마 했던 백제군이 연회장까지 난입하자 왕과 비가 대경실색大驚失色하며 황급히 궁성 남쪽 별궁으로 몸을 숨겼다. 《삼국유사》에 의하면 전성기 때 경주 인구가 17만 8936호에 이르렀다고 한다. 민가조차도 기와집으로 지어 초가집은 찾아볼 수 없었고, 나무가 아닌 숯으로 밥을 지을 만큼 번영했다고 한다. 이런 경주가 진골의 퇴폐와 향락 탓에 끝내 견훤에게 짓밟히는 무력한 도읍지로 전락했다.

별궁에 숨어 있던 경애왕을 찾아낸 견훤은 왕에게 자살을 강요하고, 왕비를 강간했다. 또한 대표적 친고려주의자 신하들을 포로로 잡아가거나 죽였다. 그러고는 경애왕의 고종사촌인 김부金傅를 왕으로 세웠다. 그가 신라 마지막 왕인 경순왕敬順王(재위 927~935)이다.

신라의 급보를 받고 1만여 고려 군사가 서라벌에 도착했을 때, 이미 견훤 군대는 퇴각한 뒤였다. 이로써 견훤은 백제 의자왕의 원한을 갚겠다는 약속을 지켰다.

왕건과 견훤이 가시 돋친 편지를 교환하다

견훤은 서라벌을 짓밟으면서 한 가지 실책을 범했다. 신라 내 친고려주의자인 국상國相 김웅렴金雄廉을 포함해 여러 대신을 놓친 것이다. 견훤이 서라벌에서 물러가면서 세워놓은 경순왕도 신라의 실세인 김웅렴 등의 영향을 받아 친고려 정책을 펴지 않을 수 없었다.

견훤이 떠나고 한발 늦게 서라벌에 당도한 왕건은 날랜 기병 5천을 뽑아 직접 견훤의 뒤를 쫓았다. 이들이 공산公山(대구) 근처에 이르렀을 때였다. 매복해 있던 백제군이 공산 남쪽 기슭에서 나타나 고려군을 완전히 포위한다. 이 전투에서 자칫 왕건까지 죽을 뻔했다. 이때 왕건과 용모가 흡사한 신숭겸이 왕의 옷으로 갈아입고 어가御駕를 탔다. 이를 본 백제군이 삽시간에 어가를 둘러싸며 서로 공을 세우려고 달려들었다.

천하의 용자 신숭겸은 있는 힘을 다해 견훤을 향해 돌진하며 싸웠다. 잠시 후 백제군 진영에서 '왕건을 베었다'는 환호성이 터져나왔다. 이 틈을 타 변복變服한 왕건이 겨우 탈출했다. 이 과정에서 대장군 김락도 희생당했다.

이후 고려는 열세를 면치 못하며 경상도 서부 일대를 견훤에게 다시 내준다. 득의만만해진 견훤은 927년 12월, 한 해를 보낸 소감을 적은 국서 한 장을 왕건에게 보낸다.

이것이 최승우의 〈대견훤기고려왕서代甄萱寄高麗王書〉다.

대구광역시에 위치한 신숭겸 장군 유적지

지난번 국상 김웅렴 등이 그대를 서라벌에 불러들인 것은, 마치 종달새(신라)가 송골매(고려)의 날개에 의지하려는 것과 같아, 반드시 백성을 도탄에 빠지게 하는 일이었소.

이런 까닭에 내가 먼저 채찍을 잡고 한월韓鉞(도끼)을 휘둘렀소이다. 또한 신라 모든 신료에게 바른 교훈으로 타일렀는데 뜻밖에 간신은 숨고 임금이 죽는 변고가 생겼습니다. 그리하여 왕의 외사촌으로 뒤를 잇게 하였소.

그대가 떠도는 말만 듣고 침입했으나 나의 우모牛毛(소털) 하나도 건들 수 없었소. (중략) 강약強弱이 이와 같으니 이미 승패는 정해진 것이오. 내가 바라기는 평양 누각에 활을 걸어놓고 패강(대동강)의 물을 말에게 먹이는 것이오.

하나 지난달 오월왕이 '고려와 서로 친하게 지내며 그만 전쟁을 그치라'는 조서를 내게도, 그대에게도 보냈으니 따르고자 하오. 교활한 토끼와 날랜 사냥개가 쫓기고 쫓다가 서로 피곤해지며, 방휼상쟁蚌鷸相爭(조개와 황새가 서로 버티다 비웃음거리가 됨)이 되고 말 것이오.

이 국서를 받은 왕건은 928년 정월에 〈대고려왕답견훤서代高麗王答甄萱書〉를 보낸다. 이 답서는 최언위가 작성한 것으로 추정된다.

오월국 조서를 받고 아울러 그대가 흰 비단에 써 보낸 소식을 잘 받았소. 나는 위로 천명을 받고 아래로 인민의 추대를 받아 천하를 다스리게 되었소. 지난번 구주九州(전국)에 흉년이 들어 많은 백성이 황건黃巾(도적)에 속하고, 농토가 붉은 땅이 되었소.

나는 이 재난을 어찌 구제할까 하여 이웃 나라와 친하게 지내려 했소. 하나 을유년(925) 10월에 이르러 그대가 갑자기 난을 일으켜 싸움을 시작했소. (중략) 나는 창을 멈추게 하는 무武와 사람을 살리는 인仁을 바랐으나 그대는 털끝 같은 이익을 보고 임금을 베고 궁궐을 불태웠으며 선비와 백성을 죽였으니 걸傑왕과 주紂왕보다 더 포악하오.

이에 내가 다시 창과 방패를 들어 육지에서는 우레같이 달려 번개 치듯 공격했고, 바다에서 호랑이처럼 치고 용처럼 날아 반드시 공功을 이루었소.

하늘이 나를 돕는 바니 천명이 어디로 가겠소? 하물며 오월국 왕까지 난리를 그치라 하니 좇지 않을 수 있으리오? 반드시 내가 풍파風波를 가라

앉혀 종식시키고 천하를 맑게 할 것이오.

왕건의 편지를 받은 견훤은 그 즉시 강주를 공격했다. 왕건도 원윤 김상金相과 정조 직량直良을 보내 맞섰지만 견훤의 습격을 받아 전사했다.

같은 해 7월에 왕건은 교통 요지인 삼년산성三年山城(보은)을 쳤으나 또 격퇴당하고 청추를 거쳐 충주까지 퇴각했다. 8월 들어 백제군이 죽령을 차단하고 11월 부곡성缶谷城(군위)을 함락했다. 12월에는 대목군大木郡(칠곡) 들판의 노적가리를 모두 불태워 고려 주둔군의 식량을 없앴다.

백제는 고려와 신라의 교통로를 원천적으로 차단하고자 소백산맥의 남북 연결로에 근접한 고을들을 차례차례 정복해나갔다. 이 가운데 견훤이 가장 기뻐한 승리는 나주 정복이었다. 그동안 자신의 뒷마당인 나주를 고려가 점령하고 있어 적극적 공세를 펴기 어려웠다. 고려로서는 나주가 백제의 힘을 분산시키는 전략 요충지일 뿐만 아니라 왕건의 처향妻鄕이기도 해 큰 충격을 받는다.

이처럼 927년과 929년, 두 해는 견훤에게는 욱일승천, 왕건에게는 설상가상의 시기였다. 분노가 극에 달한 왕건은 모든 병력을 구정毬庭에 모았다. 그리고 전투에서 도망 온 양지楊志와 명식明式 등 장수 여섯 명과 그 가족을 앞으로 불러 조리操履 돌린 후 망신을 주고 저잣거리에 효수했다.

왕건과 견훤의 일진일퇴

북진하던 견훤은 고려군을 소백산맥 밖으로 완전히 축출하려 했다. 이에 고창古昌(안동)으로 나아가, 그곳에 주둔하고 있던 3천 고려 군사와 대치했다. 이 전투의 승자가 소백산맥 부근의 신라계 호족을 모두 지배하게 된다. 속이 탄 왕건이 경북 영주와 풍기를 순시하며 싸움에 대비했다. 그러나 워낙 백제군의 기세가 강해 왕건도 죽령 너머로 물러가야만 했다. 왕건이 여러 장수들과 대책을 의논해봐도 승산이 희박했다. 이때 개국 일등공신 홍유가 조심스럽게 말했다.

"만일 우리가 패배하면 죽령이 차단될 테니 달리 빠져나갈 길을 마련해두어야 합니다."

이렇게 분위기가 패배 의식에 휩싸여 있을 때 유금필庾黔弼 장군이 강력하게 전진을 주장했다.

"병법에 분주파부焚舟破釜라 했습니다. 병기란 흉기이고, 전투란 본디 위태로운 일이거늘 도망갈 궁리를 버려야 비로소 이길 수 있습니다. 당장 구원하러 가지 않으면 고창의 3천 아군은 고스란히 적에게 넘어갑니다. 한시라도 빨리 공격하길 바랍니다."

왕건이 유금필의 손을 들어주어 930년 정월 진격하던 도중, 낭보가 날아들었다. 신라 장군인 재암성載巖城(청송) 성주 선필善弼이 군대를 이끌고 귀순해 온 것이다. 고려군은 929년 가을 의성부義城府에 침입한 견훤과 맞서 싸우다가 홍술洪術 장군이 죽은 후 전략가가 부족했다. 오죽하면 홍술이 전사했다는 소식을 듣고 왕건이 "나는 좌우의 손을 다 잃었도다"라며 울부짖었을까. 선필은 홍술 못지않은 전략가인 데다가 안동의 지세를 손바닥 보듯 알고 있었다. 뿐만 아니라 안동 호족과도 연통連通이 가능했다.

선필의 도움으로 견훤의 전법을 분석하여, 저수봉猪首峰(안동 와룡면) 능선을 우선 장악했다. 그리고 병산甁山에 군사를 주둔시키자, 견훤은 5백 보 정도 떨어진 석산石山에 진을 쳤다.

다음 날 새벽부터 강추위 속에 간간히 내리는 눈발이 바람에 휘날리고 있었다. 아직 동이 트기도 전, 백제군이 함성을 지르며 병산을 덮쳤다. 싸움이 시작되었다.

백제군이 우세한 가운데 어느덧 한낮이 되었다. 왕건 부대가 견훤 부대에 밀리고 있는데 고창성을 지키던 향군鄕軍들이 성주 김선평金宣平과 권행權幸, 장길張吉을 따라 나왔다.

처음 이들을 본 견훤은 응원군인 줄 알고 기뻐했는데, 이들은 고려군을 도와 백제군을 후방에서 공격했다. 허를 찔린 백제군 진영이 무너졌다. 백제군은 해가 질 무렵 8천여 명의 전사자를 남긴 채 낙동강 너머로 퇴각해야만 했다.

'공산의 대패'를 왕건은 '병산의 대승'으로 설욕했다. 이후 경상도 일대 호족들이 앞다퉈 고려에 귀순하기 시작했다. 왕건이 경순왕에게 사신을 보내 승전보를 알렸고, 경순왕도 사신을 보내 속히 만나기를 청했다. 그러자 왕건은 경순왕을 찾아가 동맹을 맺었다.

견훤은 다 이긴 병산 싸움에서 안동 호족 때문에 지자, 왜 그들이 자신의 뒤통수를 쳤는지 궁금해하다가 권행이 본래 신라 왕족 출신이라 경애왕을 시해한 자신에게 앙심을 품고 있었음을 뒤늦게 알았다.

이후 백제는 북진정책의 교두보이던 일모산성一牟山城(청주 문의면)을 빼앗기는 등 왕건에게 계속 밀렸다. 침묵을 지키던 견훤은 932년 9월 회심의 카드를 내밀었다. 지상전에서 안동 호족의 배신으로 패배한 것을 해상전에서 설욕하고자 했다.

해상전에서 천하제일인 왕건을 수군으로 눌러 엄청난 심적 타격을 주려는 것이었다. 일길찬 상귀相貴가 백제 수군을 이끌고 서해로 쭉 올라가 고려 수도인 송악과 연결된 예성강으로 들어갔다. 백제 수군은 예성강에 3일간 머무르며 인근 세 고을(염주, 백주, 정주)의 전함 100여 척을 불태우고 나서 강물을 거슬러 올라갔다. 이미 함대를 잃은 고려군은 강물 위를 떠다니는 백제 수군을 구경만 해야 했다. 고려의 군마를 기르는 저산도猪山島에 상륙한 백제 수군은 끌고 갈 군마 300필을 제외한 나머지 말들은 모두 죽였다. 백제 수군은 이렇게 송악 근처를 유린한 후 유유히 돌아갔다. 이것이 임진해전이다.

여기서 그치지 않았다. 10월에 백제 장수 상애尙哀의 수군이 고려 최북단 대우도大牛島(평북 용천)를 공격했다. 고려 수군도 왕건의 사촌동생 만세萬歲의 지휘 아래 백제군에 대항했다. 그러나 크게 패한 후 후퇴해서 해안에 머물며 백제 수군의 상륙을 막는 데 급급했다. 적어도 해군만큼은 백제에 뒤지지 않는다고 자부해온 왕건은 자존심에 치명상을 입었다.

왕건은 해상전에서 당한 치욕을 갚고자 절치부심한 끝에 934년 9월, 앞장서서 운주성을 공격했다. 운주만 정복하면 해군기지로 적합한 당진과 아산을 지켜낼 수 있다. 이곳을 백제가 차지하고 있는 한 백제군이 수시로 개성을 넘나볼 수 있었다. 왕건이 직접 운주성을 공격한다는 소식을 듣고 견훤도 선발한 갑사甲士 5천 명을 데리고 당도했다. 견훤이 먼저 편지를 보내 왕건에게 화친을 제안했다.

> 서로 싸워보아야 양측 다 무지한 병졸만 수없이 살상될까 두려우니 화친을 맺고 서로의 영토를 보존하는 게 좋겠다.

왕건도 은근히 마음이 흔들렸는데, 유금필이 나서서 백제가 진을 치기 전에 먼저 공격하자고 주장했다. 이 주장을 받아들여 왕건이 선제공격을 명했다. 한참 진을 치고 있던 백제군은 유금필이 기병 수천 명을 데리고 기습하자 일시에 붕괴되어 3천여 명이 추풍낙엽처럼 쓰러졌다. 견훤의 최고 인재들인 술사術士 종훈, 의자醫者 훈겸, 용장勇壯 상달과 최필이 사로잡혔다. 겨우 견훤과 측근 병사 몇 사람만 도피했다. 이 소식을 들은 웅진 이북의 30여 성이 항복했다. 운주성에서 패한 견훤은 양위讓位하고자 했다. 나이가 고희에 이르니 판단력이 흐려져 그만 물러나야 할 때라 여긴 것이다. 첫째 부인이 세 아들, 신검, 양검, 용검을 낳았고 둘째 부인이 금강을 낳았다. 그 외 여러 부인들에게서 둔 아들까지 합치면 열 명이 넘었다.

이들 중 견훤은 자신이 미완의 꿈으로 남긴 삼한 통일의 대업을 마무리할 자가 누군지를 살펴보다가 내심 넷째 금강을 낙점해두었다. 금강은 체격이 장대하고 지략이 뛰어났으며 많은 전공을 올려 백성의 신망도 높았다. 당시 신검의 참모는 이찬伊飡 벼슬의 능환能奐이었다. 그가 견훤의 내심을 눈치채고 변방에 나가 있던 양검과 형제를 전주로 부른다. 이들이 주모하여 친위 쿠데타를 일으켜 금강을 죽이고, 아버지 견훤은 금산사金山寺에 가둔다. 이때가 935년 3월로 견훤의 나이 69세였다.

한 달 후인 4월에 견훤은 금산사를 탈출해서 나주에 숨었다가 6월에 처자식과 함께 배를 타고 고려로 망명했다. 일평생 삼한을 두고 자웅을 겨루며 전쟁터에서만 만나던 견훤이 투항자가 되어 왕건을 스스로 찾아올 줄 누가 알았으랴? 왕건을 만난 견훤이 탄식했다.

"제가 늙은 몸을 전하에게 의탁한 이유가 있습니다. 반역한 자식의 목을 베어주십시오. 전하께서 천하의 난신적자亂臣賊子를 없애주신다면 저는 죽어도 유감이 없겠습니다."

견훤의 망명 이유는 분명했다. 내분을 일으킨 신검 등을 죽여달라는 것이다. 삼한 통합의 기치를 내건 싸움에서 한때 가장 강성했던 후백제는 가족 간 인화人和 실패로 쓰러져갔다.

왕건은 견훤이 자신보다 열 살 연상이라며 상부尙父라 부르고 극진히 대우했다. 영웅은 영웅을 알아본다. 오랜 기간 피바람이 불 정도로 싸운 사이였지만 왕건은 견훤에게 식읍食邑까지 주고 백관百官들 위로 높여주었다.

그해 11월 신라 경순왕은 견훤까지 항복한 마당이라 대세를 알고 고려에 항복하고자 했다. 이때 왕자가 "어찌 천년 사직을 하루아침에 버리십니까"라며 극력 반대했다. 그래도 부왕이 뜻을 굽히지 않자 곧장 궁을 떠나 개골산으로 들어가 마의를 입고 초근목피로 일생을 보냈으니 그가 비운의 마의태자다. 경순왕은 신라의 옥쇄를 몸소 들고 송도까지 찾아가 왕건에게 바쳤다. 왕건이 머뭇거리자 신하들이 간청했다.

"하늘에 태양이 둘일 수 없고 땅에 임금이 둘일 수 없습니다."

936년 2월에는 견훤의 사위 박영규까지 고려에 귀순했다.

내분으로 진 견훤, 단합으로 이긴 고려

936년 6월, 견훤이 고려에 귀순한 지 1년째 되는 날이었다. 견훤이 왕건에게 자신의 왕위를 찬탈한 후백제의 왕 신검을 토벌해달라고 요청했다. 반세기 동안 이어온 후삼국의 쟁투가 정리되는 신호였다. 마침내 왕건이 출정 명령을 내렸다.

고려군 1만 명이 영호남 갈림길에 위치한 천안에 결집했다. 천안은 공주를 거치면 바로 전주를 공격하기 좋은 위치였다. 그러나 왕건은 예상과 달리 백제 수도 전주를 직공直攻하지 않고 추풍령을 넘어 일리천一利川(구미시 낙동강 지류)을 우회하며 백제군의 후방을 공격했다. 일종의 기만전술이었다. 일리천 근처에 있던 백제군은 백발이 성성한 견훤이 마상에 앉아 고려군의 선봉에 서 있는 모습을 보고 사기가 꺾이고 말았다. 신검이 결전을 독려했으나 이미 사분오열한 백제 병사는 도망가기에 바빴다. 이때 왕건은 신검의 친위 부대가 속한 중군을 집중 공격했다.

백제군 5700명이 사망하고 3200명이 생포되었으며, 간신히 살아 남은 병사들은 추풍령을 넘어 황산군黃山郡(연산)으로 퇴각했다. 여기서 다시 탄령炭嶺을 넘어 마성馬城(완주)까지 밀려났다. 이제 더 이상 피할 곳이 없던 신검은 양검과 용검, 그리고 문무백관을 이끌고 고려군 앞에 엎드렸다. 왕건은 분란의 주모자인 능환을 참수하고 신검에게는 벼슬을 내렸다.

자신이 세운 백제의 멸망을 목도한 견훤은 천추의 한을 품고, 예전부터 앓던 등창이 더 심해져 결국 세상을 하직했다. 견훤의 가장 큰 패인은 후계 과정에서의 내분이었는데 이보다 근본적인 요인은 견훤이 기만술에 약했다는 것이다. 손자는 '병자 궤도야(兵者 詭道也, 병법이란 상대방을 속이는 것이다)'라 했다. 그만큼 전쟁은 처음부터 끝까지 속임수와 배신으로 점철된다. 또한 담력이 넘치는 견훤은 큰일은 잘 해결했으나 그 뒷마무리가 약했다. 자신의 손으로 신라의 마지막 왕인 경순왕을 세우고도 이용하지 못했다.

신라의 반反백제 중신을 제거하지 못해 결국 왕건에게만 좋은 일을 했다. 병산 전투에서도 초반전을 유리하게 전개하다가 안동 씨족의 대표 격인 김선평, 권행, 장길의 기습 탓에 패배하고 말았다.

역사의 도도한 물줄기도 둑에 뚫린 작은 구멍 때문에 방향이 뒤바뀔 수 있다. 리더는 전략적이고 장기적인 일에 집중해야 하지만, 세부적인 일에도 무심해서는 안 된다. 그래서 참모를 둔다. 참모는 후환이 없도록 자세하게 마무리해야 하고 리더는 이를 확인해야 한다.

견훤은 뚝심이 센 만큼 쉽게 부러졌다. 아들들이 내분을 일으키자 고려에 귀순했다. 리더도 실수할 수 있으나 성장하는 리더는 그 실수를 통해 자신을 보완한다. 세세한 부분에 둔감한 견훤은 아들의 내분 탓에 닥친 백제의 위기를 풀려고 고심하기보다, 자신을 배신한 신검을 응징하는 데만 힘을 쏟았다.

견훤과 달리 왕건은 장기적 안목이 있는 친화형이었다. 사실 왕건은 전투 능력은 궁예에, 용맹은 견훤에 뒤졌다. 그러나 이들보다 앞선 것이 있었으니 바로 충성심과 지지 세력를 확대하는 힘이었다. 비록 적이라도 안심하고 운명을 맡길 만한 리더가 바로 왕건이었다.

궁예는 기존 지지 세력을 불신하여 적을 만들었고, 견훤은 새로운 지지 세력이 생겨나는데도 이들을 다독이지 못하고 방치했다. 견훤의 외교정책은 탁월했다. 해군 지휘관을 지낸 경험으로 오월국과 사신을 교환했다. 그러나 대부분의 군 지휘관 출신이 그렇듯이 보수적 속성을 벗어나지 못했다. 이미 삼한인三韓人에게 버림받은 신라의 관계官階를 그대로 사용했다. 그러면서도 신라 왕을 죽이는 모순적 행동을 했다. 하지만 왕건은 신라가 이름만 남았지만 천년 왕국의 뿌리 깊은 지지 정서가 있음을 알고, 견훤이 함부로 대한 신라 왕실과 그 호족을 보듬었다. 오죽하면 왕건이 경주를 방문하자 경주인들이 이구동성으로 "전에 견훤이 왔을 때는 호랑이를 만난 것 같더니. 그대를 만나니 부모를 뵌 것 같다"고 했을까?

이 덕분에 왕건은 무형자산인 신라의 위엄과 권위를 이어받는다. 그뿐 아니라 자신과 평생 싸운 견훤도 극진하게 예우했다. 이는 그 뒤에 있는 무시할 수 없는 지지자들을 자신의 지지층으로 만들어 진정한 삼한 통합을 이루기 위함이었다. 개척자 궁예와 견훤이 추격자 왕건에게 당하고 만 이유가 바로 이것이다.

여러 개의 작은 물줄기가 모이면 거대한 물줄기가 된다. 물줄기가 클수록 더 많은 땅을 파고 더 깊은 골을 만든다. 골이 깊은 물줄기를 다른 방향으로 트는 데는 작은 물줄기를 모으는 능력과는 다른 능력이 필요하다. 왕건 이후의 왕에게는 다른 능력이 필요하다. 때로는 철인의 모습으로, 때로는 선인의 모습으로, 때로는 악인의 모습으로, 리더는 본모습을 드러낸다.

제2부

고려실록

1대

창업 군주 태조

왕조의 로드맵을 제시하다

나는 고구려인이다

리더의 정체성이 곧 조직의 정체성이다. 리더가 우유부단하면 조직도 우유부단해지고 리더가 과감하면 조직도 과감해진다. 그래서 리더를 선택할 때 개인감정이나 연고주의가 개입하면 대단히 위험하다. 왕건이 세운 고려는 거의 5세기나 장수했다. 이는 삼한인이 함께 뻗어나가야 할 정체성을 대변했기 때문이다.

'나는 고구려인이다.' 왕건이 나라를 세워 자신의 영달만 꾀했다면 굳이 자신이 고구려인이라고 할 필요가 없다. 그렇게 말해놓으면 고

태조의 초상. 작자 미상

구려와 발해를 멸망시킨 북방의 오랑캐들과 끝까지 대립해야 하고 요동 벌판을 자치할 때까지 왕 자신도 편하게 지내지 못한다. 그러나 왕건의 정체성 선언으로 고려인은 하나로 뭉쳐야 할 이유를 찾았다.

태조 왕건(재위 918~943)은 877년 1월 31일 송악의 호족 왕륭과 부인 한씨韓氏의 장남으로 태어났다. 스무 살 때 궁예의 장수로 들어가 뛰어난 전과를 세움으로써 913년 36세의 나이에 백관의 리더인 문하시중에 오른다. 이후 추종자와 함께 시기하는 무리도 늘자 위기를 느껴 지방 근무를 자청하기도 했다. 부쩍 의심이 많아진 궁예가 자신을 지지하던 서라벌 호족, 고구려 호족은 물론 가족까지 핍박하자 신숭겸, 복지겸, 배현경, 홍유의 추대를 받아 반란을 일으켰다.

이렇게 건국한 고려는 936년 후백제를 무너뜨리고 신라의 자진 항복을 받아 삼한 통일을 성취했다. 창업 군주로서 왕건은 조직의 정체성 확립에 역점을 두었다. 천년 신라를 끝낸 고려를 오래 유지하려면 나라의 틀frame을 새로 짜야 했다.

그래서 태조는 재위 25년 내내 이 틀을 잡는 데 혼신의 힘을 기울였고 그 결과물이 유언으로 남긴 〈훈요십조訓要十條〉다.

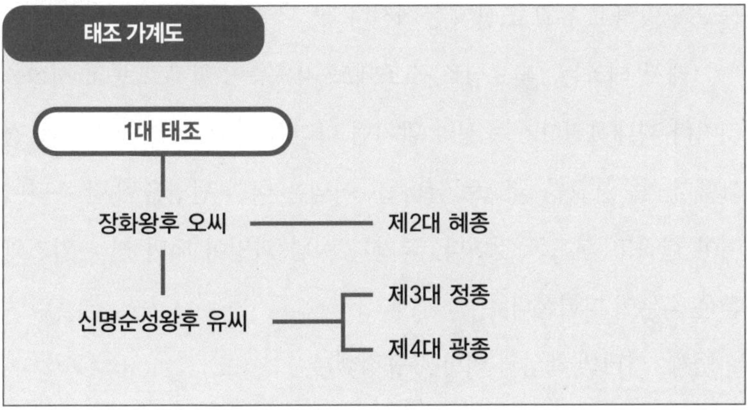

왕건이 내놓은 고려 왕의 로드맵, 즉 백년대계百年大計의 키워드는 세 가지다.

첫째, 고려의 지도 이념을 명확히 했다. 지도 이념을 불교로 삼되 간신들의 개입과 승려의 사원 쟁탈을 금지했다.

제1조에 '후세後世, 간신집정姦臣執政, 순승청알徇僧請謁, 각업사사各業寺社, 쟁상환탈爭相換奪, 절의금지切宜禁之'라 하여 정교분리 원칙을 정했다. 왕건은 정치의 속성을 꿰뚫고 있었다. 후세에 간신이 득세하면 불교에 개입하여 혹세무민하리라 예견했다. 간신은 항시 종교를 이용해 자신에게 유리하도록 여론을 호도하고자 한다. 불교를 국교로 인정하더라도 불교의 정치화, 정치의 불교화는 막고자 했다. 속세를 초월해야 할 종교가 가장 세속적인 정치와 결합하기 시작하면 종교는 그 나라에 역기능하는 단체로 전락하며 결국 나라와 종교가 함께 망한다. 이런 왕건의 우려가 고려 말에 현실로 나타나 고려와 함께

불교가 망하고 유교 조선이 들어선다.

그래서 태조는 〈훈요십조〉 2조에도 지도층이 함부로 종교 시설을 짓거나 확대하려다가는 신라 말처럼 나라가 망할 수 있다고 거듭 경고했다. 즉 불교를 국교로 삼되 그 이념은 국가 번영을 위한 수단이어야 한다고 선포한 것이다. 국가가 이념 과잉이 되면 신라 말기와 같은 혼돈이 따라온다.

둘째, 리더의 책임과 역할을 규정했다.

리더의 주요 책무는 조직의 목적을 이룰 인재를 선발하고 배치해 운용하는 것이며, 그만둘 때 올바른 자에게 자리를 물려주는 것이다. 적절한 인재 선발과 배치는 조직의 승패를 좌우하며 리더십 승계는 조직의 장기적 존속과 번영을 좌우한다.

이를 잘 아는 태조는 후대 왕들에게 관료를 다루는 방식을 언급했는데, 먼저 공평하게 다루라고 했다. 그러려면 관료에 대해 정확히 기록하고 이를 근거로 공정한 상벌을 시행해야 한다. 공정성을 잃은 보상과 처벌은 조직의 분위기를 해친다. 왕이 개인감정이 아닌 확실한 자료를 가지고 상과 벌을 내리면 관리의 신망을 얻는다. 그리고 간언과 참언을 멀리하라 했다. 말 중에 이간질하는 말, 헐뜯는 말, 흉보는 말이 가장 재미있다. 거기에 맛들이면 조직은 불공정한 야합 집단으로 변신한다. 백성은 간언과 참언을 멀리하는 왕을 신망한다.

또한 리더십 승계 원칙도 정했다. 그 원칙은 정실이 아닌 인품과 능력 우선주의다. 장자 계승 전통에 크게 구애받지 말고 덕망 있는 자를 추천해 계승하라는 것이다.

3조의 "군하추대자群下推戴者, 전승대통傳承大統"이 바로 그 뜻이다. 리더를 정실이 아닌 능력 위주로 승계해야 조직 내의 인사 정책도 자연스럽게 능력 위주가 된다.

마지막으로 북진정책이다.

고려는 어디까지나 고구려의 후계국이다. 이는 고려의 정체성이며, 이를 잊어버릴 경우 존재할 이유가 없다. 고려의 후계 국가라는 명분으로 후백제를 물리쳤고 신라를 물리쳤고 발해민을 받아들였다. 고구려의 영토인 만주 지역을 수복하는 일은 곧 고려의 궁극적 비전이다.

그래서 태조는 "나는 고구려 사람이다"라고 강조하면서 〈훈요십조〉에 서경(평양)을 중시하라고 적시했다. 왕건은 반정을 일으킨 후 궁예가 태봉으로 바꿔놓은 국호를 다시 고려로 돌려놓았다.

거란에 멸망당한 발해 유민이 들어오자 "우리는 본래 한가족"이라며 크게 환영했다. 발해 세자 대광현大光顯에게 왕씨 성을 하사하고 주요 관직도 주었다.

거란에 대해서는 동포를 멸망시켰다고 비판하며 거란 사신이 찾아오자 귀양 보낸 뒤 그들의 낙타는 만부교 아래 묶어 굶어 죽게 했다.

또 고구려 수복 의지를 증명하듯 풀만 무성했던 서경에 성을 쌓고 주민을 이주시켰다. 후대 왕들에게는 1년 중 2월, 5월, 8월, 11월 네 달에 걸쳐 총 100일 이상 서경에 머물라 했다.

리더가 그 조직의 기준, 즉 최소한 지켜야 할 규칙을 제대로 세워놓지 못하면 조직은 지속될 수 없다. 인류의 기술 발전도 세계 공통의 기준이 있기 때문에 가능했다.

'근대 화학의 아버지'인 프랑스의 앙투안 라부아지에Antoine Lavoisier는 세계 공통의 길이 단위로 '미터법'을 제안했다. 그가 주도해서 1미터를 '북극에서 적도 사이 거리'의 1000만 분의 1로 정했다. 이때 확정된 국제표준도량형은 과학기술 발전에 큰 기여를 하고 있다.

마찬가지로 리더들, 특히 창업 리더는 조직의 핵심 기준을 바르게 세워야 한다. 창업 군주 태조는 고려의 백년대계로서 세 가지 뚜렷한 핵심 가치를 세운 것이다.

정략결혼으로 친위 인맥을 형성하다

신라의 골품제도는 9세기에서 10세기의 2세기 동안 무너졌다. 그 후 지방 세력이 등장하여 독립적 호족 세력을 형성했다. 태조 역시 이 호족 중 하나였다.

태조가 삼한을 통일하기는 했지만 아직도 신라 말기처럼 각지의 호족을 연결해놓은 연합체와 유사했다. 고려왕조 출범 후에도 호족들은 여전히 사병을 거느리고 있었다. 소수의 관군만으로 그런 호족들을 통제하기 어려웠고 언제든지 반란이 일어날 수 있었다.

이 때문에 건국 초기에 태조는 개국공신의 사병을 압류하기도 했지만 호족들 전체의 사병은 차마 건드리지 못했다. 자칫하면 후삼국 시대로 되돌아갈 만큼 치열한 전쟁을 벌여야 할 상황이었다. 궁예조차도 호족을 감당하지 못해 몰락한 전례가 있었다. 호족 세력을 놓아

두고 왕권을 확립할 묘수는 무엇일까?

이에 대한 해답으로 왕건은 각 지역의 유력 호족과 혼인 관계를 맺는다. 이 정책으로 태조는 무려 29명과 결혼한다. 이 중 6명은 왕비이고 23명은 후궁이다.

왕위에 오르기 전의 부인은 신혜왕후神惠王后 유씨와 장화왕후莊和王后 오씨 두 명이었다. 유씨는 경기도의 큰 부자인 삼중대광三重大匡 유천궁柳天弓의 딸이다. 왕건은 정주貞州(개풍) 땅을 지나 후백제를 치러 가다가 버드나무 고목에 말을 매고 잠시 쉬었다. 그때 시냇가에 서 있는 덕용德容 있는 처녀를 발견하고 다가가 물었다.

"너는 누구냐."

"이 고을 어른 집의 딸입니다. 저희 집에서 잠시 쉬었다 가세요."

유천궁은 온 군사를 풍족하게 대우해주고 그날 밤 딸을 왕건과 시침侍寢하게 했다. 그러고 떠나버린 왕건에게 아무 소식도 없자 유씨는 비관해 절에 들어가 비구니가 되었다. 뒤늦게 이를 안 왕건이 절에서 그녀를 데려와 결혼했다. 태봉 말기는 궁예의 공포정치가 극심할 때였다. 신숭겸이 왕건에게 궁예를 쫓아내자고 건의했으나 왕건이 머뭇거리자 유씨가 나서서 손수 갑옷을 입혀주며 독려한 덕분에 반정에 성공했다. 그만큼 신혜왕후는 강한 여성이었다. 다만 자녀는 두지 못했다.

둘째 부인 오씨는 나주 토호 오다련吳多憐의 딸이다. 왕이 된 후에도 왕건은 27번 결혼한다. 후백제 계열, 신라 계열, 고구려 계열 등 유력 호족의 딸들이나 누이를 후비로 맞이하며 인척 관계를 형성했다. 정주 유씨, 평산 유씨, 충주 유씨, 경주 김씨, 평산 박씨, 의성 홍씨, 황주 황보씨, 신천 강씨, 광주 왕씨 등등과 혼인 동맹을 맺었다.

이를 보면 태조 시기의 고려는 왕권 국가라기보다 호족 연합국가의 성격이 강했다. 실제로 왕건은 호족들에게 정책적 배려를 아끼지 않았다. 즉위 후 전국 호족에게 빠짐없이 선물을 보냈고, 귀부歸附하는 호족에게 관직을 수여하고 통치권을 인정해주는 등 진심으로 배려해주었다. 더불어 신라 말 홀대받던 육두품도 공경했다. 궁예 아래 있던 박유朴儒나 최응도 중용했으며, 왕의 고문 기관으로 내의성內議省을 신설해 주로 육두품이 근무하게 했다. 왕건이 단지 통치만을 위해 기만정책으로 호족을 대했다면 호족은 왕건에 쉽사리 동조하지 않았을 것이다. 당시 호족은 지방에 거주하던 지역민에게는 추장 정도 되는 존재였기에 이들의 영향력은 현실적으로 막강했다. 왕건은 겸손한 태도를 보이며 이들에게 '왕씨' 성을 하사하기도 하고 기인제도其人制度와 혈연관계로 동질성을 갖게 하여 포섭했다.

이렇게 혈연으로 연결해놓은 친위 인맥은 태조 생전에 탄탄한 네트워크로서 작동한다. 하지만 태조 사후 각기 다른 어머니가 낳은 이복형제들이 외가 호족을 등에 업고 피비린내 나는 왕권 경쟁을 벌이는 원인이 된다.

태조 생전에도 호족들이 왕실 외척의 신분을 이용하고, 자기 가문의 외손자를 왕위에 앉히려 이합집산하자, 태조는 왕권 안정과 왕씨 혈통의 순수성 보호라는 차원에서 아예 이복형제, 자매끼리 결혼하는 족내혼族內婚 정책을 편다.

조직 관리 방식 – 당근과 채찍

리더십은 영향력이다. 영향력은 권력이 집중될수록 강해지고 분산될수록 약해지게 마련이다. 리더십에는 당근과 채찍 두 가지가 동원된다. 왕건이 궁예를 통해 얻은 리더십 교훈이 하나 있다. 채찍만 사용하면 조직이 번성하기는커녕 반란자만 생긴다는 것이다. 채찍과 당근을 병행해 사용해야 한다. 친목 성격의 조직Gemeinschaft이 아닌 목적 지향적 조직Gesellschaft에 인센티브와 페널티는 필수 불가결한 것이다. 성과 있는 곳에 보상 있고, 실패를 반복하면 어쩔 수 없이 잘라내야 한다.

왕건은 일단 지방 호족들이 자발적으로 충성하도록 혼맥婚脈으로 묶었다. 또한 호족 중에 만일 누이나 딸이 없다면 아들이나 동생들을 송도에 유학 보내게 했다. 일종의 볼모였다. 이것이 기인제도다. 자녀가 송도에 있는 한 지방 호족들은 쉽사리 반란을 일으키지 못한다.

호족 자제들이 개경에 숙위하면서 자기 지방에서 과거 보러 온 응시자들의 신원을 조회하거나 지방 정책을 자문하도록 했다. 이처럼 중앙에 거주하는 호족이나 고위 관료가 자기 출신 지방을 통제하는 특수 관직을 사심事審이라 했다. 사심관 제도는 신라 때 향리 세력을 억제하려고 실행한 상수리上守吏 제도를 본받은 것이다. 이런 제도는 지방 호족을 통제하는 효과도 있었지만, 교통과 통신이 발달하지 않은 고대사회에서 왕이 지방의 속사정을 파악하는 수단이기도 했다.

고려 최초의 사심관은 신라의 마지막 왕 경순왕이다. 그가 935년(태조 18년)에 항복하자 경주의 사심으로 삼았고 이후 여러 지방 출신 공신을 사심으로 임명한다. 이런 방식으로 고려 초기 지방 관제가 제대로 정비되지 않은 상태에서 중앙 권력이 지방까지 골고루 미쳤다.

또한 관료들의 무분별한 착취를 막으려 취민유도取民有道를 조세정책의 기본으로 정했다. 태조는 신라의 붕괴가 가혹한 징세에서 비롯되었다고 보고 농민에게 조세를 거둘 때 일정한 법도를 따르게 했다. 또한 농민의 조세 부담을 피부에 와닿을 만큼 낮췄다. 신라 말기 농민들은 수확의 70퍼센트가량을, 궁예 시절에는 절반가량을 수탈당했다. 왕건은 수확의 10분의 1정도만 내도록 대폭 경감했다. 이러니 농민들이 춤을 추지 않을 수 없었다.

이와 함께 빈민구제기관인 흑창黑倉을 설치하여 빈민들에게 쌀을 나누어 주었다. 이는 고구려가 194년 을파소乙巴素의 제청에 따라 실시한 진대법賑貸法을 계승한 것이다. 흉년이나 춘궁기에 곡식을 나눠주고 가을에 거두는 것으로 춘대추납春貸秋納 제도라고도 한다. 억울하게 노예가 된 자들도 모두 집으로 돌려보냈다. 이를 본 초기 고려인들은 왕건을 이렇게 평했다. "해처럼 둥글고 모난 왕의 얼굴에서 풍기는 기상과 도량이 어떠한지 아는가. 세상을 건질 만큼 웅대하고 깊다네."

2대

혜종

리더의 첫째 미덕은 용기

배경이 약한 주름살 왕

혜종惠宗(재위 943~945)은 태조가 나주의 빨래터에서 만난 장화왕후 오씨가 낳은 장남이다. 본명은 무武이며, 912년 5월 나주에서 태어났다.

태조의 제1비 신혜왕후 유씨에게 소생이 없자 921년 태자에 오른다. 태조가 936년 후백제를 공격할 때 참전해 전공을 세워 1등 공신이 되고, 943년 5월 태조가 죽자 고려 2대왕이 된다. 하지만 왕이 된 후 자신보다 막강한 외척을 둔 이복동생들의 왕위 찬탈 음모에 휘말린다.

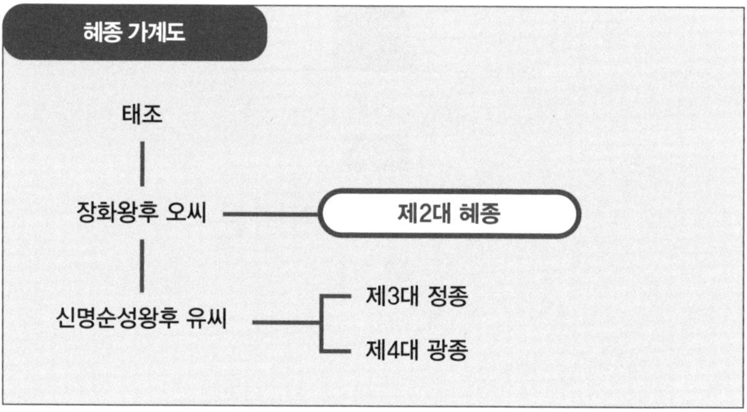

태조도 일찍이 태자의 외가가 워낙 미약함을 알고 늘 염려했다. 혜종이 아홉 살이 될 무렵 태자로 세우려 할 때부터 반발이 있었다. 이를 무마하고자 태조가 자신이 자황포赭黃袍(왕복)를 상자에 담아 장화왕후에게 미리 보냈다.

장화왕후는 이를 대광大匡 박술희朴述熙에게 보여주었다. 비로소 박술희는 태조의 뜻을 읽고 신하들을 찾아다니며 무마했다. 그래도 마음이 놓이지 않았던 태조는 당시 군사권을 쥐고 있던 임희林曦의 딸을 태자빈으로 간택했다.

그녀는 태자 무가 왕이 된 후 의화왕후義和王后에 책봉된다. 또한 경기 호족 왕규王規와 청주 호족 김긍률金兢律의 딸과도 혼인시킨다. 임종을 앞두고는 후백제인이던 당진 출신 박술희를 고명대신顧命大臣으로 임명하며 태자 무의 앞날을 신신당부했다.

혜종을 제거하려는 호족들은 혜종의 얼굴을 빗댄 낭설까지 퍼트렸다. 그 내용은 다음과 같다.

태조 왕건이 궁예의 장수로 있던 시절, 나주에 배를 정박하고 행군하던 중 우물가에서 오씨를 만나 하룻밤 잔다.

태조와 장화왕후 오씨가 연을 맺었다는 전설이 있는 우물

이때 왕건이 비천한 계집에게 씨를 줄 수 없다며 밖에 정자를 배설하자, 오씨가 이를 찍어 자궁에 넣었는데 이때 돗자리 무늬가 배어 혜종의 얼굴에 주름이 가득하게 되었다는 것이다. 이런 근거 없는 소문을 퍼트린 핵심 세력은 충주 유씨와 황주 황보씨 계열이었다. 그만큼 혜종은 든든한 외가를 둔 왕자들에게 멸시를 받았다.

혜종은 왕권의 강력한 후원으로 왕 자리에 앉기는 했으나 유지해 나가는 데 많은 어려움을 겪었다. 왕권을 뒷받침해주는 세력보다 위협하는 세력이 더 강할 때 권력 암투는 필연적으로 일어난다. 이럴 때 현명한 리더는 권력 암투를 일단 충성 경쟁 쪽으로 유도하여 리더의 힘을 높인다. 물론 충성 경쟁이 지나치면 간신이 득세하여, 원칙보다 눈치와 처세에 능한 자가 실권을 잡을 수 있다. 이런 자들은 리더에게 충성을 바치다가 리더가 레임덕에 빠지면 즉시 등을 돌린다.

충성 경쟁은 반드시 과잉 충성을 낳고 과잉 충성은 간신들만 득세하게 하여 조직을 약화시킨다. 그러나 혜종처럼 추대 세력이 워낙 약할 경우, 일시적으로 지지 세력과 반대 세력 사이에 교묘히 충성 경쟁을 일으켜서 자기 입지를 탄탄히 할 필요가 있다. 애석하게도 지략도 부족하고 유약한 혜종은 자신의 대척점에 서 있는 세력에게 끌려다니며 오히려 지지 세력을 약화시키고 말았다.

파워 밸런스에 실패하다

고려 초기 사회는 강력한 리더가 부재하는 정글이었으며 그 속에서 정치는 하나의 게임이었다.

게임이론game theory에서는 '전략적 의사 결정'을 가장 중시한다. 혼돈 사회에서 리더는 무엇보다 탁월한 전략가가 되어야 한다. 태조는 결혼마저도 전략적으로 선택했다. 리더는 자신의 상황을 잘 이해하고 그에 맞는 전략적 의사 결정을 내려야 주도권을 잡을 수 있다. 주도권을 잡지 못한 리더처럼 가련한 존재는 없다.

태조는 29명의 부인 중 9명에게서 25명의 아들을 얻었다. 이 아들들은 외가 호족과 연대해 저마다 왕이 되고 싶어 했다. 특히 왕건이 왕이 된 후 처음 결혼한 셋째 왕비 신명순성왕후神明順成王后 유씨 쪽 세력이 뇌관이었다.

신명순성왕후는 충주 호족으로 내사령內史令이 된 유긍달劉兢達의 딸이다. 그녀는 다른 어떤 왕후보다 자식을 많이 낳아 다섯 아들과 두 딸을 두었다. 두 딸 중 낙랑공주는 신라 마지막 왕 김부와 혼인해 서라벌 호족을 포섭했다.

신명순성왕후의 다섯 아들 중 요堯(후에 정종)와 소昭(후에 광종) 두 아들은 나중에 왕이 되는데, 혜종 재위 시에도 노골적으로 왕위를 노렸다.

혜종과 두 왕자의 대결은 곧 나주의 미천한 호족과 충주 대호족 간의 다툼이었다. 그 뒤에 개경파와 서경파가 버텼다. 태조가 고구려의 뒤를 잇는다는 뜻에서 옛 고구려 수도인 서경을 중시하면서 서경파가 득세했고 독자적 세력 기반을 마련했다.

서경 세력의 핵심은 왕건의 사촌동생인 왕식렴王式廉이다. 서경을 중시한 태조가 왕식렴을 진장鎭將으로 임명했고, 왕식렴은 풀만 무성하고 여진족이 거주하던 서경으로 백성을 이주시켜 도시로 만들었다.

개경파는 개국공신이며 병권을 장악하고 있던 박술희, 조정을 장악하고 있던 왕규, 외척인 청주 사람 김긍률 등이 중심이었다. 이 세 명은 모두 백제 출신으로 이들에게 태조가 나주 출신 혜종을 맡겼다.

이들은 외척이면서 또 다른 딸을 혜종의 아내로 들여보냈다. 따라서 혜종이 즉위하자 조정의 주도권을 개경파가 잡는다. 그러자 고려 궁중음악으로 백제의 〈정읍사井邑詞〉가 울려 퍼졌다.

달하 노피곰 도다샤 어긔야 머리곰 비취오시라 어긔야 어강됴리
아으 다롱디리
져재 녀러신고요 어긔야 즌디랄 드리욜셰라 어긔야 어강됴리
어느이다 노코시라

어긔야 내가논대 졈그랄 셰라 어긔야 어강됴리

아으 다롱디리

이 노래는 삼국 중 가정 먼저 번성기를 맞이한 백제의 궁중음악으로 사용되었고 후에 해상무역을 하던 장보고도 주변국 사절을 영접하는 음악으로 사용했다. 〈정읍사〉를 연주할 때는 보통 수십 명의 악공樂工이 대전大殿에 독수리 날개 모양으로 앉는다. 악사가 북을 치는 것을 신호로 기생들이 나비처럼 들어와 춤을 추며 노래한다. 그 내용을 풀이하면, "달아, 달아 높이 솟아라. 멀리 비추어라, 아아. 저잣거리를 두루 다니며 행상하시는가요. 혹시 빈 흙밭에 빠지시면 어쩌나, 아아. 어느 것이든 다 내려놓고 오세요. 아, 해가 저물기 전에 어서 돌아오세요"다.

신라 말 최치원이 정읍 군수로 재직하면서 칠보에서 유행하던 놀이 문화를 주제로 〈향악잡영오수鄕樂雜詠五首〉라는 시를 지었는데 "〈정읍사〉를 향악으로 연주한다"고 기술했다. 후에 최치원은 왕건과 견훤이 대립할 때 화해를 유도했고, 견훤이 궁예에게 보낸 친서에 대한 답서를 대필하기도 했다.

고려 조정의 친백제 분위기를 역전시키려는 공작을 반혜종 세력이 진행한다. 이들은 먼저 〈훈요십조〉 중 인재 등용에 대한 조항인 8조를 위조했다. 원래 내용은 알 수 없으나 "차령산맥 이남과 금강 바깥쪽의 산세가 거꾸로 뻗어 있으니 그 지역 사람들이 왕이나 왕실 인척과 혼인하면 역심을 품는다"며 '등용하지 말라'고 변조했다.

이를 서경 세력의 위조로 보는 이유는 이 조항대로라면 나주 출신 혜종이 왕이 되어서는 안 되기 때문이다. 이뿐 아니라 왕건 주변에는 주요 보직을 차지한 백제계 호족이 많았다. 왕건 자신조차 지키지 않은 내용을 남길 리가 없다.

서경 세력이 이렇게 중요한 왕조의 규범서를 변조하는 과정에서 혜종에게 회유와 위협을 가했을 것으로 추측할 수 있다.

일단 8조가 확산되자 나주 출신 혜종과 백제 출신 신료들은 설 자리가 없어졌다. 혜종 주변엔 외가인 나주 출신의 신하들, 광주의 왕규, 청주의 김긍률, 그리고 박술희가 전부였다.

산토끼 쫓다가 집토끼를 놓쳤다

즉위 초반 혜종도 후진後晉, 여진女眞 등과 반요동맹反遼同盟을 맺고 급변하는 동아시아 정세에 잘 대응했다. 하지만 대문장가이며 혜종의 사부인 최언위가 별세하면서 국정 장악력이 현저히 떨어지자 박술희와 왕규에게 의지했다.

이를 주시하던 왕요 형제(요와 소)는 김긍률에게 접근하여 자기 세력으로 포섭했다. 이에 왕요 형제를 밀던 고려 최대 호족 충주 유씨 가문이 서경의 왕식렴과 내통하며 본격적으로 혜종에게 하야 압력을 가한다. 다급해진 혜종은 왕규와 함께 왕요 형제를 반역자로 낙인찍기로 한다.

왕규가 중신 회의 때 혜종에게 "왕요 형제가 역모를 꾀한다"고 아뢰며 엄단하라고 촉구했다. 그런데 웬일인지 혜종이 "그럴 리 없다"며 왕요 형제를 두둔하고 오히려 자신의 맏딸을 왕소의 둘째 부인으로 준다. 이런 화해 태도에 왕규는 크게 놀랐다. 왕규와 함께 '왕요 형제 반역 낙인찍기'를 꾸민 혜종이 유화적 태도로 바뀐 데는 왕요를 감싸고 있는 주변의 막강한 사병을 의식한 면도 있고, 자신의 딸을 주어 왕요를 사위로 만들면 자기 사람이 되리라고 착각한 면도 있다.

이런 혜종의 기대와 달리 왕요 형제는 왕권 찬탈 시도를 더욱 가열하게 전개했다. 혜종은 크게 착각했다. 왕요가 원하는 것은 왕의 사위 자리가 아니라 왕의 자리였다.

이때 정국은 권력의 축이 서경파로 크게 이동했으나 아직도 개경파의 힘은 남아 있었다. 혜종이 왕규의 건의대로 왕요 제거에 나섰다면, 서경의 왕식렴 부대가 개경에 오기 전에 왕실과 박술희의 병력만으로도 제압이 가능했다. 그러나 혜종이 오판하여 권력의 추세를 자신의 지지 세력인 개경 쪽으로 돌려놓는 데 실패했다. 리더가 결정적 오판을 하면 회복하기 어렵다.

화해 정책에도 불구하고 왕권 찬탈 음모가 계속 이어지자 이를 견디다 못한 혜종은 급기야 병을 얻어 945년 9월, 33세의 나이로 세상을 떠난다.

고려 역사는 혜종 시기의 혼돈 책임을 모두 왕규 탓으로 돌리고 있다. 역사는 대부분 승자에게 유리하게 기록된다. 이들 기록에 의하면 혜종이 병상에 눕자 왕규가 자기 외손자 광주원군廣州院君(태조의 제16비 소

광주원부인 왕씨의 아들)을 왕으로 세우려 혜종 암살을 두 번 시도한다.

한번은 밤에 왕이 자는데 왕규가 보낸 자객이 벽을 뚫고 침입했다. 자객은 왕을 죽이려다가 깨어난 왕의 주먹 한 방을 맞고 죽었다. 또 한번은 어느 날 혜종이 신덕전神德殿에 누워 있는데 최지몽崔知夢이 찾아와 점을 쳤다.

"곧 변고가 있을 것이니 지금 옮기셔야 합니다."

그날 왕규가 자객을 데리고 직접 벽을 뚫고 왕의 침실에 난입했다. 하지만 최지몽의 예언을 들은 왕은 이미 중광전重光展으로 옮겨 간 후였다. 그 후 왕규는 최지몽을 만나 칼을 뽑고 죽이려 했다.

"네가 꾀를 부려 왕에게 침실을 옮기게 했으렸다."

호통 소리를 듣고 최지몽은 줄행랑쳤다.

두 번의 역모 사건이 있고 나서도 혜종은 왕규에게 벌을 주지 않았으며 광주원군도 죽이지 않았다. 두 번씩이나 왕을 시해하려 한 신하를 살려둔다는 것은 있을 수 없는 일이다.

혜종 생전에 왕규가 건재한 까닭은 왕규를 자신의 보호 세력으로 신뢰했기 때문이다. 만일 왕규가 혜종을 없애려 했다면 상당한 군사력을 보유한 박술희가 가만있지 않았을 것이다.

또한 중병에 걸린 왕이 건장한 자객을 한 주먹에 때려눕혔다는 것도 납득하기 어렵다.

사실 서경파에게 두려운 존재는 왕규보다 혜종의 무력 기반인 박술희였다. 그래서 서경파는 집권 후 왕규보다 먼저 박술희를 없앤다. 이래서 사료가 조작되었다고 보는 것이다.

서경 세력이 정권을 잡은 후 왕규를 죽이려는 방편으로 '왕규 역모 시나리오'를 만들어냈으며 박술희 죽음의 책임까지 전가한 것이다.

리더가 변덕스러우면 소인배가 몰려든다

혜종 때 일어난 역모 사건의 진실이 무엇이든 간에 혜종은 수시로 살해 위협을 당하자 항시 갑사甲士에게 호위토록 했다.

성격도 급변하여 쉽게 화를 내고 실없이 웃다가 우울해하는 조울증도 생겼다. 리더가 이렇게 종잡을 수 없는 기분이 되면 측근이 대의에 둔감하고 소리小利에 밝은 소인배로 채워지게 된다.

본래 혜종은 도량도 넓고 용기도 있었다. 어떤 역경 가운데서도 이런 성품을 유지해야 참다운 리더다. 여하튼 혜종의 성품이 변하자 소인배들이 일거에 준동하고, 그들에게 귀가 어두워진 혜종이 원칙 없이 포상을 남발해 조정 안팎에서 한탄 소리가 높아갔다.

권력을 유지해야 하는 왕은 같이 갈 세력과 그러지 못할 세력을 잘 구분해야 한다. 그 구분은 왕의 자리를 넘보느냐 아니냐로 할 수 있다. 왕의 자리를 탐하지 않는 신하라면 포용해서 자기 세력으로 만들어야 한다.

그러나 혜종은 서경 세력처럼 근본적으로 왕이 되려는 세력을 안고 가려다가 자기의 충복들과 멀어졌다. 한마디로 산토끼를 쫓느라 집토끼를 방치한 것이다.

이런 일관성 없는 리더를 노벨경제학상 수상자인 밀턴 프리드먼Milton Friedman은 “샤워실의 바보fool in the shower room”라 했다. 샤워할 때 온수와 냉수를 조절 못해 번갈아 수도꼭지를 돌리는 바보처럼, 리더가 주관 없이 섣부르게 정책을 결정하면 적절한 타이밍을 놓치게 된다. 마치 골프에서 세컨이나 서드 샷이 매끄럽지 못해 훅과 슬라이스를 번갈아 내는 것과 같다. 리더가 일관성 없이 오락가락하면 골프공이 해저드로 빠져들 듯 치러야 할 사회적 비용이 엄청나게 발생한다.

일관성 없는 정책은 무엇보다 먼저 리더 자신을 지치게 한다. 혜종이 중병으로 침실에 눕자 소인배들이 주변을 차단하여 중신조차 들어가지 못하게 했다. 그 소인배들은 모두 서경 세력의 부하들이었다. 이 때문에 중립 세력이 서경파로 흡수된다.

위기를 느낀 박술희는 혜종은 물론 자신의 신변을 보호하기 위해 100여 명의 무사를 거느리고 다녔지만 서경 세력이 둘러싸고 있어 혜종의 침전엔 들어가지도 못하고, 침전 밖에서만 왔다 갔다 했다. 이를 빌미로 서경파는 개경파의 거두 박술희가 역심逆心을 품고 군사를 이끌어 혜종 병실을 배회한다며 탄핵했다. 결국 박술희는 강화도로 귀양 가 사사賜死되었다. 그 후 서경파는 비밀리에 서경의 왕식렴에게 연락해, 군대를 끌고 개경으로 들어오게 한다. 이 와중에 임종을 앞둔 혜종이 후계자를 지목하지 않자 왕요가 조바심을 냈다.

혜종은 내심 아들 흥화군興化君에게 왕위를 물려주고 싶었다. 이를 눈치챈 서경파가 왕요를 왕으로 세우라고 하자 끝내 후계자도 지명하지 않고 눈을 감았다. 역사서에는 혜종이 병사한 것으로 기록되어 있으나, 태자 시절 후삼국 통일 전쟁에 참여해 큰 공을 세울 정도로 강철 같은 무인이던 혜종임을 감안하면 독살이나 암살당했으리라는 추측도 가능하다.

혜종이 승하하자 그 즉시 서경파가 추대해 왕요가 왕위를 계승한다. 왕요는 정권을 장악한 후 곧바로 왕규와 그의 무리 3백 명을 처형한다. 이때 의화왕후義和王后와 흥화군은 궁을 떠나 사찰로 들어갔다.

3대

정종

왕은 모든 백성의 왕이어야 한다

의욕은 넘쳤으나 편파적이었다

혜종은 자기 세력을 무시하다가, 정종定宗(재위 945~949)은 이와 반대로 자기 세력만 챙기려다가 궁지에 몰린다.

혜종이 주변에 반대 세력이 가득해 분란을 견디지 못하고 임종할 즈음, 개경에 왕식렴 군대가 들어왔다. 이에 힘입어 왕요가 강화에 유배 가 있던 박술희와 왕규까지 없애고 드디어 왕이 된다.

이렇게 즉위한 정종은 왕건의 셋째 아들이자 신명순성왕후의 차남이다.

정종 가계도

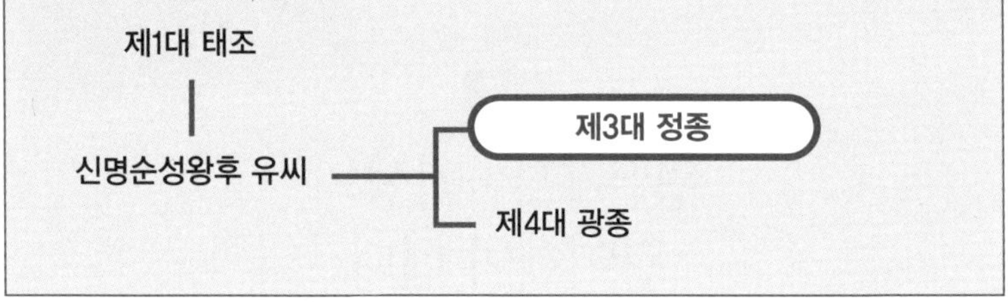

정종은 즉위에 결정적 공을 세운 왕식렴을 공신에 책봉했다.

"그대는 나라의 주석柱石이다. 흉악한 무리인 간신(왕규 등)들이 변란을 꾀했으나, 불에 들어간 옥玉이 더욱 냉기를 발하고, 눈 맞은 소나무가 더 푸른빛을 발하듯, 그대가 악당들을 처단해 나라를 바로 세웠다. 나라가 혼란할 때 어진 신하를 알게 되고, 강풍이 불 때에야 질긴 풀을 안다는 옛말이 바로 그대를 두고 한 말이로다. 만석의 널따란 토지와 9주의 수령 자리를 모두 그대에게 준다 해도 공적을 다 갚을 수 없으리."

아무리 왕식렴이 큰 공을 세웠다 해도 일국의 왕으로서 신하에게 한 말 치고는 지나친 과찬이었다. 이는 앞으로도 서경 세력의 리더인 왕식렴에 기대어 정치를 하겠다는 의지의 표명이었다.

이럴수록 왕식렴에게 수백 명이 희생당한 개경 세력의 불만은 커져 갔다.

또한 정종은 즉위하자마자 서경 천도마저 천명했다. 그러니 개경 세력은 물론 개경 인근 백성들까지도 정종을 냉대했다. 정종은 이런 불만을 다독이며 통치력을 강화하려 노력했으나 그리 쉽지 않았다. 답답한 마음에 즉위 이듬해인 946년 봄 현릉(태조의 묘)에 참배했다. 이 자리에서 '임금의 우선 임무는 서민을 긍휼히 여기는 일'이라는 깨달음을 얻는다.

"당쟁으로 원한의 골이 깊은 개경과 서경의 세력을 융화하려는 노력보다 먼저 백성에게 선정善政을 베풀어야 한다. 그러면 개경과 서경도 자연스럽게 하나가 된다."

참배 후 정종은 대사면령을 내려 민심을 수습하고자 했다.

또한 불교에 각별히 공을 들였다. 왕궁에서 십리 길인 개국사까지 불사리佛舍利를 들고가 봉행했고, 전국의 주요 사찰에 쌀 7만 석을 시주했다. 불경을 간행하려고 사원에 불명경보佛名經寶와 광학보廣學寶를 설치하기도 했다.

게다가 정종은 솔선수범하는 차원에서 이른 아침부터 밤늦게까지 국정에 몰두했다. 최승로崔承老는 이런 정종의 모습을 이렇게 기록했다.

"새벽부터 부지런히 다스림을 구했다. 식사도 잊을 만큼 정무에 몰두하며 저녁에도 촛불을 밝히고 신하를 불러 결재하고 명령을 내려 모두가 경하하였다."

즉위 초 2년 동안 열정적으로 나라를 돌보았으나 개경 세력이 워낙 소극적으로 나오자 947년 봄부터 서경 천도를 서두르기 시작한다.

정종의 의욕적 민심 수습책이 성공하지 못한 데는 이유가 있다. 민심을 수습하고 개경파를 설복하려면 바로 그들이 원하는 정책을 내놓았어야 한다. 상대를 설득하려면 상대에 맞는 '적합한 동기motivational fit'를 부여해야 한다.

사면 복권과 불교 봉행은 부분적인 방책일뿐 전체 백성들에게 감동을 주지 못했다. 내가 원하는 것이 아니라 상대가 원하는 것을 주어야 상대가 마음을 연다. 자신의 필요에만 민감하면 리더의 영향력이 더 이상 확장되지 않는다.

2대 혜종의 실책이 자신을 지지하는 개경파를 하나로 단합시키지 못한 채 반대 세력을 무분별하게 수용한 것이라면, 정종의 실책은 반대 세력을 노골적으로 몰아세운 것이다. 개경파와 서경파가 고려 초기 조정의 두 축이기는 하지만 어디까지나 뿌리는 개경파다.

왕건이 송악 호족이고 도성도 개경에 있다. 신흥 세력인 서경파에 비할 바가 아니었다. 우유부단한 혜종 앞에 당숙인 왕식렴이 군사를 몰고 나타나 전격적으로 왕규를 제거하는 바람에 개경파가 엉겁결에 수세에 몰렸을 뿐이다. 정종이 참으로 화합하길 원했다면 서경 천도처럼 개경 세력의 씨를 말리려 한다고 의심받는 국가적 대사는 시간을 두고 충분히 의논한 후 진행 여부를 결정했어야 했다. 이로써 정종이 부왕의 묘에서 깨달았던 지혜는 정치적 수사가 되고 말았다.

중재 리더십의 포기

권력의 정점은 하나다. 이 정점을 놓고 다투다가 파당이 생긴다. 그 자리에 혼자의 힘만으로 오르는 사람은 거의 없다. 측근의 조직적 도움과 상대의 실수 등이 어우러져야 최고 리더 자리에 앉는다. 리더가 된 후에는 도와준 세력을 배려해야 하겠지만 패배자도 껴안아야 한다. 그래야 모두의 리더가 된다. 아무리 리더를 도운 세력이 크다 해도 전체 세력에 비하면 소수에 불과하다. 또한 권력을 잡는 순간 소외된 세력의 표적이 되기 때문에 되도록 소외 세력을 줄여야 다툼이 그친다.

왕좌를 놓고 여러 세력들과 다투다가도 왕이 되면 그 순간 그 모든 세력의 왕이 되는 것이다. 이를 무시할 경우 집권 과정에서 혼신의 힘을 모았던 세력도 내분이 생겨 갈라진다. 이를 미연에 방지하려면 상대 세력도 요소요소에 중용해 조직에 긴장을 주고 새로운 발상의 계기를 만들어야 하다.

정종은 왕이 된 후, 전보다 더 파당적인 정책만 골라서 추진했다. 왕위에 오르는 과정에서 등을 돌린 개경과 황해도, 백제권의 민심을 왕이 된 후 수습했어야 한다. 그러나 정반대의 행보를 보였다.

궁중에 들어앉자마자 곧바로 궁중악으로 애용하던 〈정읍사〉를 금지했다. 그리고 947년 봄, 대광 박수문朴守文에게 덕창진德昌鎭(평북 박천군)에 성을, 서경에 왕성을 쌓도록 했다.

이 과정에서 개경 백성을 동원해 부역負役을 시켰다. 엄청난 인원과 자재와 식량이 서경으로 집중됐다. 백성의 원성이 하늘을 찔러도 정종은 외적으로 조금도 흔들리지 않았다. 그러나 내심은 매우 불안해 사찰을 찾아 치성을 드리며 안정을 찾고자 했다. 왕이 백성의 고혈을 짜면서도 부처의 가피加被를 입고자 하는 행보를 보이자 백성들은 더 역겨워했다. 이들은 왕이나 관료들 앞에서 대놓고 저주는 못했지만 그 차가운 눈초리 탓에 도성 공기는 냉랭했다.

한편 후진에서 유학하던 도중 거란에 붙잡혀 갔다가 능력을 인정받아 벼슬을 한 최광윤崔光胤이 사신으로 고려에 왔다. 그는 거란이 장차 고려를 침략할 것이라고 고려 조정에 보고했다. 대비책으로 정종은 호족의 사병을 연합해 30만 광군사光軍司를 조직하려 했다.

당시 고려 조정은 이 정도 대군을 직접 거느릴 여력이 없어 호족군으로 일종의 예비군을 만들고자 한 것이다. 광군을 조직한 목적은 거란의 침입에 대비하려는 것이었지만, 호족을 광군 지휘관으로 임명해 왕의 통제력을 강화하려는 목적도 있었다.

그러나 이 시도는 성공하지 못했다. 민심이 떠난 왕에게 어느 호족이 자기 사병을 내주겠는가. 정종은 진퇴양난에 빠졌다. 그렇다고 서경 천도를 포기하자니 그나마 남은 자기 세력마저 등을 돌릴 것 같았다.

상황이 점점 더 악화되자 겉으로 강한 척하며 서경 천도에 더욱 매달렸다. 시중 권직權直을 서경에 보내 궁궐 건축을 서두르게 했다. '왕에게 파당은 없고 오직 충신과 간신과 역적만 있을 뿐이다.' 이 제왕학의 논리를 정조는 깨닫지 못했다. 역적은 금방 드러나기 때문에 대처하기 쉽다. 식별이 안 되는 간신이 역적보다 더 위험하다. 간신은 대부분 리더의 파당에 속한 사람 가운에 나온다. 순수하게 조직을 위해 리더를 정상으로 이끄는 사람은 많지 않다. 한 사람을 리더로 밀면서 자신도 뭔가 얻어보려는 사람들이 많다. 그러다 보니 자기가 밀던 사람이 리더가 되면 기대 이상의 혜택을 거두려고 한다. 이럴 때 충신은 조직과 리더에게 해가 되지 않는 범위 안에서 보답받으려 하지만 간신은 이를 넘어선다.

간신들은 또한 리더의 성품과 조직의 속성을 잘 알므로 그에 맞춰 달콤한 정책을 건의한다. 이런 말에 귀를 기울일수록 리더는 대중과 멀어지고 고립된다.

백성은 물이고 왕은 그 위에 떠 있는 배다. 물을 거스르는 배가 어찌 온전할 수 있을까? 서경 궁궐을 완공하라며 매일같이 백성들에게 무리한 노역을 강요하자 원성도 나날이 높아갔다. "백성이 무슨 죄냐, 왕 좋자고 천도하면서 날마다 백성만 닦달하니 견딜 수가 있어야지. 백성을 고생시키는 임금이 무슨 임금이야?" "개경에 도읍을 정한 지 30년도 채 안 되었는데 또 서경으로 옮긴다니 제정신이냐?" "개경이 어떤 곳이냐. 태조께서 정하신 곳이다. 불효막심하게 이를 무시하다니." 개경민에게 정종은 세 가지 실책을 저지른 왕으로 낙인찍혔다. '백성을 괴롭히는 왕', '정신 없는 왕', '불효한 왕'.

이런 상황이 되자 정종은 개경을 출입할 때마다 군사 수백 명을 호위병으로 거느려야 했다.

그러나 고집이 센 정종은 서경 천도를 마치 태조의 뜻인 양 더 세게 밀어붙였다. 태조는 서경을 고구려의 고토古土를 회복할 전진기지로 중시했을 뿐, 서경을 제일의 도성으로 삼고자 한 것은 아니었다. 정종은 고려의 창업자이며 부왕인 태조의 유지마저 왜곡했다.

이런 과잉 행동을 하는 정종의 공포감은 극에 달했다.

948년 9월 동여진의 소무개 등이 말 700필과 토산물을 바치자, 정종이 천덕전天德殿에 나와 손수 검열을 했다. 그때 느닷없이 마른하늘에서 날벼락이 번쩍이며 천둥소리가 나더니 천덕전 서쪽 모퉁이를 쳤다. 여기에 놀란 정종은 심장에 큰 충격을 받고 병석에 누웠다. 백성은 곧 부역에서 놓여날 것이라며 기뻐했다. 이를 전해 들은 정종은 더 큰 충격을 받았다.

이듬해 정월 정종의 보루인 건국 공신 왕식렴이 죽었다. 병상에서 이 부고를 접하고 정종은 완전히 기력을 잃었다. 두 달 뒤 3월, 정종은 동생 소를 불러 후계자로 지목하고 27세의 나이로 요절한다.

4대 광종
거침없는 결단력

준비된 리더, 리바이어던

광종光宗(재위 949~975)은 창업 군주 태조의 네째 아들로 수성守成에 성공한 왕이다.

광종은 선대 왕 정종의 서글픈 운명을 지켜보았다. 이복형 혜종이 병사로 기록되었으나 독살이나 암살당했을 것으로 추측되고, 동복형 정종도 병사했다. 두 왕이 나라를 다스린 6년 동안 고려는 왕실과 호족이 한데 뒤엉켜 치열한 권력 싸움을 벌였다. 이러한 혼란 속에서 광종이 등극했다. 그의 통치술은 두 형과 확연히 달랐다. 그는 17세기 영국의 철학자 토마스 홉스Thomas Hobbes의 《리바이어던》에 등장하

광종 가계도

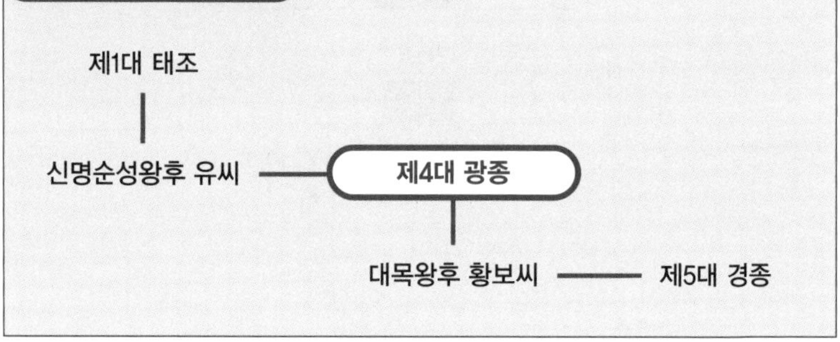

는 '리바이어던Leviathan'이었다. 홉스는 사회란 "만인에 의한 만인의 투쟁"이 전개되는 곳으로, 리바이어던 같은 리더가 투쟁에 매몰된 인간들을 통제해야 한다고 역설했다.

리바이어던형 리더가 성공하는 이유는 세 가지다.

첫째, 흐름을 잘 탄다.

태조 이후 혜종과 정종이 연달아 요절하면서 강력한 왕을 요구하는 시대적 흐름이 있었다. 광종은 이 흐름을 이용했다. 태조가 건조한 고려호高麗號는 2대 혜종, 3대 정종 대를 지나며 완전히 표류했다.

미약한 호족 출신의 2대 선장은 머뭇거리다가 측근을 약화시켰고 3대 선장은 측근 중심으로 서경 천도를 무리하게 추진했다. 이들의 뒤를 이어 4대 선장이 된 광종은 전혀 달랐다. 정종처럼 서두르지도 않았지만 혜종처럼 머뭇거리지도 않았다. 자신이 원하는 미래로 항해하기 위해 먼저 현재 주변 상황을 충분히 이해했고 어떤 항로로 나아가야 할지를 파악했다.

이런 광종에 대해 최승로는 "관찰력이 면밀해 사람을 아는 데 조금의 실수도 없었다"라고 했다.

고려는 어디까지나 호족 연합의 결정체다. 온화한 태조가 일종의 지방자치제로 통일국가를 세웠다. 태조는 창업 군주로서 위엄과 책략으로 드센 호족들을 지배했으나 후대 왕들은 달랐다. 혜종은 박술희와 왕규, 정종은 왕식렴에 의지했고 독자적 세력 기반을 만들지 못했다. 왕은 상징적 존재였고 실질 권력은 호족들이 행사했다. 그래서 강력한 왕권을 바라는 민심이 있었는데, 광종은 이를 놓치지 않았다.

둘째, 필요할 때 속전속결로 '올인'하는 근성이 있다.

자신이 나설 상황이 아닌데도 앞장서서 설치기 좋아하는 사람은 리더의 자격이 없다. 누울 자리를 보고 다리를 뻗어야 한다. 아직 자신이 나설 상황이 아닐 때 속마음을 감추고 기다리고 기다리다 보면 반드시 기회는 온다. 기회는 준비하며 기다리는 자의 것이다.

이런 면에서 광종은 친형인 정종과 성격이 완전히 달랐다. 정종은 멀리 보지 못하고 당장 눈앞의 일에 고집부리는 사람이었다. 이에 비해 광종은 어릴 적부터 풍채가 좋고 의젓해 태조의 사랑을 많이 받았고, 대단히 치밀했다.

만일 리더가 정종처럼 단기적인 목표에만 매달리면 어떻게 될까? 경영자라면, 근본이 되는 주요 고객과 시장의 변화 추세를 놓치며 경쟁성 있는 대응력, 주도력, 시장 선도력을 확보하지 못한다. 왕이라면, 정종처럼 정국 장악력을 상실하여 불안한 나날을 보내게 된다.

이와 달리 광종의 모든 말과 행동은 충분한 예측과 계산에서 나왔다. 일단 전략이 서면 머뭇거림 없이 실행했다.

혜종 때는 친형 요(정종)와 함께 왕실의 핵심으로 서경 세력의 도움을 받아 개경 세력을 제거하는 데 앞장섰다. 그러면서 이복형 혜종과도 좋은 관계를 유지했다. 그래서 규가 혜종에게 요와 소가 역모를 꾸민다고 참소했을 때도 살아남을 수 있었다. 이때 혜종은 도리어 소에게 두 번째 부인으로 자기 딸까지 주었다.

셋째, 리바이어던 형 리더는 비판받는 것을 두려워하지 않는다.

광종의 별명이 '핏빛 군주'다. 완벽한 기회만 조성된다면 광종은 등 뒤에서 누가 무슨 욕을 하든 조금도 개의치 않았다. 고려 초기 왕위 계승권을 놓고 다투는 호족들을 내버려두어서는 결코 왕권이 안정될 수 없었다. 이들은 고려의 미래나 서민의 삶에 전혀 관심이 없었다. 이들에게 칭송받으려 할 때 리더는 꼭두각시로 전락한다. 조직에 결코 도움이 되지 않은 부류에게 비난받는 것도 성공한 리더의 덕목이다.

준비하는 리더의 롤 모델, 당 태종 정관의 치

광종의 성공 여부는 여하의 호족 세력을 약하게 만들어 왕권을 강화하는 데 있었다. 선대 두 왕의 실패를 지켜본 광종은 결코 서두르지 않았다. 처음엔 오히려 호족의 기득권을 인정해주었다. 즉위하자 독자적 연호로 '광덕光德'을 사용했다. 이는 중국과 대등한 고려 군왕의 위엄을 과시하려는 것이었다.

즉위 첫해에 대광 박수경朴守卿에게 국가 유공자 목록을 작성하게 했다. 당시 가장 유력한 호족은 충주 유씨와 박수경의 평산 박씨였다. 유공자 등급을 4등급으로 나누어, 1등급부터 차례로 쌀 25석, 20석, 15석, 12석을 내려주었으며 이것을 '봉록俸祿의 기준'으로 삼았다.

이와 함께 주州·현縣에서 걷는 세금의 기준을 정해주었다. 그동안 호족들이 징세했던 것을 중앙에서 정한 것인데 지방 호족이 크게 반발하지 않는 선에서 통제하려는 조치의 일환이었다. 세액을 정해줌으로써 지방 호족을 통제할 기초 자료를 확보하고 조정의 수입을 크게 늘렸다. 즉위 초에 이 정도 정책을 펼치고 7년 동안 호족들을 우대하며 겉으로나마 태평한 나날을 보냈다.

이 시기 광종은 자기 함양에 온힘을 기울였다. 수성 군주에게 필요한 지혜를 배우고자 당 태종의《정관정요貞觀政要》를 거듭 읽어 외우다시피 했다. 당의 창업 군주 당고조 이연李淵의 둘째 아들인 당 태종 이세민李世民은 뛰어난 전략가이자 정치인이었다.

중국 역대 황제 중 최고의 성군인 그의 치세를 '정관貞觀의 치治'라 한다. 당나라 300년 체제를 확고히 한 당 태종은 즉위 이듬해 연호를 '정관'이라 정했다. 이후 23년간 명신名臣들을 곁에 두고 태평성대를 이루었다.

태종과 명신들이 문답식으로 나눈 대화를 역사가 오긍吳兢이 10권 40편으로 집대성한 책이《정관정요》다. 아무리 훌륭한 리더도 고치고 보완하고 숙성해야 할 면이 있다. 이를 위해 롤 모델을 둘 필요가 있다. 광종은 당 태종 이세민을 롤 모델로 정했다. 리더가 롤 모델을 정할 때는 세 가지를 유의해야 한다.

하나는 '보여주기 식' 선정, 즉 상징조작 내지는 여론 호도용으로 자신과 전혀 어울리지 않는 인물을 정하면 오히려 역효과가 난다. 둘째, 자신과 비슷한 주변 여건에서 존경받는 인물을 선택해야 한다. 셋째, 아무리 롤 모델이 훌륭하다고 해도 우상처럼 따라서는 실패한다.

롤 모델이 처했던 상황과 현재의 상황은 다르다. 그대로 추종할 경우 경직된 결정을 내림으로써 실패한다. 좋은 롤 모델을 정했으면, 그의 정신과 철학과 인품을 참조하여 스스로 방향을 결정해야 한다.

리더가 바른 롤 모델을 선택하고, 그 철학과 가치관을 중시하면 점차 동일시 효과가 나타난다. 광종도 당 태종처럼 수성에 성공해 신생 왕조인 고려를 탄탄한 기반 위에 올려놓았다. 다음은 광종이《정관정요》중 제일 좋아했다는 구절이다.

어느 날 태종이 조정 대신들에게 창업과 수성 중 무엇이 어렵느냐고 물었다. 방현령房玄齡이 대답했다.

"창업 과정에는 뭇 영웅들이 수없는 각축을 벌입니다. 이를 격파해야 하는 창업이 더 어렵습니다."

이 말을 들은 위징魏徵이 나섰다.

"창업 군주는 하늘이 낸 것으로 결코 어렵지 않습니다. 그러나 후임 군주는 일단 천하를 손에 넣은 후라 교만하여 정사에 나태하게 되고, 따라서 민심이 이반합니다. 그래서 수성 군주가 더 어렵습니다."

두 신하의 말을 경청한 태종이 매듭지었다.

"천하를 평정할 때 방현령은 나와 함께 다니며 수많은 난관을 겪었으니 창업이 어렵다고 보았고, 위징은 내 뜻을 받들어 정치 안정에 주력하다 보니 교만과 나태가 국가 위기임을 알아 수성이 어렵다 한 것이다. 이제 창업의 힘든 과정은 과거가 되었다. 앞으로는 그대들과 더불어 수성의 어려운 일을 삼가 감당할 것이다."

여기서 '창업이수성난創業易守城難'이란 말이 나왔다. 광종은 태종처럼 창업전에 직접 뛰어들진 않았지만 후삼국의 격동기에 어린 시절을 보내 당 태종의 심정을 잘 이해했다.

외국인 쌍기를 등용하다

집권 초반기(949~956)에 광종은 정중동의 자세로 조용히 고려의 국가 체제를 '호족 연합국가'에서 '왕권 중앙집권 체제'로 전환하는 방안을 모색했다. 당 태종과 신하들이 정치에 대해 토론한 책을 면밀히 읽으며 확실한 때를 기다렸다. 광종은 이 기간 동안 정국 주도권을 호족들이 행사해도 이를 지켜보면서 명분 있는 정책을 펼쳐 정치적 기반을 닦았다. 즉위하면서 독자적 연호를 사용하여 대내외적으로 고려 군주의 권위를 높였으나 이듬해 거란이 호시탐탐 침략하려 하자 952년 중원의 맹주로 부상한 후주의 연호를 사용해 거란을 견제했다. 전쟁 위험에서 벗어나자 백성들이 점차 광종을 신뢰하기 시작했다.

정종이 저변 민심을 무시하고 상층 일부 지지 세력에만 의지함으로써 실패한 것을 보고 광종은 교훈을 체득했다. 아무리 좋은 정책도 결국 민심이 뒷받침되지 않으면 실패한다.

민심이 곧 왕의 힘이다. 민심을 얻지 못한 왕은 측근에게 이용당한다. 이를 뼈저리게 지켜본 광종은 호족을 약화시키며 민심을 열광적으로 흡인할 정책을 찾는 데 혈안이 되었다.

955년에 마침 후주의 제2대 왕 세종이 즉위할 때 귀화인 왕융王融을 사절로 보냈는데, 그를 통해 광종은 후주의 상황이 고려와 유사함을 알았다. 이듬해 후주의 세종이 답례로 설문우薛文遇를 보냈는데, 이때 쌍기雙冀가 수행원으로 따라왔다. 쌍기는 병에 걸리는 바람에 귀국하지 못하고 고려에 남았다. 이즈음 광종은 고려 개조 작업에 필요한 인재를 찾느라 고심하고 있었다.

알고 보니 쌍기가 바로 후주의 왕권 강화 작업에 참여했던 인물이었다. 후주 태조가 3년 만에 죽고 등극한 세종은 세 시기로 나눈 정국운용 전략을 세웠다. 초기 10년은 천하통일기, 중기 10년은 백성 생활 향상기 그리고 말기에는 태평성대로 나아간다는 것이다.

쌍기에게 이 전략을 전해 들은 광종은 후주 세종에게 양해를 구하고 쌍기를 원보한림학사元甫翰林學士에 임명했다. 이후 광종의 개혁은 쌍기의 개혁 이론을 실천하는 과정이었다.

광종은 평소 지켜보다가 한번 기회를 잡으면 과감하게 밀어붙이는 성격이다. 쌍기는 이미 후주의 태조 때부터 세종 즉위기까지 개혁 정책을 내놓아 성공을 거둔 적이 있다. 중국 내 유랑하는 농민들에게 논과 밭을 환원해줌으로써 농촌을 상당히 안정시켰다. 또한 문신을 대거 등용해 지방 무벌武閥들을 억제하고자 했다. 후주의 태조와 세종은 각기 재위 기간 3년과 5년 만에 아쉽게 병사했으나 이 덕분에 영명英名한 군주로 칭송받는다.

인재는 인재가 알아본다. 후주의 두 황제가 쌍기를 알아보았듯이 광종도 쌍기야말로 고려가 필요로 하는 최고의 인재임을 알아차렸다. 올바른 리더는 모두가 무시하는 인재라도 필요하다면 과감히 등용한다. 광종은 외국인인 쌍기를 원보한림학사에 임명한 지 1년도 채 되기 전에 문한文翰에 전권이 있는 직책인 문병文柄을 맡겼다. 그러자 지나친 특혜라는 공론이 일었다.

최승로의 글에도 '귀화한 쌍기에 대한 은혜가 너무 융숭했다'고 나온다. 이런 거센 반대에도 불구하고 쌍기에 대한 믿음은 흔들리지 않았다. 광종은 7년간 정국을 관망하면서 자신과 함께 목숨을 던져 개혁할 만한 의지와 아이디어를 가진 인물을 찾았으나 찾지 못했었다. 당시 관료들은 왕실 주변에 가득한 공신과 호족의 눈치만 보고 있었다.

이때 광종이 흔들리면 관료들이 기득권을 지키려고 유력해 보이는 왕족과 호족에게 줄을 서며 사생결단의 투쟁을 시작할 것이다. 조정에 특별한 이해관계가 없어야만 비로소 과감한 개혁을 밀어붙일 수 있다. 이 때문에 광종은 신료의 견제에도 불구하고 쌍기를 전폭적으로 후원했고 세 단계로 고려 개조를 시작했다.

민심 확보와 기득권 견제의 묘수, 호족들에게 떨어진 날벼락

첫 단계는 노비안검법奴婢按檢法 실시였다. 이 법안을 956년 전격적으로 공표했다. 원래 노비가 아니었으나 전쟁 포로거나 부채 등으로 인해 강제로 노비가 된 자들을 해방해주는 일종의 노비 해방법이다. 광종은 고단수였다. 호족의 힘이 무엇인지 파악했고, 바로 그 지지대를 무너뜨려야 호족이 무너진다는 것을 알았다.

볼링 게임을 할 때 아마추어들은 1번 핀을 겨냥한다. 하지만 1번 핀을 맞춰도 전체 핀이 넘어가지 않을 때가 많다. 노련한 프로들은 1번과 3번 핀 뒤에 숨어 있는 5번 핀을 때린다. 그러면 대개는 1번 핀은 물론 모든 핀을 쓰러트릴 수 있다.

호족의 세도를 가능하게 했던 노예 수를 획기적으로 줄여야 호족을 무력화할 수 있다. 혜종이나 정종은 이를 무시하고 호족의 내분에 끼어들어 끝내 비참한 결과를 맞았다.

대호족이 거느리는 많은 노비 중 상당수가 삼한 통일 전쟁 중 포로가 된 양인이거나 호족이 강제로 노비로 만든 사람들이었다. 이들만 노비에서 풀어준다면 대호족의 광활한 농장을 가꿀 노동력이 부족해지고 사병 수도 감소하기 때문에 경제적, 군사적 기반이 허물어지는 셈이다.

이와 달리 중앙정부는 노비가 해방되면 양민이 늘어나므로 국세 증가와 군사력 강화에 큰 도움이 된다. 광종으로선 일석삼조였다.

광종은 호족을 약화시키고, 왕권을 강화하고, 여기에 해방된 노비들의 열광적 지지까지 확보했다. 《손자병법》을 보면 공격을 잘하는 자는 천 길 낭떠러지에 바윗돌 굴리듯 한다고 했다. 광종은 손자의 전략인 "선전인지세善戰人之勢 여전원석여천인지산자如轉圓石於千仞之山者"를 그대로 실행했다.

호족들은 지난 7년간 그처럼 부드럽게 대해주던 광종이 갑자기 노예해방을 들고 나오리라고는 상상도 못했다. '아닌 밤에 홍두깨' 식의 날벼락을 맞은 것이다. 이들은 크게 반발하며 심지어 왕비인 대목왕후大穆王后 황보씨까지 동원해 광종에게 노비안검법 중단을 요청했으나 때는 늦었다.

대목왕후는 황해도의 유력 호족 출신이다. 이들은 '이 법 때문에 노비들이 호족을 멸시할 것이므로 나라의 안정이 깨지게 된다'는 논리를 폈다.

이런 압력을 광종은 단호히 거절했다. 어떤 개혁이든 처음부터 어중간하게 타협하면 용두사미로 끝난다. 호족들이 날뛸수록 광종은 흔들림 없이 노비안검법을 더 강력히 시행했다.

그 결과 공신과 호족의 세력이 상당히 약해졌다. 물론 신분 질서가 무질서해지는 부작용도 나타났다. 노비가 양민이 되고 싶어 주인을 거짓으로 모함하는 일이 수없이 발생했다. 이미 이를 예측했던 광종은 일시적 무질서를 감내하고 호족의 권력 기반을 제거하는 것이 더 효과적이라고 판단했다.

공정 인재 등용책을 내놓고 피의 숙청을 하다

호족의 힘이 크게 약해지자 두 번째 변혁안을 내놓았다. 958년(광종 9년) 쌍기의 건의대로 '과거제'를 도입했다. 당시 공신은 삼한 통일 과정에서 공을 세운 무신들로 구성되어 있었다.

과거제는 무신 자제의 정계 진출을 막는 장치였다. 그동안 벼슬은 공신 호족이나 그들의 후손들에게 전리품처럼 나누어 주었다. 이런 관습은 과거제도 앞에서 약화될 수밖에 없었다.

과거제도에는 3과를 두었는데, 진사과進士科(작문)와 명경과明經科(유학 경정), 잡과雜科(의학, 의약, 기술) 중에서 등수 안에 든 자들을 선발했다. 과거의 주요 내용이 유교의 충효 사상이라 왕권 강화에 큰 도움이 되었고 이를 통해 호족 세력 대신 신진 세력이 집권하는 계기가 마련되었다.

2년 뒤인 960년(광종 11년), 세 번째 조치로 백관의 공복公服 제도를 내놓았다. 이는 관리들에게 직위에 따라 네 가지 색(자삼紫衫, 단삼丹衫, 비삼緋衫, 녹삼綠衫)의 옷을 입도록 하는 제도다. 관리 입장에서는 숨 막힐 일이었지만 왕을 중심으로 군신 관계와 관리의 상하 관계가 명확해져 질서가 잡혔다. 이는 더 이상 고려가 호족 연합국이 아닌 왕권국임을 상징적으로 나타낸다.

같은 해에 '준풍峻豊'이라는 독자적 연호를 사용하며 개경을 황도皇都로, 서경을 서도西都로 지정한다. 이때 노비안검법, 과거제 실시, 공복 제도 등으로 심대한 타격을 입은 호족이 조직적 반발을 하며 심지어 반역까지 도모했다.

광종은 여기에 굴하지 않고 '피의 숙청'을 감행한다.

피의 숙청이 시작된 때는 960년 3월 어느 날이었다. 평농사사評農書史 권신權信이 "대상大相 준홍俊弘과 좌승佐丞 왕동王同의 역모를 고한다"고 참소했다. 광종은 미관말직인 평농사사의 말만 듣고 인사 정책을 총괄하는 신하들을 귀양 보냈다.

그만큼 광종은 호족의 동향에 민감했다. 이 참소 사건을 계기로 수없는 무고가 쏟아져 들어왔다. 이에 따라 광종이 호족 세력을 대대적으로 숙청하며, 조카인 흥화군興化君(혜종의 아들)과 경춘원군慶春院君(정종의 아들)도 처형했다. 심지어 자기 아들인 세자 왕주王伷(경종)까지도 의심해 멀리했다.

당시 종이 주인을, 아들이 아비를 무고해 감옥이 차고 넘쳐 임시 옥사를 설치해야 했다. 서로 믿지 못해 골육 친척들도 멀리해야 했고, 평소 친한 사람들끼리도 둘 이상 만나기 두려워하며 어떤 이야기도 나누지 못했다.

이런 가운데 광종은 민심을 안정시키는 정책을 내놓았다. 왕성과 주요 지방 길거리에서 떡, 쌀, 땔감을 꾸준히 나눠 주고, 왕실의 고기도 시장에서 직접 구입했다.

광종은 972년(광종 23년) 대사령을 내리며, 이해부터 974년까지 연이어 3년간 과거를 실시했다. 973년에는 빈농貧農을 보호하는 공사전조법公私田租法을 만들었다. 이 법은 공전과 사전의 조組를 줄여주고, 황무지를 개간할 경우, 그 토지가 사전일지라도 개간자가 첫 수확을 모두 갖도록 하는 것이다.

이 공사전조법과 노비안검법, 과거제도가 광종의 3대 정책이다.

이런 과감한 개혁 정책에도 불구하고 집권 후반기인 광종 11년 이후 15년은 지속된 공포정치 때문에 나라가 핏빛으로 얼룩졌다. 단명했던 선대왕과 달리 광종은 26년간 통치한 후 975년 51세를 일기로 생을 마감한다. 수백 명의 조정 대신 중 광종의 대대적 숙청에서 살아남은 자는 40여 명에 불과했다.

5대

경종

구심력을 포기한 화합 정책

설익은 화합 정책

고려 5대 왕, 경종景宗(재위 975~981)은 광종과 대목왕후 황보씨 사이에서 태어난 장남이다. 11세에 태자로 책봉되던 때 이미 수많은 호족의 희생을 지켜보았다.

이후에도 광종의 숙청 작업이 계속되자 왕족, 특히 태자까지 이용하려는 세력이 나타났다. 이 과정에서 흥화군과 경춘군이 죽었고, 경종까지 부왕 광종의 의심을 받으며 공포의 나날을 보내야 했다. 이처럼 부왕과 원만치 못한 관계 속에서 겨우 목숨만 부지한 채 21세에 왕위에 오른 경종은 대목왕후의 친정인 황주 호족 황보씨의 세력 아

경종 가계도

제4대 광종		
대목왕후 황보씨 —	제5대 경종	
	현애왕후 황보씨 —	제7대 목종

래 있었다. 경종의 어머니와 할머니가 모두 황주 호족 출신이며, 어린 시절을 외가에서 보냈다. 이 때문에 황주 호족을 경계하던 부왕이 의심하는 바람에 죽을 고비를 넘겨야 했다.

광종 11년 이후 숙청 과정에서 후삼국 전쟁에 큰 공을 세운 박수경 일족 등 왕실과 혼인 관계를 맺은 유력 호족들이 대부분 희생되었다. 특히 송도 이북의 평주와 서경 세력 대부분이 말살되었다.

이 와중에서도 광종의 친모인 신명순성왕후 유씨의 충주 호족, 경종의 모친인 대목왕후 황보씨의 황주 호족, 태조의 제6비인 정덕왕후 유씨의 정주 호족은 비교적 건재했다. 경종이 즉위하자 이들이 전면에 나서며 경종에게 대사면령을 내리도록 건의했다. 광종이 미처 정리하지 못한 호족 잔존 세력이 경종을 내세워 화려하게 부활하는 순간이었다.

옥에 갇힌 신하들과 귀양 간 신하들, 관직에서 쫓겨난 자들이 복권되어 속속 조정으로 돌아왔다. 이들은 전과 기록인 죄적罪籍과 광종 때 설치한 임시 감옥을 모두 불태워 없앴다.

지난 15년 동안 숨죽여 지내던 호족 공신의 세상이 되었으나 이들은 여기서 만족하지 않았다. 이들은 광종 때의 일을 복수라도 하려는 듯했다. 경종도 어쩔 수 없이 '복수법復讐法'을 허락했고 호족 출신 왕선王詵을 집정執政(재상)에 임명해 복수법 시행을 맡겼다.

이후 개경은 1년간 아비규환의 나날이 이어졌다. 광종 시대의 참변은 주로 호족 아래 노비나, 과거 시험이나 귀화인의 천거로 등용된 신진 하위 관료의 참소에 의해 이뤄졌다. 이번에는 정반대였다. 호족들이 자신들을 참소했던 무리들을 골라내 살육하기 시작했다. 이런 가운데 왕선은 복수법을 빌미로 경종에게 알리지도 않고 태조의 아들인 효성태자孝成太子(천안부원부인 임씨 소생)와 원녕태자元寧太子(제10비 숙목부인 소생)까지 살해했다.

필시 이 두 태자가 광종 때 어떤 호족의 숙청에 개입했으리라. 종실의 어른까지 당하자, 경종은 그제야 사태가 심각함을 알고 즉시 복수법을 금지하고 왕선을 귀양 보냈다.

현명했으나 권력의지가 약했다

일 년 정도 복수로 얼룩진 정국을 바라보던 경종은 나름대로 치적을 쌓는다. 권력이 한 명에게 집중되지 않도록 집정제를 좌우 집정제로 바꾸어 두 명의 집정을 두었다.

이와 동시에 왕명의 권위를 높이기 위해 왕명을 출납하는 내사령이 집정 중 한 자리를 겸임토록 했다. 좌우 집정제로 권력 집중을 방지한 경종은 전시과田柴科를 마련해 고려의 토지제도를 정비했다. 이는 다른 말로 하면 토지 국유제로 인품人品과 관품官品에 따라 토지를 나눠 주는 제도다. 조정에서 원윤元尹 이상의 자삼紫衫 계층은 호족들이 차지하고 있었고, 실무 등급인 단삼丹衫 계층에는 신진 관료들이 많았다. 이 때문에 관품만 토지 배분의 기준으로 삼으면 호족들이 독식하게 된다. 경종은 신진 관료도 혜택을 입도록 학문이나 덕망 등 인품도 토지 분배 기준에 포함한 것이다. 이렇게 하여 광종 때에 세를 늘린 신진 관료도 힘을 얻어 호족의 독주를 견제할 수 있었다.

이때 토지를 나눠 준다는 것은 소유권을 준다는 말이 아니다. 이미 토지는 개개인이 소유하고 있는데 그 토지에서 세금을 걷는 수조권收租權을 주는 것이다. 이 획기적 제도로 당시 지배층의 토지까지 국가의 관리 안으로 흡수되어 왕권이 더욱 강화되었다. 경종은 오랜만에 평화기를 맞는다.

977년 진사시를 열어 고응高凝 등 급제자를 선발했고, 2년 뒤에는 내투來投한 발해 유민 수만 명을 적극적으로 받아들였다. 이런 평화는 최지몽崔知夢에 의해 깨진다.

그는 광종 때 왕을 모시고 귀법사歸法寺에 갔다가 만취 상태에서 왕에게 술주정을 부려 유배를 당했는데, 980년(경종 5년) 다시 등용되어 왕명을 출납하는 내의령이 되었다. 최지몽을 등용한 이유는 경종이 좌우 집정제와 전시과 정책으로 호족을 견제하자 호족들이 왕권에 도전하기 시작했기 때문이다. 이때 경종은 점성술에 능한 최지몽을 떠올렸다. 의지가 약한 리더는 곤경에 처하면 요행수를 바라거나 초월적 힘에 의지하고자 한다. 그러나 실체가 없는 초월적 힘은 현실을 더 곡해해서 냉정하고 단호한 대응을 못하게 만든다.

최지몽은 점성술을 이용해 왕규를 제거하는 등 여러 차례 정적 제거에 동원된 경력이 있다. 자신을 등용한 경종의 의중을 읽은 최지몽은 곧장 유력 호족 출신인 왕승 등이 반란을 꾀한다고 고변했다. 역모의 소용돌이가 또 한 번 개경을 휘몰아쳤다.

경종은 걸림돌인 왕승을 역모로 엮어 피바람을 일으키는 과정에서 호족의 엄청난 반발을 겪는다. 이때 부왕 광종의 공포정치를 목도하며 느꼈던 정치에 대한 환멸이 다시 찾아왔다. 이후 경종은 정사는 내팽개치고 매일 오락으로 보낸다.

낮에는 바둑으로, 밤에는 술과 여색으로 시간을 보내며 신하들도 만나지 않았다. 이렇게 병들어간 경종은 재위 6년 만인 981년, 26세의 나이에 사촌 동생 개령군 치治를 불러 선위하고 숨을 거둔다.

후계자 선정은 탁월했다

경종은 다섯 부인을 두었으며 셋째 왕비인 헌애왕후 황보씨(후에 천추태후) 사이에 한 명의 아들(후에 목종)을 두었다.

헌애왕후의 동생인 헌정왕후 황보씨도 왕비로 받아들였는데 경종과 사별한 후 사가에 머물며 후에 태조의 제5비 신성왕후 김씨의 소생인 안종安宗 욱郁과 사통해 대량원군(현종)을 낳는다.

경종의 비운은 광종의 그늘에서 벗어나지 못한 것이다. 즉위 후 복수법을 수용한 것이나 고려 최초로 토지제도를 정비한 업적을 이어가지 못한 것도 부왕 때 겪은 일에 대한 트라우마가 많은 영향을 미쳤기 때문이다.

리더가 되는 순간부터 리더는 자신의 상처를 타인을 이해하고 관리하는 혜안으로 사용해야 한다. 그 반대로 과거에 발목 잡힌 리더는 기본 자격이 없는 것이다. 건강한 리더는 정신적으로 독립해 있다. 그렇지 않으면 경종처럼 현명하더라도 뒷심이 약해 올바른 정책을 내놓고도 끝까지 추진하지 못하므로 유야무야된다.

자기 존중감은 누가 주는 게 아니라 스스로 만드는 것이다. 현명했으나 의지가 약한 경종의 마지막 치적은 바로 성종에게 자리를 물려준 것이다.

경종의 병이 깊어갈 무렵 아들 송訟은 겨우 한 살로 왕위를 잇기에는 너무 어렸다. 때문에 왕족 가운데 한 사람을 골라야 했다. 이때 경종은 후임자가 고려를 문치 국가로 만들 수 있기를 바랐다. 그래서 임종하기 1개월 전인 6월에 덕과 기품이 있는 성종을 선택했다.

탁월한 후계 선정은 그의 유약한 의지 때문에 통치 후반에 국정을 방치했던 책임을 상쇄한다. 사실 리더가 재임 중 아무리 잘했어도 후임자를 잘못 선정하면 그 공이 의미를 잃고, 반대로 재임 중 부족했더라도 제대로 된 후임자를 선정하면 과가 상당 부분 덮인다.

6대

성종

성군이 현명한 신하를 부린다

인문학적 소양이 풍성했다

광종은 피바람을 일으키며 비로소 왕에 걸맞은 강력한 왕권을 확보했다. 이를 바탕으로 성종成宗(재위 981~997)은 고려의 문물제도를 정비한다. 후세는 고려 왕조 34명의 왕 가운데 태조 왕건을 제외한 최고의 명군을 성종이라 평한다. 문물제도가 객관적 공평성을 띨수록 리더의 독단적 결정을 막는 안전장치로 작동한다. 리더가 독단적 결정을 내릴 때는 보통 두 가지 상태에 처해 있다. 부적절한 개인 욕심inappropriate self-interest과 부적절한 심리적 애착inappropriate attachment이 그것이다. 리더가 오직 개인의 이익만을

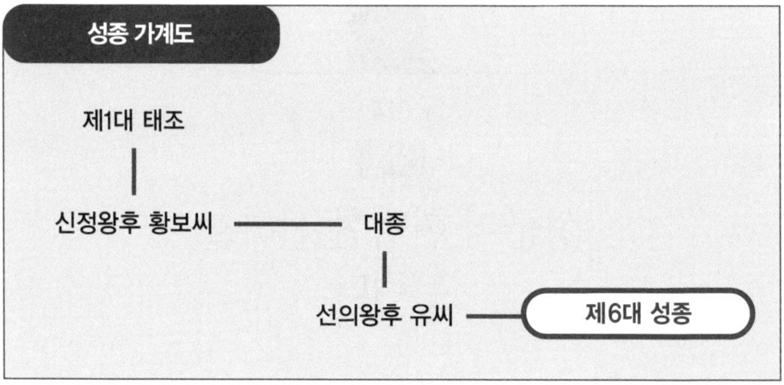

추구하거나, 개인적 애착 대상을 위해 리더십을 행사할 때 조직 전체를 위기에 빠트린다. 특히 애첩에 빠져 나라를 망가트린 경우가 많다. 여기서 경국지색이란 말이 나왔다.

성종은 태조의 제4비 신정왕후 황보씨의 소생 대종戴宗 욱旭과, 태조의 제6비 정덕왕후 유씨의 소생인 선의왕후 사이에서 둘째 아들로 태어났다. 이름은 치이며 자는 온고溫古로 22세에 왕이 되었다. 부인은 광종의 딸 문덕왕후 유씨다. 성종의 어머니 선의왕후 유씨와 부군 왕욱 모두 일찍 사망하여 둘 사이에 태어난 3남 2녀는 선의왕후의 시어머니인 할머니 신정왕후 황보씨(태조의 제4비)의 손에서 자랐다.

성종은 민감한 10대 때 광종이 벌인 피의 숙청을 경험했다. 십 대 후반인 경종 시기에 '복수극'도 보았다. 민감한 나이에 두 번의 참상을 보면서도 성종이 성군이 될 수 있었던 것은 바로 그의 할머니인 신정왕후의 유교적 교육 덕분이었다.

당시 유교는 현대판 인문학이었다. 이런 분위기에서 성종이 자라지 않았다면 선대 두 왕 때 겪은 경험이 내재되어 잔인한 왕이 될 수도 있었다. 천차만별의 사람을 관리해야 하는 리더에게 제일 필요한 소양이 바로 인문학이다.

문사철文史哲을 중심으로 시작된 인문학은 요즘 심리학, 언어학, 예술사, 종교학, 미학 등으로 더 세분화되었다. 중요한 결정을 내려야 할 현실에 부딪쳤을 때 인문학적 소양은 큰 힘이 된다. 역사를 통해 과거 사례를 알고 있으면 실수하지 않고 현명한 판단을 내릴 수 있다. 문학을 통해 다양한 삶을 간접 경험하고 인간 정서를 이해하는 리더는 매력적이다. 인문학에 밝은 리더는 창의력도 뛰어나다. 이는 인문학이 인간 조건을 탐구하고 자연을 직관적으로 묘사하기 때문이다. 직관은 일종의 경험적 사유다. '감각, 경험, 연상, 추리, 판단' 등의 과정 없이 순식간에 대상을 파악하는 것이다. 그동안 이성 중심이었던 서구 학계도 그 한계를 깨닫고 있다. 리더가 결정을 내리는 데 필요한 모든 정보를 사전에 수집하고 섭렵한다는 것은 불가능하다. 그래서 스티브 잡스처럼 직관력을 지닌 리더가 각광을 받았다.

테크놀로지와 디자인을 통섭하는 잡스의 영감! 바로 그 원천 중 하나는 시를 읽으며 상상하는 힘이었다. 그가 좋아한 시인은 워즈워스William Wordsworth와 블레이크William Blake였다.

인간의 조건을 사색하는 인문학은 새로운 발상과 세상을 이해하는 힘을 준다. 풍성한 인문학적 통찰력이 있는 리더는 문제에 직면했을 때 잡다한 소리에 휘둘리지 않고 인간 정신의 본질과 소통하며 대중적 공감을 형성하는 해법을 내놓는다.

성장기에 성종은 지속적으로 교육받으며 당대 최고의 인문학인 유교의 여러 경전과 역사에 익숙해졌고 이런 관점으로 고려를 통치했다.

성종이 즉위할 즈음, 고려는 경종 때 시작된 정치적 혼란이 계속되고 있었다. 불교 국가이기는 했으나 정치적 통치 이데올로기는 공백 상태였다.

즉위하자마자 성종은 국가 운영 구조를 합리적 유교 사회로 개편하는 작업을 시작했다. 즉위 원년(982년) 정5품 이상의 모든 관리에게 체제 개혁에 대한 봉사封事(밀봉한 상소문)를 올리라 했다. 이때 최승로崔承老의 〈시무 28조〉를 채택한다. 그리고 노골적으로 숭유억불 정책을 폈다. 조부 태조가 〈훈요십조〉에서 중시하라고 한 팔관회八關會를 축소했다가 987년(성종 6년)에 완전히 폐지했다. 또한 사찰을 지을 때 백성들이 자기 집을 희사喜捨하는 폐단을 금지했다.

적재적소에 인재를 배치하다 – 내치 최승로, 외교 서희

조직은 리더의 자질만큼 발전한다. 물론 사악한 리더도 시대적 흐름이 뒷받침된다거나, 경쟁하는 리더가 더 결함이 많거나, 우연의 일치로 잘될 수도 있다.

분명한 것은 그런 조직이 성장하면 대단히 위험한 일이 찾아온다는 것이다. 그렇게 성장한 조직은 오래가지 못하고 무너지며 엄청난 후유증을 남긴다.

좋은 리더는 좋은 인재를 알아보고 능력 있는 리더는 능력 있는 인재를 알아본다. 나쁜 리더 아래서 유능한 인재가 버티기란 사막에서 물고기가 버티는 것만큼 불가능하다. 조직 속에서도 '악화가 양화를 구축한다'. 병든 물에 건강한 고기가 살 수 없다. 제아무리 좋은 조직도 사악한 리더가 지배하면 엉망이 되고 엉망이었던 조직도 유능한 리더가 오면 잘 정비된다.

성종은 어수선한 고려를 능력 있는 인재를 활용해서 정비했다. 내치內治는 최승로를, 외치外治는 서희徐熙를 통해 고려를 반석 위에 올려놓았다.

당시 56세였던 최승로는 5대왕에 대한 평가와 함께 장장 28개항에 달하는 장문의 방책을 내놓았다. 성종은 선왕에 관한 평가를 보며 무엇이 올바른 리더십인지를 알고 있는 최승로야말로 최고의 인재임을 확신했다. 앞서간 리더들은 현 리더의 거울이다. 이 거울을 맑게 닦고 잘 들여다볼수록 탁월한 리더십을 구사할 수 있다.

원래 최승로는 927년 신라 경주 출생으로 육두품이었다. 신라 경순왕이 935년 고려에 항복하자 고려 조정으로 들어왔다. 사서삼경 중 특히 《논어》에 밝아 태조에게 여러 번 칭찬을 받았다. 광종의 통치 동안에도 학문적 명성이 높은 신진 관료였지만 주로 비정치 분야에 머물러 있었다. 경종 재위가 짧게 끝난 후 성종이 등용하자 드디어 완숙한 경지에 이른 역량을 펼치기 시작했다.

성종은 종2품 정광행선관어상주국正匡行選官御事上柱國이던 최승로를

983년 정2품 문하시랑평장에 임명해 국가 정치 이념을 구체화하도록 한다. 국내 통치의 틀은 최승로가 담당했고, 외교는 서희가 담당했다.

고려 시대에는 특히 외침이 심했다. 이 가운데 거란이 고려를 가장 괴롭혔다. 태조는 초기 거란과 통교했으나 고려의 형제국 발해를 멸망시키자 단교했는데 거란은 요를 세우고 중원까지 넘보며 송과 각축을 벌였다. 이런 상황에서 북진정책을 추구하는 고려가 송과 교류하자, 거란 입장에서도 배후의 고려를 확실히 꺾어놓아야 했다.

창업한 지 백 년도 안 된 성종 때부터 거란의 침입이 계속 이어진다. 993년(성종 12년) 5월 거란은 사신 궐열厥烈을 보내 화친을 청했다. 고려 조정이 거절하자 10월 거란 성종 야율융서耶律隆緖(재위 982~1013)의 부마인 소손녕蕭遜寧이 80만 대군을 몰고 침략했다.

금세 국경의 봉산군(청천강 이북)이 함락되었고, 고려 선봉 부대를 이끌던 장군 윤서안尹庶顔을 비롯해 수많은 병사들이 포로로 잡혔다. 중군사 서희는 고려군을 이끌고 달려와 거란군과 대치했다.

적장 소손녕이 크게 외쳤다.

"거란의 태조가 이미 고구려 옛 땅을 차지했는데, 이제 와서 너희가 강계疆界를 침탈하므로 처벌하러 왔노라."

이후 계속 거란은 고려의 항복을 종용했다. 서희는 거란이 더 이상 침략하지 않고 반복해서 항복만 권유하는 것으로 보아 속셈이 점령보다는 화친에 있다고 보았다.

이런 정세 분석을 조정에 피력하니 어전에서 회의가 열렸다. 다수의 신하들이 서경 이북의 땅을 거란에게 넘겨주고 화친하자는 할지론割地論을 주장했다.

성종도 찬성하며 서경 창고의 쌀을 미리 백성들에게 모두 나눠 주고, 그래도 남는 쌀은 거란이 군량미로 쓰지 못하도록 대동강에 버리라 했다. 이때 서희가 정면으로 반대했다.

“전쟁의 승패는 병력의 수에 달려 있지 않습니다. 우리에게 식량이 넉넉하니 충분히 성을 지킬 수 있고, 또 승리할 수 있습니다. 거란의 요구대로 서경 이북 땅을 내놓으면, 이후 거란이 본래 고구려 땅인 삼각산 이북을 또 내놓으라 강요했을 때 어찌하시렵니까? 태조 이래 우리 영토를 다른 나라에 단 한 번도 내준 일이 없었건만, 이제와 굴복하면 만세에 치욕입니다.”

이때 민관어사 이지백李知白이 서희를 지지하며 고구려 옛 땅을 내어줄 수 없다고 했다. 두 사람의 간언으로 성종이 대동강에 쌀을 버리라는 어명을 취소하자 할지론도 잠잠해졌다.

고구려 땅을 내줄 수 없다

한편 고려의 항복만을 기다리던 거란은 고려로부터 아무 소식이 없자 안융진安戎鎭(평남 안주)을 보복 공격했다. 하지만 이 전투에서 거란은 중랑장 대도수大道秀와 낭장 유방庾方이 이끄는 고려군에게 대패했다. 대도수는 발해의 태자였는데 926년 발해가 멸망하자 고려에 귀화한 인물로, 누구보다 거란에 대한 원한이 깊었고 또한 북방 지세를 손바닥 들여다보듯 알고 있어 적합한 전략을 세울 수 있었다.

뜻밖의 패배를 당한 거란은 더 이상 공격하지 않고 항복을 종용하는 문서를 계속 보내며 회담을 요구했다. 성종은 대신 중 한 사람이 자원해 나서기를 바랐으나 모두가 겁을 먹고 꺼렸다. 이때 서희가 나서자 성종이 기뻐하며 적진에 보냈다.

서희가 거란 진영에 도착하자 소손녕이 거드름을 피우며 뜰아래서 절하라고 했다. 서희는 거절했다. "뜰아래 절은 신하가 임금을 대할 때만 하는 것이거늘, 오늘은 양국 신하가 대면하는 데 어찌 내게 군신의 예의를 요구한단 말인가?" 그래도 소손녕은 서희에게 뜰아래서 절하라고 강요했다. 서로 기 싸움을 하는 형국이었다. 여기서 밀리면 협상 내내 밀릴 수밖에 없음을 직감한 서희는 강경하게 버텼다. 마침내 두 사람이 뜰에서 상견례를 한 후 회담을 시작했다.

소손녕이 먼저 두 가지 요구를 했다.

"고려는 신라의 후계자다. 따라서 고려가 차지한 고구려의 옛 땅을 거란에게 내놓아라. 더불어 국경을 마주한 요를 섬기지 않고 하필 바다 건너 저 멀리 송나라를 섬기느냐? 여기에 대해 해명하라."

서희가 의연하게 반박했다.

"고려는 고구려를 계승한 나라로, 고구려의 수도 평양을 국도로 정하고 있다. 오히려 거란의 동경(요양)이 고구려 땅이므로 고려가 다스려야 한다. 따라서 굳이 양국이 지리적 경계를 따질 필요는 없다. 또한 고려가 거란과 교섭하지 못한 것은 두 나라 사이에 여진이 끼어 있어 바다를 건너기보다 어려운 탓이었다. 그러므로 여진을 강동 6주에서 쫓아내고 그 땅에 고려가 성을 쌓고 길을 열게 도와주면 어찌 거란과 국교를 맺지 않겠는가?"

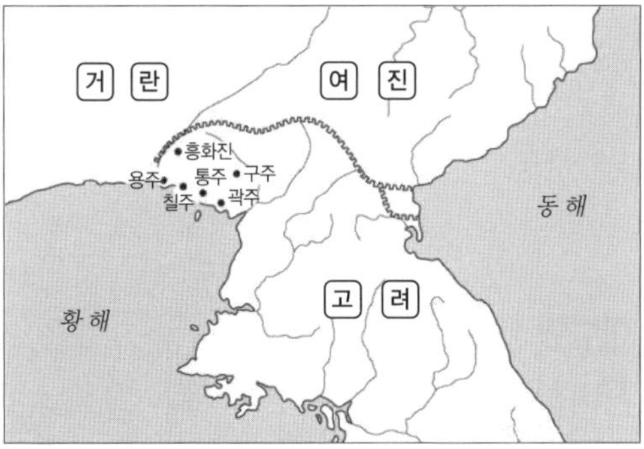

강동 6주 위치도

서희가 80만 대군 앞에서 이토록 강경할 수 있었던 이유는 거란의 속셈을 간파했기 때문이다. 중원을 놓고 송과 다투는 거란은 내심 배후에서 고려가 공격할지도 모른다며 두려워했다. 거란의 목적은 고려 정복이 아니라 송과 국교를 단절하게 하고 자신들 편으로 돌려놓는 것이었다. 이런 거란의 숨은 의도를 읽은 서희의 설득력 있는 제안을 거란이 수용했다. 이 회담의 최고 성과는 거란이 고려가 고구려 계승국이라 공인한 것과 압록강 동쪽 280리에 달하는 땅까지 확보한 것이다.

서희의 눈부신 협상으로 고려는 실리를, 거란은 명분을 얻었고 전쟁은 끝났다. 회담 결과를 보고받은 성종은 크게 기뻐하며 즉시 시중 박양유朴良柔를 거란에 사신으로 보내자고 했다. 서희는 "소손녕과 약조한 대로 여진을 소탕하여 옛 땅을 회복한 후에 국교를 열어도 늦지 않는다"며 만류했다. 하지만 성종은 박양유를 예폐사禮幣使로 거란에 보냈다. 이는 일단 거란과 왕래하여 정치적 안정을 확보하고자 함이었다. 이듬해 고려는 송나라와 국교를 끊고 서희를 보내 압록강 동쪽의 여진족을 몰아내고 강동 6주(흥화진, 용주, 통주, 철주, 구주, 곽주)를 개척했다. 이후 강동 6주는 난공불락의 요지로 고려의 보루가 된다.

제도와 문물을 정비하다

성종은 조직의 귀재였다. 조직은 그릇이다. 조직을 어떻게 만드느냐에 따라 인재를 죽일 수도 있고 살릴 수도 있다.

고려 초기 조직은 혈연 중심이고 인맥 중심이었다. 호족과 공신 위주로 조직이 운영되었는데 다행히 광종 때 과거제를 도입했다. 그러나 과거 합격자가 광종 재위 15년 동안 37명에 불과해 주요 관직을 채우기는 턱없이 부족했다. 그래도 각 지방에 근거를 둔 호족이 요직을 나눠 먹던 관행에 균열을 가져오기는 했다. 서희, 최섬崔暹, 진긍晉兢 등이 광종 때 합격한 자들로 실력으로 요직을 차지했다.

고려 성종도 조선 성종처럼 왕조의 제도와 문물을 정비했다. 먼저 995년에 당나라의 제도를 모방해 중앙관제를 정비했다. 3성(중서성, 문하성, 상서성)과 6부(이, 병, 호, 형, 예, 공)를 두었다. 다음 지방을 12목(양주, 광주, 충주, 청주, 공주, 해주, 진주, 상주, 전주, 나주, 승주, 황주)으로 나누고 각각에 주목州牧을 파견해 관할하게 하였다. 후에 다시 12목을 10도(관내, 중원, 하남, 강남, 영남, 산남, 영동, 해양, 삭방, 패서) 순찰 구획으로 나누었다.

이런 일련의 조직 구조 개선으로 중앙집권 체제를 확립했다. 성종은 각 조직을 대표할 인재를 양성하는 교육과정도 정비했다. 성종이 989년에 발표한 교서를 보면 인재 양성에 대한 열망이 잘 나타나 있다.

“짐은 학교를 확장해 나라를 다스리고자 한다. 널리 학생을 모집해 이들이 공부에 전념하도록 토지를 지급하고, 학식이 있는 사람을 스승으로 삼아야 한다. 해마다 과거를 치러 수재를 고르고, 날마다 재야의 학자를 찾아내 우대하여 이들이 내 부족한 정치를 돕게 하라.”

학생이 공부할 수 있도록 나라가 논과 밭까지 지원해주겠다는 것이다. 성종은 교육을 개인의 영달이 아닌 국가의 미래가 달린 공적 책무임을 확실히 했다.

992년(성종 11년) 개경에 국자감國子監을 창설하고 동시에 학자學資로 논밭을 지급했다. 즉 전액 장학금을 주어 생활에 대한 걱정 없이 공부에 전념하도록 했다.

교과목은 《주역》, 《예기》, 《논어》, 《상서》, 《주례》, 《효경》 등이었다. 주현의 많은 젊은이들을 개경으로 유학 오도록 했고, 이와 별도로 지방 12목에 향교를 만들어 경학박사와 의학박사를 1명씩 파견해 교육을 맡겼다. 과거에 합격한 관리도 꾸준히 학습하도록 문신월과법文臣月課法을 명했다. 중앙 관료는 매월 한림원翰林院이 내주는 주제로 시 3편과 부賦 1편을 제출해야 했다. 비전 있는 조직은 인재 양육과 선발, 배치된 인재를 재학습하는 구조를 잘 갖추고 있다.

성종 때 와서야 고려도 드디어 길게 성장할 비전을 찾았다. 《고려사절요》에서는 이런 성종을 “엄정한 성품으로 법을 세우고, 넓은 도량으로 현사를 구해 백성을 구휼하는데, 그 리더십(정치력)이 볼 만했다"라고 평하고 있다. 그에 대한 기록들을 보면 하나같이 함께 뜻을 두고 일해볼 만한 인물이라며 경탄하고 있다. 20세기 경영학의 스승인 피터 드러커는 조직의 최종 경쟁력은 리더가 '학습 조직'으로 환경을 창조할 수 있는지에 달려 있다고 했다. 학습은 재학습과 동시에 탈학습un-learn이 동시에 이뤄져야 한다. 성종은 무에서 문으로, 불교에서 유교로 탈학습과 재학습을 동시에 추구했다. 성종은 고려를 학습하는 조직으로 만들었다. 이 때문에 고려가 상무적尙武的 자주정신이 약해졌다는 비판을 받기도 한다.

한편 고려 최초의 철전鐵錢 화폐인 '건원중보乾元重寶'를 발행하여 화폐의 유통을 촉진했으나 활발히 유통되지는 못했다. 당시는 쌀, 베 등의 물품이 기본 화폐로 사용되었다.

아들 없이 딸만 둔 성종은 재위 16년(997년) 10월 병이 위독해지자 조카(경종의 아들) 개령군 왕송王誦에게 후일을 부탁했다.

7대

목종

천추태후의 치마폭에 싸이다

공과 사를 구별하지 못했다

성종의 통치를 통해 고려는 왕조의 기틀을 공고히 했다. 뒤를 이어 목종木宗(재위 997~1009)이 열여덟의 나이로 즉위한다.

그러자 목종의 생모인 헌애왕후獻哀王后, 즉 천추태후千秋太后가 천추전千秋殿에서 섭정하기 시작했다. 정권을 잡은 태후는 무엇보다 심복처럼 보필해줄 인물이 아쉬웠다. 그런 인물을 은밀히 모색하다가 정부情夫 김치양金致陽을 불러들였다. 처음에 조정 안팎의 이목을 고려하여 우선 합문통사사인閤門通事舍人 자리를 주었다. 이 관직은 왕이 거처

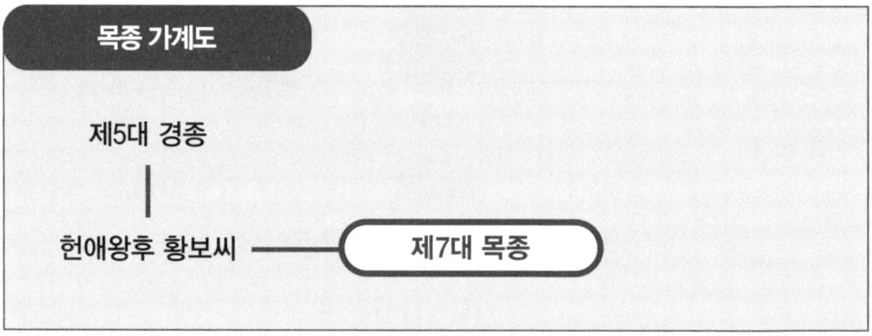

하는 편전 앞문을 관리하는 직책이다. 당시는 태후가 섭정했으므로 천추전 방문 앞을 관리했다.

이로써 온종일 천추태후와 함께 있게 된 김치양은 차츰 높은 관직을 탐내어 우복야右僕射 겸 삼사사三司事를 맡는다. 삼사사는 국가 재정의 최고 직위며 우복야는 백관의 인사를 관할하는 핵심 요직이다. 이후 두 사람은 함께 국정을 농단한다. 두 사람이 어떤 연유로 이렇게 가까워졌을까?

천추태후는 경종의 제3비로 본래 헌애왕후 황보씨로 불렸다. 그녀의 아버지는 태조와 신정왕후 황보씨가 낳은 대종 왕욱이다.

아버지가 왕씨지만 족내혼이 성행한 고려 왕실에서 딸은 왕씨가 아닌 외가의 성을 따르는 경우가 많아 천추태후도 외가 쪽인 황보 성을 이어받았다. 천추태후의 여동생 헌정왕후도 경종의 제4비로 궁에 들어갔다. 경종의 다섯 부인 가운데 헌애왕후만이 유일하게 아들 송을 낳았다.

송은 경종 사망 시 한 살에 불과해 왕위를 이을 수 없었다. 결국 경종의 사촌동생 성종이 왕이 되었다. 성종은 천추태후의 오빠다. 그래서 딸만 둔 성종은 어린 송을 왕실에 데려다 친자식처럼 기르고 왕위를 계승하게 했다.

황제의 모친을 태후라 하는데, 헌애왕후는 자칭 천추태후라 하였다. 중국과 대등한 자주 의식을 지닌 고려 초기 정신이 반영된 것이다.

김치양은 머리를 깎고 일찍 승려가 되었는데 성종 때 천추궁에 자주 출입하다가 헌애왕후와 정을 통했다. 이를 전해 들은 성종이 확인해보았는데 사실임이 드러나자 곤장을 때려 멀리 귀양 보냈다.

이런 김치양을 천추태후가 다시 불러들여 높은 벼슬을 주고 총애하니 김치양의 위세가 왕과 다를 바가 없었다. 백관의 인사권을 쥔 김치양에게 전국에서 벼슬을 바라는 자들이 뇌물 보따리를 싸들고 모여들었다. 그는 백성을 동원해 300칸의 집을 짓고, 동산과 누각, 연못을 만들어 왕궁에 버금갈 정도로 화려하게 꾸몄다. 여기서 밤낮으로 태후와 놀았다.

목종은 이런 가운데서도 개정전시과改正田柴科를 마련해 인품은 배제하고 오직 관직만 고려해 전·현직에게 봉급을 주었다. 학문을 장려하면서도 천추태후의 바람대로 고려의 상무 정신을 강화하기 위해 서경을 네 차례나 방문하는 등 노력했다.

목종은 997년부터 1009년까지 12년간 재위했는데 이 중 997년부터 2년간은 천추태후가 직접 섭정했고, 999년부터 목종이 퇴위하는 1009년까지 10년간은 천추태후를 앞세워 김치양이 실권을 행사했다. 목종은 왜 이렇게 무기력했을까?

이는 공과 사를 분명히 하지 못해서다. 목종은 왕 노릇을 충분히 할 수 있는 18세에 즉위했는데도 모후가 어리다는 것을 빌미로 섭정했다. 나이가 어린 것이 아니라 마음이 여려 모후의 권력욕을 막지 못했다. 자녀가 부모를 배려하는 것은 마땅하나 리더 입장에 서면 분간해야 한다. 특히 천추태후가 김치양에게 벼슬을 주려 할 때 거절했어야 한다. 이미 김치양은 성종 때 간교하고 성욕을 주체 못하는 위험 인물로 낙인찍혀 두들겨 맞고 귀양을 간 적이 있다. 그만큼 자기 욕망을 제어할 줄 모르는 인물이다.

김치양의 등용을 반대할 명분이 있기 때문에 모후도 억지로 강행하지 못했을 것이다. 그러나 김치양을 막지 못해 훗날 그 후환으로 모후와 목종 자신도 죽는다. 간교하고 사악한 김치양의 농간으로 더 무기력해진 목종은 머리만 모래에 파묻고 있는 타조 신세였다.

자기 확신이 부족한 목종은 이후 서른이 다 되도록 모후의 치마폭을 떠나지 못했다. 이런 목종에게 김치양은 천하의 미남자 유행간庾行簡을 붙여준다.

리더가 공사를 명확히 구분하지 못할 때, 조직의 생산력은 미래를 향하지 못하고 모두 내부에서 소모된다.

진화심리학 측면에서 사람들은 우유부단하고 무기력한 리더보다는 파워풀하고 능력 있는 리더를 직관적으로 선호한다. 리더는 나침반과 같다. 리더가 무기력하면 조직은 방향을 잃고 앞으로 나아가지 못한다.

사람은 자기 확신이 없으면 무기력해진다. 그럼 언제 자기 확신이 넘치는가? 자신이 직면한 상황보다도 자신이 할 수 있는 일, 또는 기꺼이 하고자 하는 일의 한계가 높을 때 그렇다.

천추태후와 김치양의 야심

공과 사를 구별하지 못하는 리더가 이끄는 조직은 중구난방이며 갈팡질팡한다. 목종은 나라의 장래보다 모후의 심기를 더 살폈고, 천추태후는 만인지상의 권력으로 김치양과 열락을 누리는 데 빠져 있었다. 이러니 김치양의 눈에 목종이 들어올 리가 없었다.

백성이 왕가와 사통해 타락한 승려라고 뒤에서 비웃어도 아랑곳하지 않았다. 도리어 자신을 악평하는 세상 민심을 무시해버리고 더욱더 자기 하고 싶은 대로 했다. 리더가 세상 평판에 지나치게 영합할 필요는 없으나, 분명한 잘못 때문에 평판이 나빠져서도 안 된다.

이를 무시하는 사람들이 바로 반사회성 인격장애antisocial personality disorder를 지닌 소시오패스다. 이런 리더는 대중의 정서를 전혀 고려하지 않는다. 자기 책임으로 나쁜 평판이 나는데도 자신을 돌아보지 않는 사람이 조직 내에 있으면 이 사람의 결점이 누룩처럼 전염된다. 김치양에게 천추태후가, 다시 천추태후에게 목종이 이런 속성에 전염되었다. 사서의 기록에 의하면 목종은 처음엔 굳센 성품이었고, 말 타고 사냥하기를 즐기는 건강한 리더였다. 목종도 결국 자기반성을 하지 않는 김치양 등과 가까이하며 몸과 마음이 무기력해졌다. 리더는 건강한 정신, 건강한 육체를 지닌 참모를 곁에 두어야 한다.

김치양이 권력을 독점하자 목종도 김치양을 제거하려 여러 번 시도한다. 하지만 매번 천추태후가 막자, 혹 모후의 마음이 상할까 봐 과감하게 실행에 옮기지 못했다.

당시 조정에는 천추태후 친정 쪽인 패서호족浿西豪族, 유행간, 이주정李周禎, 문인위文仁渭 등이 포진해 있었다. 승려 출신 김치양은 이들을 데리고 유교를 배척하고 토속신앙을 장려하여 자기 출신지 서흥瑞興에 성수사星宿寺를 세우는 등 곳곳에 도관과 사원을 건립하고 다녔다.

이 와중에 1003년(목종 6년) 천추태후가 김치양의 아들까지 낳고 왕위 승계까지 노린다. 이에 매우 낙심한 목종은 정사를 소홀히 했다. 그리고 남달리 용모가 아름다운 유행간과 동성애를 즐기기 시작한다. 어차피 유행간은 천추태후의 세력이라 천추태후도 이를 묵과했다.

유행간은 합문사 벼슬에 올라 정국을 농단하면서 목종에게 발해 출신이며 영리한 유충정劉忠正을 소개한다. 그때부터 두 사람이 목종 좌우를 차지하고 왕명을 구실로 인사를 주관한다.

같은 해에 목종이 갑자기 병석에 누웠다. 자식이 없던 목종은 태조의 아들 왕욱王郁과 경종의 4비 헌정왕후 사이에서 태어난 왕순王詢을 대량원군大良院君에 봉했다. 권력욕에 불타는 천추태후는 친동생 헌정왕후가 간통해 낳은 대량원군을 죽이려고 온갖 음모를 꾸몄다. 대량원군이 공식 왕위 계승자가 되자 김치양과 천추태후는 대량원군을 개경 숭교사崇敎寺로 강제 출가시킨다. 이에 그치지 않고 3년 뒤인

1006년에 개경에서 멀리 떨어진 삼각산 신혈사神穴寺에 은둔케 했다. 그 뒤에도 여러 번 자객을 보내 대량원군을 살해하려 했으나 신혈사 노승의 방책으로 실패했다.

목종이 강조의 반란을 조장하다

1009년(목종 12년) 왕이 연등회를 지켜보는 가운데 천추전 옆에 있는 기름 창고 대부유고大府油庫에 불이 나 천추전과 궁궐 일부가 소실됐다. 방화범은 찾아내지 못했다. 이는 정변을 예고하는 화재였다. 이 화재로 큰 충격을 받은 목종은 더 무기력해져서는 아예 정사를 거부하고 드러누웠다.

편전에도 나오지 않고 오직 유행간과 유충정만 가까이 있게 했다. 병세가 더 깊어지자 유일한 혈통인 대량원군 왕순에게 속히 선위하고 싶어 했으나 유독 유행간이 반대해 미루고 있었다.

그러자 아들을 왕으로 앉히려던 천추태후와 김치양이 유충정을 끌어들여 반란을 꾸민다. 하지만 유행간이 자리를 비운 틈을 타 유충정은 천추태후와 김치양의 음모를 밀고한다. 유충정이 내놓은 증거는 대량원군이 보낸 편지였다. 그동안 신혈사에 은둔해 있던 대량원군은 '김치양이 왕위를 노려 자신을 죽이려 한다'는 편지를 여러 차례 보냈으나 유행간이 가로채고 전달하지 않았다. 다행히 그중 한통의 편지를 유충정이 확보해 목종에게 전한 것이다.

목종은 재신宰臣 최항崔沆, 채충순蔡忠順, 황보유의皇甫兪義 등을 불러 신혈사에 있는 대량원군을 데려오도록 했다. 그러면서 만일을 대비해 서경 도순검사 강조康兆에게 군사를 끌고 개경에 들어와 궁궐을 보호하라는 밀지를 내렸다.

왕명을 받은 강조는 서경을 출발해 동주 용천역에 이르렀는데 이때 거짓 정보를 접한다. 내사주서 위종정과 안북도호장서기 최창이 군영으로 찾아와 말했다.

"왕의 병세가 위독하니 태후와 김치양이 사직을 빼앗으려 합니다. 북방 군사권을 지닌 장군이 반대할까 봐 왕명을 날조해 소환하는 것입니다. 즉시 서북면으로 돌아가셔서 장군의 목숨을 지켜 의병을 일으키십시오."

마침 세간에 목종이 죽었다는 소문까지 나돌았다. 조정이 이미 김치양에게 넘어갔다고 판단한 강조는 서경 본영으로 돌아갔다. 이때 강조의 아버지도 개경에 변란이 일어났다는 소문을 확신하고, 자기 종을 승려로 변장시켜 아들에게 보냈다. 승려의 지팡이 속에 '왕이 이미 죽고 간신들이 정권을 잡았으니 병사를 거느리고 와서 국난을 평정하라'는 내용의 편지를 넣었다.

종은 밤낮을 가리지 않고 강조에게 달려가 지팡이를 건넨 다음 기진氣盡해 그 자리에서 죽고 말았다. 편지를 읽은 강조는 지체하지 않고 5천 군사를 이끌고 다시 개경으로 달렸다. 그리하여 황해도 평산에 이르렀는데 아직 목종이 살아 있다는 소식을 듣고 크게 당황했다. 왕명 없이 개경을 향해 대군을 움직였으니 반역죄에 해당했다. 고민에 빠진 강조에게 부하 장수들이 "이미 건널 수 없는 강을 건넜으니 이대로 진군하여 새 왕을 옹립하자"고 했다. 정변政變을 결심한 강조는 개경으로 들어갔다. 개경을 장악한 강조는 천추태후는 섬으로 유배 보내고, 김치양 부자와 유행간, 유충정 등을 숙청하고 대량원군을 새 왕으로 옹립했다. 목종은 강조가 보낸 수하들에게 살해되었다. 이제현은《고려사》에서 목종의 리더십을 이렇게 평가했다.

"여불위呂不韋가 진秦나라에 화근을 남겼고, 제나라 환공桓公이 죽어 시체에서 벌레가 생겨도 거두는 자가 없었다. 진시황도 객사했으니 어찌 만대의 치욕이 아니겠는가? 목종이 이런 역사에서 교훈을 얻지 못했을 뿐 아니라 대비하지도 않았다가 모자가 함께 화를 당하고 나라까지 망할 뻔했다. 이에 고려인들은 탄식했다. '아아! 목종의 불행은 차라리 나라의 행운이었다.'"

8대

현종

스스로 디자인한 리더

파란만장한 어린 시절

헌정왕후가 경종과 사별한 뒤 사가에 머물다가 경종의 삼촌 왕욱과 불륜을 저질러 잉태한 현종顯宗(재위 1009~1031). 사람들은 수치스럽다며 그의 존재를 비밀에 부쳤다. 왕욱은 귀양을 갔고 헌정왕후가 홀로 버드나무 가지를 붙잡고 아이를 낳아야 했다. 출산 직후 헌정황후는 산통으로 숨졌다.

성종은 비록 불륜의 씨앗이지만 자신의 사촌동생이며 태조의 손자임을 감안해 이 아이를 궁으로 데려와 길렀다.

어느 날 성종이 이 아이를 찾았는데 무릎 위로 오르며 '아버지'라

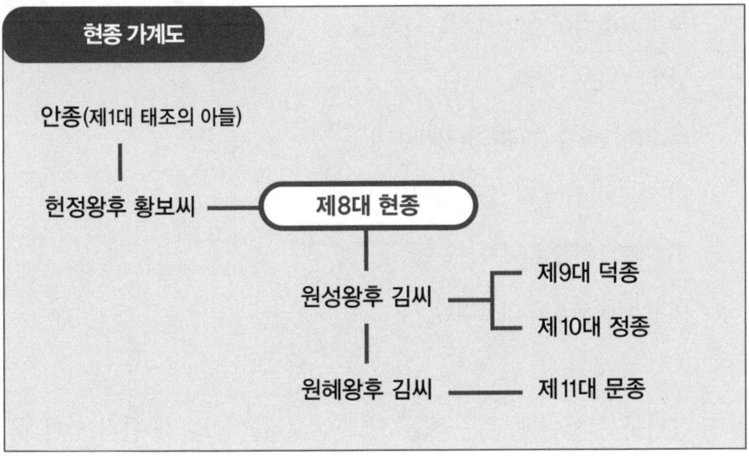

불렀다. 가슴이 찡해진 성종은 "아이를 아버지에게 데려다주라"고 명했다. 이렇게 하여 아이는 아버지의 귀양지로 가서 함께 살았다.

다섯 살 때 아버지가 죽자 아이는 천애고아가 되어 개경으로 돌아왔다. 아이는 12세가 되었을 때, 대량원군으로 책봉된다.

그러나 996년 목종이 즉위하면서 대량원군은 권력을 쥔 천추태후에 의해 삼각산 신혈사로 쫓겨난다. 이후 암살의 위험을 피하려고 선방禪房 안에 굴을 파고 숨어 지냈다. 그는 밤낮 굴속에만 갇혀 있기가 답답해서 이른 새벽부터 근처 산야를 배회하다가 어느 날 삼각산 맑은 계곡물을 보고 한 편의 시를 짓는다.

一條流出白雲峯(일조유출백운봉)

한 줄기 물이 백운봉에서 흘러

萬里滄溟去路通(만리창명거로통)

만 리 푸른 바다로 가도다

莫道潺湲巖下在(막도잔원암하재)

길 잃고 바위 아래 졸졸 흘러도

不多時日到龍宮(부다시일도용궁)

머지않아 용궁에 이르리니.

대량원군은 서산에 지는 해를 안고 굴로 들어가다가 난간 앞에 웅크리고 있던 작은 뱀 한 마리를 보고 또 한 편의 시를 지었다.

小小蛇兒遶藥欄(소소사아요약란)

새끼 뱀 한 마리 난간에 도사렸다

滿身紅錦自斑爛(만신홍금자반란)

전신이 붉은 무늬 비단결 같구나

莫言長在花林下(막언장재화림하)

수풀 아래에만 오랫동안 머물러 있다고 한탄하지 마라

一旦成龍也不難(일단성룡야부난)

어느 날 용이 되기 어렵지 않으리라.

두 편의 시 모두 자신이 등극할 날을 기대하는 내용이다. 이러니 김치양이 두려워하지 않을 수가 없었다.

어느 날 천추태후와 김치양이 보낸 궁녀가 술과 떡을 가지고 사찰을 찾아왔다. 궁녀는 주지에게 "대량원군에게 먹이고 오라 했다"고 말했다. 주지는 "잠시 산중에 나갔으니 돌아오면 주겠다"고 대답했다. 덕분에 대량원군은 위기를 모면했다. 궁녀가 돌아간 후 술과 떡을 산기슭에 뿌렸는데 주워 먹은 까마귀가 죽고 말았다.

언제 죽을지 모르는 불안한 나날을 보내던 중 '강조의 변'이 일어나 목종이 폐위되고 대량원군이 왕위에 오른다. 이때 대량원군의 나이가 목종이 등극할 때와 같은 18세였다.

현종은 상식적으로 리더가 될 수 없는 악조건들만 가지고 있었다.

첫째, 잉태될 때부터 수치스러운 존재였다. 둘째, 출생과 동시에 생모가 죽어 모성애를 경험하지 못했다. 셋째, 다섯 살 때 귀양지에서 같이 살던 늙은 아버지가 죽었다. 자신과 가장 가까운 사람들의 슬픈 종말을 보면서 좋은 자기 이미지good-self image를 형성할 겨를이 없었던 것이다. 넷째, 귀양지에서 개경으로 온 후에도 권력 실세의 살해 위협을 피해 산속 절에 숨어 살아야 했다. 다섯째, 이처럼 목숨도 부지하기 어려운 성장 과정 때문에 왕실 교육은커녕 평범한 교육도 받지 못했다. 여섯째, 유일한 왕위 계승권자였음에도 강조 장군의 군사력에 도움을 받아 왕위에 등극했다. 즉 평화적으로 정권을 물려받은 것이 아니라 정변에 의해 왕위를 물려받았다. 일곱째, 그가 물려받은 고려는 파산 직전이었다. 목종 시대, 왕의 무기력과 천추태후와 김치양의 폭정으로 백성은 조정을 불신했고 국고는 바닥이 나 있었다.

현종에겐 리더로 성공하기 불리한 조건들만 가득했다.

그러나 예상을 깨고 현종은 성종 이후 고려의 위상을 최고로 올려놓고 고려 제2의 도약기를 열었다.

역경을 통해 직감적 통치력을 기르다

왕실 교육을 엄격하게 받으며 성장했으면서도 실패한 왕이 태반이다. 그와 반대로 아무 교육도 받지 않고 성공한 왕도 많다. 책상머리에서 형식적 교육만 받은 리더에게는 한계가 있다. 이들은 위기가 닥치면 현장을 모르기 때문에 허둥대기만 한다. 피해는 고스란히 구성원에게 돌아온다.

왕에게는 타인의 삶을 결정할 수 있는 엄청난 권력이 있다. 그럼에도 타인의 삶에 대해서는 모른다. 보통 사람의 기대와 우려, 소망과 좌절, 행복과 불행이 무엇인지 잘 모른다. 혹 간접 체험으로 알 수 있다고 해도 외면하고 자기와 정서적으로 친근한 '또래 그룹peer group'에게만 특혜를 준다. 이것이 고대에는 '혈통'이었고, 현대에 와서는 '혈연' '전관예우' '학연' '지연' '기수 마피아' 등이다.

온실 속 꽃으로 자란 리더가 들판의 잡초로 사는 백성의 형편을 알리 만무하다. 민생에 가장 밝은 사람이 왕이어야 하는데 거꾸로 민생이 무엇인지조차 모르는 최고의 '민생 바보'가 왕이 된다.

이런 리더가 태생적 '소시오패스'는 아닐지라도 서민의 일상을 모르고 자라온 탓에 타인의 삶에 무심한, 후천적 '소시오패스'가 되는 경우가 많다.

요즘에는 디지털 기술이 발달하여 과거에는 기록하지 못하던 데이터들을 저장하고 분석하고 있다. 빅 데이터big data를 통해 과거에는 할 수 없었던 통찰과 예측이 가능해졌다.

독일 막스플랑크연구소의 인간개발연구소 소장인 게르트 기거렌처Gerd Gigerenzer 박사는 빅 데이터 시대의 위험성을 연구하여《지금 생각이 답이다*Risk Savvy*》라는 책을 펴냈다. 그는"불확실성 시대인 현대엔 그 어느 시기보다 위험 해독력risk literacy이 필요하다"면서, 의외의 대답을 내놓았다.

"전문가의 조언보다 자신의 직감gut feeling과 무의식적 판단heuristics을 따라야 더 나은 결정을 내릴 수 있다."

과도한 정보에 노출되고 쉼 없는 자극에 뇌가 시달리면 내부에서 나오는 창의적 발상이 약해진다. 흔히 '인터넷 아웃소싱'이라 하는 디지털 과다 의존증이 뇌의 기능을 저하시킨다. 해 아래 새로운 것이 없듯이, 이 우주 속에 모든 답이 있다. 이 우주를 체험하고 자연 속에서 노닐며 사고해야 정확한 의사 결정을 내릴 수 있는 무의식적 직감이 발달한다.

현대 교육이 바로 이 직감을 기르지 못하도록 과도한 경쟁으로 내몰며 억누르고 있다. 물리학을 배우지 않고도 베스트 드라이버가 되고 최고의 골퍼가 된다. 경영학을 배우지 않아도 정주영, 빌 게이츠처럼 세계적 경영자가 될 수 있다. 일부 전문가나 학벌 지상주의자가 그런 길을 막으려 한다. 모든 것을 학교 교육과정을 형식적으로 이수한 전문가에게만 의존하려 한다. 이것이 전문가의 함정이다. 한 분야만 파다 보니 고정관념과 편견이 생기고 여기에 자신의 기호와 이익을 더해 대중과는 유리된 판단을 한다. 더구나 전문가라는 사회적 명성을 이용해 대중의 참신한 반발을 억누르기도 한다.

이런 분위기에서는 비행기를 발명한 라이트 형제나 발명왕 에디슨 같은 사람이 나올 수 없다. 전문가는 분명 필요하다. 그러나 전문가 타이틀을 달지 않은 사람도 얼마든지 독창적 전문성을 발휘할 수 있는 사회 분위기를 만들어야 한다. 교육은 리더의 필요조건이지 충분조건이 아니다. 도전이 있는 환경을 여러 방식으로 극복해나가야 유용한 리더십이 만들어진다.

'왕실 교육'이 아니라 지방 유배지를 떠돌며 처절한 경험을 하면서 스스로를 새로 디자인Re-design한 왕 현종이 목종 때 파탄 난 고려를 다시 살려냈다.

현종은 궁녀 수를 백 명 정도 줄이고 교방教坊(가무 교습소)을 없앴다. 김치양 일파의 반란을 막고 자신을 추대한 공로로 강조 장군에게 참지정사參知政事 벼슬을 내렸다. 이로써 강조가 정권을 잡고 국정을 총괄했으나 1년 남짓에 불과했다. 거란이 쳐들어왔기 때문이다.

고려 왕 중 성공하기 가장 어려운 악조건에 있던 현종의 통치를 《고려사》에서는 이렇게 평가한다.

"시종일관 삼가는 자세였다. 편안할 때도 위기 때와 마찬가지로 경각심을 잃지 않았다. 현종은 아무 흠도 찾을 수 없는 군자였다."

현종의 치세는 후세 리더에게 많은 교훈을 준다. 훌륭한 리더란 특별히 더 좋은 조건과 과정을 거쳐야 만들어지는 것은 아니다.

칼리 피오리나 전 휴렛팩커드 사장은 현종처럼 밑바닥 정서를 경험한 사람이다. 그녀는 법대를 다니다가 창의성이 없는 학문이라며 중퇴하고 한동안 실업자 신세로 지냈다. 작은 부동산 업체에서 처음 일을 시작했는데 복사하고 잔심부름하는 일이 고작이었다. 이렇게 밑바닥 생활을 하던 그녀가 최고 경영자가 되리라고는 아무도 생각하지 못했다. 하지만 그녀는 항시 변화와 혁신을 추구하는 방식으로 일하며 휴렛팩커드의 CEO에 올랐다. 〈포춘〉은 그녀를 6년 연속 비즈니스계의 가장 영향력이 있는 여성으로 선정했다.

그녀는 "화려한 경력과 명문 학벌이 있다고 리더가 되는 것은 아니다"라면서 리더의 조건으로 두 가지를 꼽았다.

"어려운 상황을 이겨내 자신을 발견하는 과정으로 삼고, 다른 사람 속에 있는 가능성을 보고 끄집어내주는 것이다."

거란의 침입을 막다

현종은 천신만고 끝에 왕이 된 지 1년도 채 안 돼 국난을 만난다. 거란이 목종의 폐위를 문제 삼으며 침략한 것이다. 거란의 성종 야율융서耶律隆緖(재위 971~1031)는 강조가 목종을 죽인 해인 1009년부터 정사를 직접 맡았다.

이전에는 성종의 모후인 승천태후昇天太后가 섭정했다. 승천태후는 소태후蕭太后라고 불리며, 허약한 남편 경종을 대신해 주요 정사를 처리했다. 그녀는 황실 노예 출신인 한덕양韓德讓을 사랑해, 야율융운耶

律隆運으로 개명시켜 황족의 일원으로 삼았다. 1004년 거란과 송이 큰 전쟁을 벌여 거란이 대승을 거둘 때 한덕양은 소태후 아래에서 큰 활약을 했다. 송은 거란과 '전연의 맹澶淵之盟'을 맺고 해마다 거란에 비단 20만 필, 은 19만 냥을 바쳐야 하는 치욕을 당했다. 성종은 이처럼 큰 공을 세운 두 사람의 도움으로 즉위했다.

이러한 내막을 잘 아는 여진족이 거란의 성종을 찾아가 목종이 폐위되었다고 일러바친다. 마침 대외 강경책을 펴던 성종이 자신처럼 섭정의 그늘에 가려 있다가 죽은 목종에게 동병상련을 느끼며 고려에 일단 문죄서問罪書를 보낸다.

"동쪽으로 여진과 결탁하고 서쪽으로 송과 왕래하니 무슨 계책을 꾸미는 것인가?"

대장군 나율윤那律允과 급사중 양병梁炳은 목종을 쫓아낸 경위를 따졌다.

고려 조정은 발칵 뒤집혔고 내사시랑 진적陣頔과 상서우승 윤여尹餘를 거란에 보내 설명했으나 소용이 없었다. 양국 간 전쟁 분위기가 고조되자 현종이 강조를 행영도통사로 삼아 30만 대군과 함께 통주(평북 선천)에 주둔하게 했다.

이렇게 나오자 거란 성종은 1010년 11월, 40만 대군을 이끌고 침입한다. 이것이 993년 거란의 1차 침입에 이은 2차 침입이다. 압록강을 건넌 거란군은 개경으로 가는 길목인 흥화진興化鎭(평북 의주)을 포위하고 도순검사 양규楊規에게 편지를 보내 항복을 종용했다.

양규가 거절하자 드디어 치열한 전투가 벌어진다. 당시 흥화진의 고려군은 5천 명뿐이었다. 하지만 양규는 거란의 침입에 대비해 성을 난공불락의 요새로 만들어놓고, 자신의 주특기인 게릴라식 전술로 대군을 농락했다. 거란은 양규의 완강한 저항 때문에 두 달가량을 소모하다가 40만 병력 중 20만을 인주(신의주) 남쪽에 주둔시키고, 나머지 20만을 통주로 돌렸다.

강조는 거란군이 통주로 몰려온다는 전갈을 듣고 군사를 세 부대로 나누어 진용을 짰다. 첫 전투에서 고려군은 뾰쪽한 칼이 달린 검차劍車를 앞세워 수만 명의 거란군을 물리쳤다. 이후 전투에서도 승리하자 자만심이 생긴 강조는 다시 거란이 침입하는데도 바둑을 두며 여유를 부리다가 패배해서 포로로 잡힌다. 거란은 잡힌 강조를 담요에 싸서 수레에 싣고 자기네 진영으로 가버렸다.

장수를 잃은 고려군은 혼란에 빠져 거란군에게 3만여 명이나 죽임을 당했다. 통주에서 대승한 거란군은 흥화진의 양규에게 강조의 이름으로 '항복하라'는 거짓 문서를 써서 보낸다. 그러나 양규는 "나는 왕의 명으로 싸우고 있다. 강조의 명을 받을 수 없다"며 단호히 거절했다. 결국 거란은 양화진을 포기한 채 방향을 돌려 남하한다. 거란은 통주를 지나 곽주를 점령하고 다음 해 1월 개경까지 진격했다. 이때 현종은 경기도 광주에 머물다가 인의(전북 태인)를 거쳐 나주로 피신했다.

이 과정에서도 양규는 천여 명의 병력을 이끌고 남하하는 거란군을 뒤에서 게릴라 전법으로 공격하여 수만 명을 죽였다. 기진맥진해 있던 거란군은 현종이 강화를 요청하자 재빨리 받아들였다. 거란은 개경을 점령한 지 7일 만에 별 소득도 없이 물러났다.

그러나 거란이 퇴각하는 길은 험난했다. 비록 강화조약을 맺었지만 고려 강토와 고려인을 무참히 짓밟은 이들을 그냥 돌려보낼 수 없었다. 특히 양규와 김숙흥의 활약이 눈부셨다. 이들은 수많은 거란군을 죽이고 포로로 잡혀가던 고려인 수만 명을 구출했다.

거란 성종은 특히 양규에게 원한이 깊었다. 연전연승으로 거란인의 간담을 서늘케 하고, 뒤에 남아 거란의 발목을 잡는 바람에 고려를 완전히 정복하지 못한 것이다. 거란 성종은 작심하고 양규를 노렸다. 1월 28일 양규가 퇴각하는 거란군 선봉대와 싸울 때였다. 거란군은 기습적으로 본진을 몰고 와서 양규의 군대를 진퇴양난에 빠트렸다. 양규는 김숙흥과 더불어 병사들을 독려했고 병사들이 다 죽고 화살이 다 떨어질 때까지 싸우다가 김숙흥과 함께 수십 발의 화살을 맞고 장렬히 전사했다.

1011년 정월 나주에서 현종은 이처럼 눈부신 전공을 세운 양규를 공부상서에 추증하고 그의 아들 양대춘楊帶春을 교서랑으로 특채했다. 전쟁 중 공을 세운 자는 백관은 물론 백성까지 크게 포상하고 거란에 협조한 자를 가려내 징계했다.

강감찬, 거란에게 발해의 원수를 갚다

고려와 큰 전쟁을 치렀으나 별 전과 없이 물러난 거란 성종은 자존심이 상해 다시 침략할 구실을 찾다가 다음 두 가지 조건을 내걸었다.

첫째, 현종이 친조親朝(왕이 직접 와서 항복)할 것.

둘째, 강동 6주를 반환할 것.

고려로서는 두 가지 다 들어줄 수 없었다. 왕이 친조한다는 것은 속국이 된다는 뜻이고 강동 6주 포기는 고려의 존립 목적인 고구려 고토 회복을 포기하는 것과 같다. 고려 조정은 현종이 와병 중이라며 거란에 양해를 구하는 한편 방어책을 강구했다. 현종은 우선 개경의 송악성과 서경의 황성을 다시 쌓게 했다. 이 과정에서 동여진이 전함 100여 척을 끌고 와서 경주를 급습하는 일도 있었다. 하지만 전쟁에 익숙한 고려군은 동여진을 가볍게 격퇴했다.

현종은 거란과 강화하면서 맺은 조약 이행을 거부했다. 더 강하게, 1013년(현종 4년)에 거란과 아예 국교를 단절하고 이듬해인 1014년 송과 다시 교류하기 시작했다. 단단히 화가 난 거란은 같은 해 9월 이송무李松茂를 보내 강동 6주의 반환을 요구했으나 거절당했고 한 달 뒤 소적렬蕭敵烈이 통진을 공격했으나 격퇴당했다.

이때부터 다음 해 9월까지 거란은 1년여에 걸쳐 무려 네 차례나 공격한다. 거란은 압록강에 부교까지 설치해가며 집요하게 공격했으나 번번이 패배했다. 전투마다 지자 거란군은 고려군을 두려워하기 시작했다. 심지어 거란이 북부재상 유신행劉愼行을 도통으로, 추밀사 야율세랑耶律世良을 부도통으로 임명해 고려를 공격하려 했으나, 고려군을 무서워한 유신행은 출군 시기를 차일피일 미루며 가족들과 변방으로 돌아다니다가 소환당하기까지 했다.

현종은 태조 왕건 이래 가장 약체 상태이던 고려를 물려받아 당시 세계 최강이던 거란군을 마음껏 농락했다. 거란이 어떤 나라인가? 모든 백성이 군인이라 할 만큼 강인한 나라다. 이들은 평소 각자 칼과 창, 도끼, 활과 화살 등을 구비하고 유목 생활을 하다가 가을철 풀이 마르면 즉시 전쟁 준비를 한다.

기마와 사냥이 취미인 거란인에게는 평소 생활이 곧 맹렬한 전투 훈련이었다. 용맹무쌍한 이들의 전법은 두 가지다. 전투 중 병참은 현지 조달했다. 그래서 전투병 한 명과 약탈병 두 명이 한 조가 되어 움직인다. 이런 군대를 상대로 고려군은 청야淸野 전술(적이 쳐들어올 지대의 모든 것을 철수하고 들을 불사르고 우물을 메운 후 성을 지켜 싸우는 방어 전술)을 사용했다.

거란의 두 번째 전략은 도성으로 바로 쳐들어가는 것이다. 가는 길에 함락하기 어려운 지역이 있으면 우회해서 곧바로 도성으로 진격한다. 이런 전술로 발해를 함락했고 고려마저 정복하려 했으나 잘 통하지 않았다. 약체라고 생각한 고려에게 지리멸렬하게 지자 거란 성종이 최후의 승부수를 던진다. 이것이 거란의 3차 침입으로 1018년(현종 9년) 12월 소배압蕭排押이 10만 대군을 이끌고 대대적으로 쳐들어왔다.

현종은 미리 20만 군대를 조성해놓고 상원수로 천하의 명장인 강감찬을 임명했다. 이때 나이가 일흔인 강감찬은 군대를 이끌고 흥화진으로 나아갔다. 소배압은 흥화진 방향으로 내려오며 각 주와 현에 통고문을 보냈다.

"미리 항복하는 자에게 후한 상을 주고 저항하는 자는 모두 죽인다."

이런 협박에도 고려인들은 조금도 흔들리지 않고 결사 항전을 다짐하며 기다렸다.

소배압보다 먼저 흥화진에 도착한 강감찬은 동쪽 20리 떨어진 삼교천三橋川 연안에 기병 1만 2000명을 매복해놓았다. 그리고 삼교천 상류를 연이어 맨 소가죽으로 막았다. 역시 강감찬의 예상대로 소배압은 난공불락의 흥화진 성을 놓아두고 우회하려고 삼교천 하류로 다가왔다. 마른 하천을 거란군이 건널 때 상류에서 지켜보던 고려군이 소가죽 둑을 터트렸다. 갑자기 큰 물결이 다가오자 거란군 일부는 미처 대피하지 못해 익사했고 간신히 빠져나온 거란병 상당수는 매복한 고려병이 죽였다.

이처럼 흥화진 전투에서 대패하고도 소배압은 개경 정복의 미련을 버리지 못하고 계속 진격했다. 거란은 도성을 향해 무조건 직선으로 돌격하는 전법으로 발해를 정복했고, 2차 고려 침공 때도 개경을 일시 함락한 전력이 있다. 현종은 소배압이 전투를 거의 성공 경험에 의존해 진행하리라 보고 개경 수비를 철벽같이 해놓았다. 또한 거란이 내려오는 지역의 백성과 물자를 모두 근처 성 안으로 옮기고, 성 밖에서는 우물을 모조리 막고 곡식 한 알도 남겨두지 않는 청야 전술을 폈다.

이 때문에 아무 대책 없이 남하하던 거란군은 굶주린 배를 움켜쥐고 고려군과 싸우며 가까스로 서경을 거쳐 개경 부근까지 내려왔다. 하지만 그동안 병력 손실이 워낙 많아서 개경이 눈앞에 보이는데도 포기하고 돌아서야 했다. 소배압은 마지막으로 기만술을 폈다. 고려 조정에 거짓으로 철군한다는 편지를 보낸 후 비밀리에 척후병 300명으로 개경을 쳤다. 그러나 이들은 금교역에서 고려군에게 발각되어 일시에 몰살당했다. 별도리 없이 거란군이 퇴각하는데, 강감찬이 귀주에서 기다리고 있었다. 여기서 그 유명한 '귀주대첩'이 벌어진다.

처음에는 양국 부대가 일진일퇴를 거듭하며 팽팽한 접전 양상을 보였다. 이때 갑자기 풍향이 거란군 쪽으로 거세게 불며 폭풍우까지 쳐서 고려군이 거란군을 손쉽게 공략하는데, 마침 개경에서 추격해 온 김종현의 철기병이 거란의 배후를 쳤다. 양쪽에서 협공당한 거란군의 시체가 온 들판을 덮었다. 1019년(현종 10년) 2월 초하룻날의 일이었다. 소배압은 10만 병사 중 불과 수천 명만 데리고 초라하게 귀국했다.

격분한 거란의 성종은 소배압에게 이런 편지를 보냈다.

"무슨 낯짝으로 내 얼굴을 보려고 하느냐. 네 놈의 낯가죽을 벗겨 죽여버리겠다."

이후 거란은 더 이상 강동 6주를 반환하라고 요구하지 못했다. 또한 거란이 먼저 제안한 화친을 현종이 받아들여 사신이 왕래했다.

송나라가 고려의 눈치를 살펴야 했다

10세기 초부터 북방 민족인 거란, 여진, 몽고가 중원의 한족을 압박한다. 이 중 고려는 동족인 발해를 멸망시킨 거란을 배척했다. 요나라는 916년 야율아보기耶律阿保機가 여러 부족을 통합해 황제에 오르며 건국한 나라다.

거란은 태조 때부터 고려와 교류하길 원했지만, 태조는 금수의 나라로 단정하며 멀리했다. 그러나 거란은 갈수록 강성해지며 두만강 유역에서 카자흐스탄까지 영토를 넓히고 송나라까지 곤경에 빠트렸다. 이에 3대 고려 왕 정종은 광군 30만을 조직해 대비했고, 서북 지역에 성을 쌓았다.

거란이 고려를 대대적으로 침략한 것은 993년(성종 12년)부터다. 이후 1019년(현종 10년)까지 거란은 27년간 모든 국력을 쏟으며 고려를 공략하려 했다. 거란의 최고 강성기는 6대 황제 성종 때다. 거란 성종은 북경이 있는 하북성을 빼앗고 송나라로부터 엄청난 양의 조공을 받았다. 바로 이 거란의 성종과 고려의 현종이 맞붙은 것이다.

현종은 거란 성종과 싸우다가 2차 전쟁 때 나주까지 피난 가기도 했지만 굴복하지 않았다. 이 전쟁에서 많은 병사를 잃은 거란은 한족으로 병사를 보충해야 했다. 그래서 3차 전쟁에 동원된 거란 병사에는 거란족보다 한족이 더 많을 정도였다.

고려는 건국 때부터 100년 이상 거란에게 시달렸고 그중 30년간은 국운을 건 전쟁을 벌였다. 승자는 고려였다. 세상 누구도 상상하지 못한 결과였다. 당시 송나라는 나침반과 화학을 발명한 선진국이었고 일부 연구에 의하면 세계 GDP의 50퍼센트를 차지하는 세계 최강국이었다. 이런 송나라로부터 조공을 받던 거란이 고려에 철저하게 패배했다.

송나라는 사실 고려에 감사해야 했다. 만일 고려가 거란에게 졌다면 송나라도 거란에 흡수되고 말았을 것이다. 이후 송나라는 대외 정책에 고려를 염두에 두어야 했다. 이런 자존심 상하는 일이 발생하자 문필가 소동파는 고려에 대한 열등감과 시기심을 표출하기도 했다.

"오랑캐(고려 사신)들이 황제에게 바친 조공보다, 황제께서 하사해주는 물품이 훨씬 더 많다. 이를 마련하려고 관리와 백성들 모두 고통을 당하며 오로지 오랑캐만 이득을 보고 있다."

소동파와 함께 당송팔대가唐宋八大家 중의 한 사람인 증공曾鞏은 고려에 호감을 가지고 있었다.

"오랑캐 중 고려는 힘으로는 절대 누를 수 없고 오직 덕으로 대해야만 감복한다."

대외적으로 고려의 국력이 크게 성장하면서 고려, 요(거란), 송의 3강 구도가 형성된다. 이후 100여 년간 동북아에 전쟁 없는 시대가 지속되고, 고려는 150년 동안 동아시아 최강 국가로 자리 잡는다. 이 기간 동안 여진은 고려에 종속되어 한 달에 한 번씩 조공을 갖다 바쳐야 했다.

역사적 교훈을 중시하다

국내외적으로 위상이 올라간 고려는 빠른 속도로 전후 복구 작업을 진행했다. 이때 현종이 가장 역점을 둔 사업이 거란의 2차 침입 때 소실된 사초의 복원 작업이었다.

황주량黃周亮, 최충崔忠, 윤징고尹徵古, 주저周佇 등 네 사람을 수찬관으로 명하여 태조부터 목종까지 7대 실록을 편찬하게 했다. 황주량은 사초 복원팀을 구성해 사료를 모으는 한편 전국 각지에 산재한 역사적 현장을 직접 찾아 확인하고 미진한 부분은 사람들을 탐문하여 보완했다. 이 작업은 1013년(현종 4년)부터 시작해 거란과의 3차 전쟁 도중에도 지속되었으며 1034년(덕종 3년)에 가서야 마무리된다. 이렇게 하여 21년 동안 총 36권의 실록을 만들었다.

역사를 모르는 리더는 실패를 반복한다. 이런 신념을 지닌 현종이었기에 고려 7대조의 역사를 미화하지 않고 사실에 근거해 편찬했다.

리더는 지식 이상의 것을 가지고 있어야 한다. 바로 지혜다. 지혜는 인간에 대한 깊이 있는 이해에서 나온다. 역사에는 사람에 대한 이해가 녹아들어 있다. 역사를 가까이하는 리더는 언제든 성공할 수 있다.

왕위에 오르자마자 거란의 침입 때문에 피난길에 올라야 했던 현종. 그에게 수난은 뛰어넘으라고 있는 걸림돌이었다. 국가적 재난 앞에서 백성보다 먼저 좌절하거나 조선 선조처럼 망명하려는 왕도 있다. 현종은 재위 기간 내내 국난이 계속되었음에도 이를 극복하고 고려의 위상을 드높였다.

이런 현종의 사례에서, 어떤 트라우마가 있든 그 아픈 경험을 통해 현재를 성찰할 수만 있다면 누구든지 훌륭한 리더가 될 수 있다는 교훈을 얻는다.

현종은 개인사뿐 아니라 공동체의 역사에서도 교훈을 얻는 리더였다. 그리고 이런 공동체의 역사적 경험을 사실 그대로 기록해 후대가 지혜를 얻도록 했다. 그러나 현종 자신은 어려서부터 왕으로서 통치할 때까지 내내 쉴 새 없는 고초를 겪느라 병약해져서 재위 22년 만인 40세의 나이에 생을 마감했다.

9~10대

덕종 · 정종

부왕의 길을 따르다

내치는 덕이 있었고, 외치는 엄격했다

덕종德宗(재위 1031~1034)과 정종靖宗(재위 1034~1046)은 현종의 아들들이다. 덕종은 현종의 장남이고 현종은 차남이다. 둘 다 현종의 제3비 원성왕후 김씨 소생이다.

16세에 왕이 된 덕종은 제일 먼저 대사면령을 내려 생계형 범죄자 등 비교적 죄질이 가벼운 죄수들을 모두 풀어주었다. 즉위 2개월 뒤 백관을 전면 교체하면서 원로가 된 서눌徐訥, 왕가도王可道, 황주량, 최충 등을 신임하니 조정에 숨기는 일이 없어졌다.

윗물이 맑으니 아랫물도 맑아 백성들의 생활도 편했다. 덕종은 비

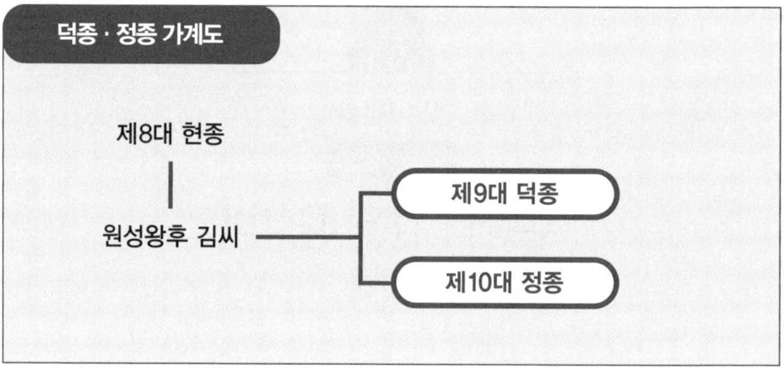

덕종 · 정종 가계도

록 나이는 어렸어도 부왕의 업적 위에서 고려를 명실상부하게 부강한 나라로 만들고자 했다. 그래서 국자감에 입학시험 제도를 도입했다.

그동안 국자감은 귀족 자제가 형식적으로 거쳐 가는 곳이었다. 하지만 덕종이 입학시험 제도를 도입한 후부터 명실 공히 실력에 따라 인재를 선발하기 시작했다. 성종 때부터 추진한 지방 교육기관 육성 계획을 비로소 완료한 것이다. 인재 선발 방식이 바뀜으로써 호족 등 귀족이 아닌 인재에게도 관직의 문호가 열렸다.

정치경제학에서 조직이 '지대 추구地代追求'형이 되면 지속 성장이 불가능하다고 한다. 지대 추구란 유리한 지위를 유지해서 이득을 계속 얻으려는 노력이다. 이런 현상이 오래되면 조직 내에 순환해야 할 권력과 이익이 독점되고 심지어 세습까지 되면서 조직 경화증硬化症이 나타난다. 그러면 자연히 형평성이 무너지고 개인의 창의적 동기가 현저히 떨어져 조직은 퇴보한다.

리더는 늘 자신을 포함해 조직원 사이에서 지대 추구 현상이 나타나지 않도록 유의해야 한다. 덕종은 미흡하지만 일단 국자감이라는 국가 공인 교육기관에서 혈통 위주의 '지대 추구' 전통을 약화시키고자 했다.

덕종의 성품은 너그러우면서도 섬세했다. 전쟁으로 상처받은 백성을 덕으로 감싸며 두 번 다시 이런 전쟁이 일어나지 않도록 외치를 엄격하게 했다. 덕종이 즉위하고 얼마 후에 거란의 성종이 죽고 흥종 야율종진興宗 耶律宗眞(재위 1031~1054년)이 즉위했다. 거란 성종은 부왕인 현종과 일생일대의 승부를 펼쳤던 왕이다.

덕종은 만감이 교체하는 가운데 바로 조문 사절을 구성했다. 이때 왕이 총애하는 문하시랑 왕가도가 거란에게 "보주성保州城(의주)과 압록강에 가설한 부교 파괴"와 "억류 중인 고려 사신 8명의 송환"을 요구하고 이를 듣지 않으면 국교를 끊자고 건의했다.

왕이 옳게 여기고 이 내용을 담은 표문表文을 공부낭중 유교柳喬와 낭중 김행공金行恭에게 들려 보냈다. 이들이 돌아와 거란이 거부했다고 아뢰자 왕은 신하의 의견을 물었다. 왕가도와 서눌 등 29명은' 거란이 우리 말을 듣지 않았으니 서신 왕래를 끊어야 한다'고 강경하게 주장했다.

하지만 황보유의皇甫俞義 등 39인이 '만일 국교를 단절하면 후환이 따르리니, 화호和好를 계속하여 백성을 쉬게 하자'며 반박했다.

왕은 강경파의 손을 들어주어 하정사賀正使 파견을 중단했고, 곧바로 삭주(보주), 영인지(함경도 영흥), 파천(함경도 안변)에 성을 쌓아 국경을 튼

튼히 했다. 한층 저자세가 된 거란의 사신이 입국하려 하자 고려는 국경에서 돌려보내며 위의 두 가지 선결 조건을 이행하라고 촉구했다. 그러지 않을 경우 아예 국교까지 단절하겠다고 선언했다. 이때부터 동여진과 거란인의 고려 투항이 이어진다.

거란의 기를 꺾다

1032년(덕종 원년) 거란에 내분이 일어나 좌상 도지휘사 대광大光, 보주 회화군사판관 최운부崔運符, 향공진사 이운형李運衡 등이 망명해 왔고, 그후에도 수십 명씩 거란의 고위 관료들이 귀순해왔다. 덕종은 이들을 환대하며 거란의 내부 사정을 분석했다.

망명자를 추방하라는 요구를 고려가 거절하자, 거란은 1033년 10월 정주를 침략했다. 그러나 거란의 군대는 고려 방어망에 맥없이 쓰러졌다. 고려군은 이제 어떤 외적의 침략도 막아낼 수 있는 강군이었다. 그럼에도 덕종은 아예 북방에 천리장성을 쌓기 시작한다.

마치 북방 이민족의 침입을 막으려고 중국이 기원전 208년부터 만리장성을 쌓았듯이 말이다. 이렇게 되면 북방의 여진과 거란은 꼼짝없이 동토凍土에 갇혀 남하할 수 없게 된다. 그래서 덕종이 천리장성을 축조하기 시작하자 북방 여러 족속이 앞다퉈 귀화했다. 고려는 일찍이 개국 초부터 북방 접경 지역에 장성을 쌓고자 했으나 워낙 대공사라 자칫 국력이 소진될까 봐 주저했었다. 이를 덕종이 실행에 옮긴 것이다.

서쪽 압록강 어귀부터 동쪽 함경남도 도련포都麟浦까지 천 리 길을 돌로 쌓는 거대한 공사를 책임진 사람은 평장사 유소柳韶였다. 일찍이 북방 국경을 수비하면서 이주민 마을을 건설하고 축성을 해보았던 유소는 군데군데 쌓아놓은 여러 성의 빈 지역을 보축補築해 연결해나갔다. 이 공사로 큰 충격을 받은 거란이 여러 차례 항의해도 덕종은 "달리 적의敵意는 없다"는 말로 대신했다.

이미 전쟁 의지가 꺾인 거란은 고려를 침략할 엄두도 내지 못했다. 이런 가운데 유소가 거란의 성을 탈취하자고 건의했다. 덕종이 이 안건을 조정 회의에 붙였다. 왕가도와 이단李端 등 강경파들이 '기회를 놓쳐서 안 된다'고 출병을 찬성했고 황보유의, 황주량, 김충찬金忠贊, 최제안崔濟顔, 최충 등은 극구 반대했다.

입장이 난처해진 왕은 술관術官에게 태묘太廟에서 점을 쳐보라 했고 그 결과에 따라 출병하지 않기로 했다. 이에 충격을 받은 왕가도는 사직하고 고향으로 내려갔다. 이때부터 조정에서 거란과의 타협론이 대세를 이루며 강경파와 함께했던 덕종의 입지가 좁아진다. 그동안 조정 내에 거란과 화해하자는 세력이 더 컸으나 덕종이 이를 무마하며 강경파의 입지를 대변했었다.

고려 조정에 온건파가 득세하면서 갑자기 허약해진 덕종은 동생 평양군에게 선위하고 1034년 9월, 19세의 나이로 생을 마감한다. 일각에서는 대거란 온건파가 덕종을 암살했으라고도 추정한다.

그는 3년 4개월에 불과한 짧은 치세 기간에도 부왕의 업적을 보존하고 한층 발전시켰다. 부왕이 시작한 7대 실록도 자신의 치세 기간인 1034년(덕종 3년)에 마무리했다. 후에 이승휴李承休는 《제왕운기帝王韻紀》에서 4년에 그친 덕종 시대를 시로 읊으며 "봉황이 날아와서 태평성세를 송축했다"라고 했다.

명분보다 안정과 실리를 추구하다

정종은 17세 때 친형 덕종의 선위를 받아 고려 제10대 왕이 된다. 정종도 덕종과 마찬가지로 부왕의 유업을 계승하고자 했다. 한 가지 차이점은 덕종이 국교를 단절하면서까지 거란을 외면했다면, 정종은 강온 양면 전략을 사용했다는 것이다.

왕위에 오른 직후 대사면령을 내리고 개경과 서경에서 팔관회를 열었다. 이렇게 백성의 화합 분위기를 조성한 다음 거란과 화해를 주장하는 온건파 황보유의를 내사문하평장사로 임명했다. 정종이 집권한 후 적극적 북진파인 왕가도에 이어, 유소, 이단 등이 몰락하고 보수 문신 세력이 대거 등장한다.

그렇지만 정종은 덕종 대에 시작한 천리장성 쌓는 일을 계속했다. 요나라는 자신들을 직접 겨냥한 천리장성의 축성을 집요하게 방해하며 최후통첩을 보낸다. "왜 계속 석성을 쌓아 대로大路를 막는가?" 정종은 맞대응하는 답신을 보냈다.

"요충지를 정해 성을 쌓아 백성을 평안하게 하고 영토를 지키는 일은 나라를 가진 자의 떳떳한 일이다."

국제 질서는 냉엄한 힘의 논리로 움직인다. 당시 동북아의 양대 세력은 송나라와 요나라였지만 이들에 맞설 만큼 고려의 군사력과 국력이 강성했다.

삼국시대의 고구려도 당나라의 침략에 대비한 천리장성을 쌓았다. 부여성에서 비사성까지 16년간(631~646) 곳곳의 토성을 연결한 토축성土築城이었다. 따라서 고구려를 계승한 고려가 천리장성을 축조하는 것은 당연한 일이었다. 한편 덕종의 죽음과도 깊은 관련이 있는 고려 조정 내 온건파들은 정종의 즉위에 맞춰 거란에 양국이 교류할 때가 되었음을 넌지시 알렸다.

이에 따라 거란은 정종이 즉위한 이듬해인 1035년, 고려에 외교관계 재개를 요구한다. 하지만 고려는 먼저 보주성 반환과 고려 사신을 송환하라고 반박했다. 이를 두고 양국은 수차례 협상을 진행했다. 거란은 일단 억류 중인 고려 사신들을 돌려보내되, 보주성은 선왕(성종)의 유지를 거스를 수 없다며 반환하지 않고 버텼다. 협상이 결렬되자 다시 고려 쪽 온건파들이 보주성에 거란 군대가 정주하되 고려인도 마음대로 들어와 정착도 하고 농경도 할 수 있도록 허용하자는 중재안을 내놓았다. 협상은 타결되었다. 거란의 자존심을 지켜주면서도 고려는 실리를 얻었다.

고려 농민이 정착권과 경작권을 갖게 됨으로써 후에 보주성 반환을 요구할 수 있는 여지가 생겼다. 이후 양국은 8년간 중단된 외교 관계를 재개했다. 1038년(정종 4년) 초 고려의 최연하崔延嘏와 거란의 마보

업馬保業이 교환 방문했고, 뒤이어 4월에 상서좌승 김원충金元冲이 거란에 가서 연호를 청하고, 그해 8월부터 거란 연호를 시행한다. 이는 황보유 세력의 화친론이 왕가도 세력의 단교론을 완전히 제압했음을 의미한다.

천리장성 축조를 마무리하다

정국이 안정되고 외치에 대한 염려가 사라지자 정종은 내부 기강 확립에 나선다. 1039년 노비 자녀의 신분을 결정할 때 모계를 따르도록 하는 노비종모법奴婢從母法을 제정했다.

1044년(정종 10년), 천리장성이 마침내 완공되었다. 서해안으로 흐르는 압록강 입구에서부터 평안도, 함경도를 가로질러 동해안 정평해안 도련포까지 이어졌다. 돌로 쌓은 천리장성의 높이와 폭은 각각 25자尺였다.

이 대역사를 기획하고 설계하고 첫 삽을 뜬 유소는 장성 건설이 시작된 지 6년 만인 1038년에 세상을 떴다. 하지만 그가 시작한 공사는 계속되어 착공 12년 만에 천리장성이 만천하에 그 위용을 드러냈다. 이는 국력이 뒷받침되었기에 가능한 쾌거였다. 만일 고려가 약했다면 송나라나 요나라, 여진족이 천리장성 축조를 방치하지 않았을 것이다. 천리장성은 고려가 송나라와 버금가는 국력을 지녔음을 보여주는 대표적 상징물이다.

천리장성을 완공한 정종은 1045년 임진강에 부교를 놓았고, 오역五逆, 오천五賤, 불충不忠과 불효자不孝子, 향鄕 · 부곡部曲 거주자 그리고 악공과 잡류 등 천인들이 과거에 응시하지 못하게 했다. 1046년에는 장자상속법을 실시했다.

정종은 변방의 안정과 더불어 신분 중심으로 사회의 질서를 세우는 등 정사에 몰두하다가 그만 기력이 쇠약해졌다. 온갖 약도 효험이 없자 동생 낙랑군樂浪君 왕휘王徽를 불러 선위하고 1046년 29세의 나이로 생을 마감한다.

11대

문종

황금시대를 연 펭귄 리더십

기본기를 갖추었다

고려 말 역사가 이제현은 왕조의 전성기를 현종부터 그의 세 아들 덕종, 정종, 문종文宗(재위 1046~1083)이 재위한 80년간으로 본다. 특히 문종 시대는 관리 수를 줄이고 백성을 부유하게 하여 집집마다 곡식이 창고에 넘쳐난 태평성대였다.

아무리 총애해도 공이 없으면 상을 주지 않았고, 자격이 없는 자에게 벼슬을 주지 않았다. 형벌을 신중히 하여 백성에게 관대했으며, 그러면서 아무리 친근한 자라도 죄가 있으면 반드시 벌을 내렸다. 문종은 현종의 셋째 아들로 원혜태후元惠太后 김씨 소생이며 정종의 이

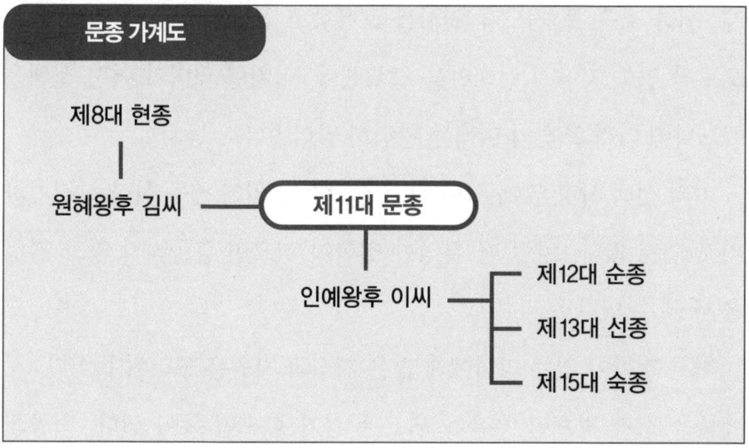

복동생이다. 왕위에 오를 때의 나이는 28세였다. 왕자 시절부터 학문을 좋아하고 활을 잘 쏘았다. 문무도 겸비하고 총명하여 주위로부터 많은 칭찬을 받았다. 이처럼 기본기가 된 문종은 왕위에 오르자 더 한층 빛을 발한다.

어떤 게임이든 뛰어난 플레이어가 되려면 우선 기본 기술이 있어야 하듯 리더는 기본 시각을 갖춰야 한다. 시각은 철학의 문제이고, 철학은 복잡한 인생사를 해석하는 세계관이다.

리더는 결정을 내리는 자다. 거란과 단교할 것인지 화해할 것인지를 놓고 동복형제인 덕종과 정종은 서로 다른 결정을 내렸다. 호족 문제에 대해서도 광종은 호족을 제거하려 했고 경종은 호족을 되살려냈다. 더 올라가서 혜종이 개경파를 중시했다면 3대 정종은 서경파를 중시했다.

궁예와 왕건까지 거슬러 올라가도 마찬가지다. 왕건은 고구려, 백제, 신라 호족 등 지도층 인사를 포용했고 궁예는 이들을 멀리한 채 오로지 민중 지향적 정책만을 강행했다. 이처럼 리더가 어떤 선택을 하느냐에 따라 조직의 미래는 완전히 달라진다.

여러 선택 사항 앞에 서면 각각 장단점이 있어 선뜻 하나로 결정하기가 쉽지 않다. 이럴 때 분명한 철학이 있으면 흔들리지 않고 결정을 내릴 수 있다.

바른 철학이 없는 리더에게 많은 지식과 자원은 도리어 독이다. 시냇물을 소가 먹으면 우유가 되고 독사가 핥으면 독이 된다. 덕종의 아버지 현종은 왕자로 교육받지 못했으나 인간적 자질을 갖추었던 덕분에 왕으로서 성공했다. 이런 기본 자질을 갖춘 상태에서 학문을 익히면 세상의 이치에 더 밝은 리더가 된다. 반대로 기본 자질이 없으면 많이 배울수록 곡학아세하고, 더 많은 자원을 가질수록 탐욕과 교만이 하늘을 찌른다.

문종은 현종처럼 친민親民과 공정성이라는 기본 자질을 갖추었다. 여기에 궁중 교육과 본인의 노력이 금상첨화가 되어 고려의 황금시대를 열었다. 자질과 덕목을 두루 갖춘 문종은 왕이 되자 제일 먼저 솔선수범했다. 많은 리더가 자신은 지키지도 않는, 입에 발린 말만 하다가 신뢰를 잃는다. 문종은 백성과 신하들을 아름다운 말이 아니라 자신이 먼저 그렇게 삶으로써 따라오게 했다. 이를 동양에서는 '백문이 불여일견'이라 하고 서양에서는 '말보다 행동이 크다Action speaks louder than words'고 한다. 동서양 모두 리더의 말보다 리더의 행동이 더 중요함을 꼬집고 있다.

문종은 왕자 시절부터 애민愛民의 마음을 품었다. 이 애민을 구체화하려면, 먼저 지도층의 각성과 법과 제도 정비 그리고 교육제도의 확립이 필요하다고 보았다. 문종은 바로 이 세 가지 정책을 확실히 폈다.

그러면 문종은 제일 먼저 어떤 행보를 했을까? 자신을 포함한 왕실의 사치 풍조부터 없앴다. 금은으로 장식한 용상龍床을 구리와 철로 바꾸고, 금실과 은실로 꾸민 침전과 이불을 모두 무명으로 바꿨다. 환관과 내시도 대폭 줄여 총 30명만 남도록 했다. 이는 왕부터 검소를 실천해 고려 전체에 맑은 기운을 불어넣음으로써, 살맛 나는 고려를 만들겠다는 의지의 표현이었다.

왕이 이렇게 검소하니 왕족이 그다음을 따라가고 다음 귀족, 그리고 관리들과 백성까지 허랑방탕하지 않고 근검절약하여 나라가 부강해졌다.

백성 위주로 법을 고치다

흥청거리던 왕실 분위기를 쇄신한 다음 문종은 변방에서 공을 세운 병사들을 포상했고 노인을 공경하여 은퇴한 노신을 잊지 않고 배려했다. 해마다 여름철이면 관리를 시켜 사흘에 한 번씩 얼음을 배달해주고, 그때마다 왕의 잘못이 무엇인지 조언을 듣고 와서 주기적으로 보고하도록 했다. 이런 소통이 문종의 장점이었다.

문종은 현신現身과 구신舊臣, 귀족과 백성, 불교와 유교, 관학과 사학, 문반과 무반 등 어느 한쪽에 치우치지 않고 폭넓게 소통했다. 예를 들어 문종 때 문벌 귀족이 급성장했다. 이런 가운데서도 문종은 문반 못지않게 무반을 우대했다.

1076년(문종 20년) 12월 전시과를 개정한 경정전시과更正田柴科를 보면, 정3품의 무반 상장군을 정2품의 문반 참지정사와 동등하게 대우해주었다. 이는 현종 때 거란이 대대적으로 침입한 일을 기억하고 있어서다.

공감 능력이 뛰어난 문종은 국가조직에 경쟁보다 협력 분위기를 조성했다. 하버드대 법학대학원의 요차이 벤클러Yochai Benkler 교수는 여러 조직의 다양한 사례를 연구해서 《펭귄과 리바이어던*The Penguin and the Leviathan*》이란 책을 집필했다. 이 책의 요점은 인간의 본질적 동기인 선의로 협동심을 이끌어내는 조직과 처벌과 통제, 인센티브로 동기를 부여하는 조직을 비교하면 전자의 조직이 훨씬 성공적이라는 것이다.

홉스는 인간 사회를 '만인에 의한 만인의 투쟁'이라 보기 때문에 절대 권력을 지닌 '리바이어던' 같은 존재가 강력히 통제해야 한다고 했다. 세상이 다양한 만큼 사람도 다양하다. 통제를 해야 열심히 일하는 사람도 있고 이타적 분위기에서 자발적으로 일해야 능력을 발휘하는 사람도 있다. 리더는 이런 개인 속성을 면밀히 파악해 대처하되, 전반적으로 인간의 본성인 이타심을 끌어내는 리더십을 발휘해야 한다.

문종은 즉위 후 곧바로 시중 최제안과 평장사 최충을 불러 자신의 정치적 비전을 알리고 정책 자문을 구했다. 얼마 후 최제안이 죽자 후임으로 최충을 일인지상 만인지하의 자리인 시중에 임명하면서 정치적 업적을 쌓기 시작한다. 왜 문종은 많은 신하 중에 최충을 국정 파트너로 삼았을까? 문종은 일단 지조 있는 인물을 원했다.

왕실 주변에 오가는 신료들은 대부분 시류를 좇는다. 이런 영혼 없는 신하들은 소신이 없고 보신을 위해 움직인다. 이런 사람들과 국가의 장기적 발전을 이루기는 어렵다. 문종이 지켜본 최충은 기나긴 '7대 실록' 편찬 작업에 참여했고 그 후 한림학사, 예부시랑, 간의대부, 형부상서를 역임하면서 한 번도 기회주의적으로 처신한 적이 없었다. 그만큼 최충은 성품이 곧았다.

최충의 가문은 보잘것없었다. 아버지가 지방 향리였으며, 오로지 최충이 학문과 문장을 좋아한 덕에 과거에 급제해 벼슬길에 오른 자수성가형이다. 호족 연합체 성격으로 시작한 고려에서 호족도 아니고 문벌 가문도 아닌 사람을 시중에 임명했을 때 자칫 영令이 안 설 수도 있다. 하지만 이런 위험을 이겨내야 일반 백성에게까지 골고루 혜택을 주는 정책을 만들 수 있다.

시중이 된 최충에게 문종이 제일 먼저 부여한 임무는 형법 개정이었다. 1047년 6월 문종은 최충과 율사律師들을 불러놓고 개정 방향을 정해준다.

"법률은 형벌의 기준이다. 이 법률이 명확해야 억울함이 없을 것이고, 법률이 애매하면 형벌도 잘못되기 쉽다. 현재 시행하고 있는 율령 중에 잘못된 조항이 많아 마음이 심히 아프다. 시중 최충은 여러 율사들과 함께 상세하고 타당하게 교정하라."

이때부터 최충은 율사들과 함께 판례를 검토하고 기존 법규를 개정하는 작업에 착수했다. 두 달이 지난 8월, 문종이 대대적 법률 교정 작업을 하고 있던 신하들에게 다시 당부한다.

"사람의 목숨은 천지만큼 귀하다. 한 번 죽으면 다시 살릴 수 없다. 그래서 짐은 사형수를 정할 때마다 반드시 세 번 심사를 하고도, 오히려 억울한 일이 없을까 염려한다. 만일 누명을 쓰고도 하소연할 길이 없어 한을 품는다면 어찌 통탄할 일이 아니냐. 그러니 신중하고 또 신중하게 처리하라."

이것이 삼복제三覆制에 관한 최초의 기록이다. 그동안 고려의 범죄 재판은 단심單審이었으나 문종의 명에 따라 사형수는 반드시 세 번 심사하는 삼심제를 실시한다.

또한 고위 관리의 생활 안정을 도모해 수탈을 미연에 방지하는 제도인 공음전시과功蔭田柴科도 도입했다. 1049년(문종3년) 5월에 도입된 이 제도로 5급 이상의 관리와 특별 공로자에게 상속 가능한 토지를 지급했다. 문종이 좋은 취지로 도입한 이 제도는 세월이 흐른 뒤 문벌 귀족의 권력 기반이 되어 왕권까지 흔들고 무인정변이 일어나는 한 요인이 된다. 그리고 천재지변 시 세금을 면제받는 재면법災免法과 세금을 면제할 때 직접 조사해 결정하는 답험손실법踏驗損失法을 1050년에 만들었다.

이뿐 아니라 1062년에 이르러 죄인을 심문할 때 공정성을 기하고자 반드시 형관刑官이 세 명 이상 입회하는 삼원신수법三員訊囚法도 마련했다. 문종의 노력으로 고려의 기틀이 잡히며 지방 향리의 영향력이 미미해지자, 1077년(문종 31년) 기인선상법其人選上法을 시행해 지방 통제 수단으로 향리의 자제들을 볼모로 중앙으로 데려오던 규정을 없앴다.

문종의 러닝백–해동공자 최충과 이자연

성공적인 리더가 되려면 리더의 올바른 안목을 구체화해줄 충성스러운 참모가 필요하다. 미식축구에서 팀의 리더는 쿼터백이다. 런을 할지 패스를 할지 작전을 결정한다. 러닝백은 쿼터백에게 공을 받아 온갖 저항을 헤치고 앤드존까지 달려가 터치다운을 해야 한다. 리더의 탁월한 전략도 실행해줄 유능한 핵심 인재가 없으면 무용지물이다. 유비에게 제갈공명이, 모택동에게 주은래가, 빌 게이츠에게 스티브 발머가 있었기에 그들은 꿈을 이룰 수 있었다.

문종의 러닝백은 최충과 이자연李子淵이다.

최충이 나이 들어 은퇴하자 문종은 이자연에게 시중을 맡긴다. 이자연의 세 딸은 문종에게 출가했다. 그중 맏딸 인예왕후가 순종, 성종, 숙종을 낳는다.

물론 이 때문에 문종이 이자연을 택한 것은 아니다. 이자연은 여러 벼슬을 거치며 공명정대하게 처신했다. 현종 때 진사을과進士乙科에 급제했고, 덕종 때 이부낭중 어사잡단 우승선의 일을 보았다. 이 직책은 시정 풍속을 바로잡고 백관을 규찰하며 왕명을 출납하는 핵심 보직이다. 이때 정의로운 형관刑官을 임명해 옥사를 엄정히 판단함으로써 억울한 사람이 없게 했다. 그 후 정종 때 중추부사를 지냈으며 문종이 즉위하자 공정한 법체계를 만들도록 최충을 잘 도와주었다. 문종은 이자연의 이런 경력을 높이 평가했다. 더불어 통치권을 강화하려는 숨은 목적도 있었다.

당시 최충의 선도로 유교 열풍이 지나치게 불고 있었다. 고려는 어디까지나 불교 국가였다. 통치 차원의 유교 교육은 허락할 수 있으나 유교의 이념이 왕실에까지 적용되는 것은 원치 않았다. 문종은 친불교 인사인 이자연을 통해 불교의 흥성을 꾀했다. 현명한 문종은 총애와 권력 누수를 구분했다. 최충 같은 만고의 충신이 월권할 리는 없다. 그러나 의도하지 않았더라도 정국의 흐름이 지나치게 유교로 치우치면 자연스럽게 통치 행위에도 유교적 잣대가 등장한다. 그래서 이자연은 성종 때 폐지된 연등회와 팔관회를 다시 열고 지나칠 정도로 많은 절을 세웠다. 특히 문종의 원찰인 흥왕사兴王寺를 짓기 위해 한 고을을 통째로 옮겼다. 절터가 수십만 평에 방만 2800여 칸인 이 절을 착공한 지 12년 만인 1068년(문종 22년)에 완성한다. 당시 노역에 동원된 백성은 1년 부역과 2년 세금을 면제받았다.

문종은 자신의 세 아들까지 출가시켰는데 그중 넷째 아들이 천태종을 도입한 대각국사大覺國師 의천義天이다. 왕 스스로도 매달 세 차례씩 사찰을 찾아 백성을 위해 기원했는데, 그 행차가 늘 청정淸靜하였다.

또 하나 문종이 이자연에게 기대한 일은 송나라와 국교를 정상화해 선진 문물을 받아들이는 것이었다.

〈대각국사 의천〉

1058년(문종 12년) 문종은 거란이 다시 압록강에 다리를 설치하고 보주성에 군사를 늘린다는 보고를 받았다. 한참 태평성대를 누리던 고려 조정은 경각심을 품고 거란 왕에게 압록강 다리를 철거하고 보주성을 돌려달라고 요청한다. 거란은 정종 때 고려에게 준 보주성 경작권까지 침해하며 거란 농부를 투입해 농경지 조성 공사를 벌였다. 거란의 도발을 어떻게 무력화할지 고심하던 문종은 거란과 싸우는 대신 외교적으로 고립시키는 방안을 택한다.

《손자병법》에도 "상병벌모上兵伐謀, 기차벌교其次伐交, 기차벌성其次伐兵, 기차공성其下攻城"이라 했다. 상책이 적의 모략 분쇄이고 차선책이 외교적으로 고립시키고 성을 공격하는 것이다. 1058년 8월 문종은 큰 배를 만들어서 송과 국교를 재개하려 했다. 그러나 백관들이 워낙 강력하게 반대해 포기했는데 이때부터 이자연이 사원 세력과 자신의 가문인 경원(인천, 인주) 이씨 세력을 동원해 송과의 교류를 적극 추진한다. 송나라에서 유학 중인 대각국사 의천도 힘을 모았다. 이런 노력으로 1071년 3월(문종25년) 단교 50년 만에 송나라와 국교를 정상화한다. 물론 이미 이자연이 1061년 59세로 눈을 감은 후였지만 그의 자식들이 정국을 주도하며 문종을 성심껏 보필했다.

서방에 알려진 코레아, 코레아

송나라는 1004년 거란과의 전투에서 크게 진 후 거란에 매년 공물을 바쳐야 했다. 이런 치욕을 지우고자 신종神宗(재위 1068~1085) 때 집권한 신법당新法黨의 왕안석王安石은 거란의 배후인 고려와 연합하자는 내용을 골자로 하는 외교 전략 '연려제요聯麗制遼'를 수립한다. 고려는 이런 의도를 꿰뚫어 보고, 송나라와 거란의 영토 분쟁을 적절히 이용하는 실리 외교를 폈다. 이후 고려와 송의 교류는 전례 없는 호황을 맞으며 고려의 국제무역 항구인 예성강 하구의 벽란도가 더 북적이기 시작한다.

해상무역을 하던 왕건 일가가 세운 고려는 일본, 거란, 여진, 티베트 등과 활발하게 무역을 하고 있었다. 그러던 중 문종이 송과 외교를 재개하자 송은 물론 송에 들어와 있던 대식국大食國(아랍) 상인들까지 모여들었다. 이들에 의해 고려가 서방세계에 '코레아Coree'라는 이름으로 알려졌다. 아랍 상인들은 향료, 수은, 상아 등을 가져와 비단 등과 교환해 가져갔다.

워낙 송의 상선이 자주 들어오자 밤중에 상선이 들어오는 바닷길 주변 섬 지역에 등대 역할을 하는 봉화를 밝혀두었다. 개경엔 송 상인의 숙소인 순천관을 두었고, 그 외 외국인을 위해 오빈관 등 10개의 전용 숙소를 두었다.

송나라도 역시 빈번하게 드나드는 고려 상인을 위해 숙소인 고려관을 지어 편의를 제공했다. 송으로부터 고려가 수입한 물품은 의류, 차, 향료, 약재, 악기, 서적 등이었고, 수출품은 비단, 먹, 금은 그릇, 종이, 부채, 뭇, 장도, 문석이었다. 문종은 수출 전략 상품을 만드는 관영 기관을 두어, 숙련공이 '명품'을 만들도록 했다.

이들 제품은 송나라에서 매우 인기가 높아 매점매석이 일어날 정도였다. 거란과는 금, 은, 동, 화문석, 인삼, 차, 문구류 등을 수출했고 말, 양, 능라 등을 수입했다.

이런 대외 무역은 고려와 송의 연합을 가장 꺼리는 거란의 속셈을 문종이 정확하게 파악해 시행한 것이다. 송과 교류하며 경제적 이득을 얻음과 동시에 거란의 허를 정곡으로 찌르며 거란의 도발을 무력화했다. 문종이 애민의 철학과 함께 정치적, 외교적 식견을 함께 지닌 덕분에 고려는 건국 이래 최고의 황금기를 누린다.

교육을 장려해 사학이 융성했다

최충은 고려 국법의 기틀을 마련하고 나서 나이가 일흔을 넘자 1053년(문종 7년) 사직을 청원했다. 문종은 여러 번 만류해도 최충이 소임을 다했다며 취소하지 않자 마지못해 허락했다. 그만큼 최충을 신뢰한 문종은 국가의 대사를 앞두고는 퇴직한 최충에게 사람을 보내 자문을 구했다.

최충이 끝내 은퇴를 고집한 이유는 평소 꿈인 사학을 열고 싶어서였다. 당시 사학을 시작할 분위기는 무르익은 상태였다. 우선 문종이 학문을 장려하며 호족이나 공신보다 문신 관료를 우대했고, 고위 관료의 자제가 음서제를 이용해 과거를 통하지 않고 벼슬을 하면 별로 인정받지 못했다. 최충은 고향 해주에 내려가 자기 집에 사숙私淑(공부방)을 열었다.

그런데 워낙 많은 학생들이 몰려오자 1055년 송악산 아래 자하동紫霞洞으로 옮겨 구재학당九齋學堂을 열었다. 최충이 과거 고시관인 지공거知貢擧를 수차례 역임한 경험을 살려 교과 과정을 운영하다 보니 학당은 과거 응시생을 위한 예비 학교처럼 되었다. 일종의 진학 순서에 따라 학반學班을 악성樂聖, 대중大中, 성명誠明, 경업敬業, 조도造道, 솔성率性, 진덕進德, 대화大和, 대빙待聘으로 나누었다.

중심 학문은 5경五經(역易, 시詩, 서書, 예禮, 춘추春秋)과 3사三史(사기史記, 한서漢書, 후한서後漢書)이며, 시부사장詩賦詞章 등을 더하였다. 매해 여름이면 귀법사歸法士의 승방을 빌려 하기 강습회를 열었다. 선생은 과거 급제자 중 아직 임용되지 못한 사람들이었다.

학문뿐만 아니라 도의연마道義鍊磨라 하여 사제, 친구 간의 도리 등 실천 윤리도 가르쳤다. 문종은 최충에게 문헌공文獻公이라는 시호를 내린 뒤 구재학당 출신을 문헌공도라 불렀다. 구재학당이 고려 사회에 열풍을 일으키자 대부분 지공거를 역임한 11명의 학자들이 뒤이어 사립학교를 개설하는데 이들이 문헌공도 포함 십이공도十二公徒다.

고려 태조 때 서경 지역에 정악廷鶚이 처음 사숙을 세운 후 문종 때에 이르러 가히 사교육 전성시대가 열린 것이다.

12공도는 최충의 문헌공도文憲公徒, 정배걸鄭倍傑의 홍문공도弘文公徒, 노단盧旦의 광헌공도匡憲公徒, 김상빈金尙賓의 남산도南山徒, 김무체金無滯의 서원도西園徒, 은정殷鼎의 문충공도文忠公徒, 김의진金義珍의 양신공도良愼公徒, 황영黃瑩의 정경공도貞敬公徒, 유감柳監의 충평공도忠平公徒, 문정文正의 정헌공도貞憲公徒, 서석徐碩의 서시랑도徐侍郎徒, 실명失名의 귀산도龜山徒다. 고려의 대표적 국립학교는 성종이 창립한 국자감이다. 이곳은 귀족 자제들이 많이 들어갔고, 신분이 낮거나 영민한 자제들은 사학으로 몰려들었다.

12공도 출신은 과거 합격률이 매우 높아 입학하려는 학생들이 줄을 섰다. 특히 최충의 구재학당은 양반들이 서로 자녀를 입학시키려고 해 문전성시였다. 문헌공도의 선후배는 단합이 잘되기로도 유명했다. 졸업한 선배가 공부하는 후배를 격려하려고 주기적으로 찾아왔다. 선배들이 초에 선을 그어놓으면 초가 그 선까지 탈 동안 후배는 시를 지어냈다. 그 시들 가운데 우열을 가려 자리를 정하고 술잔치를 벌였다. 기혼자와 미혼자가 술상 좌우에 마주 보고 앉았고 예법에 맞춰 술잔을 돌렸다. 술자리도 절도가 있었으며 서로 시로 화답했고 해가 저물면 낙생영洛生詠을 합창하며 끝냈다. 얼마나 아름답고 정겨운 광경인지 보는 이마다 찬탄했다.

이렇게 사학이 융성하자 관학인 국자감이 유명무실해졌다. 이에 문종이 국자감을 중흥하기 위해 직제를 강화하며 학관學官의 책임을 평가했고, 재학생 중 일정 수준 미달은 퇴학시켰다. 이런 정책도 무색할 만큼 사학은 더욱 번성했고 이 중심에 있는 최충은 해동공자海東

孔子라 칭송받았다. 이 모두가 최충을 신임하는 문종의 특별한 배려로 가능했다.

고려왕조에서 제일 탁월한 리더 문종도 재위 36년(1081년)째인 64세 때부터 건강을 잃는다. 총애하던 넷째 부인인 인절현비仁節賢妃가 그 해 7월에 죽고 다음 해 4월 아홉째 왕자인 왕침王忱까지 연이어 죽자 실의에 빠져 태자 훈勳을 불러 왕위를 승계하고 세상을 떠났다.

12~14대

순종 · 선종 · 헌종

중도정치

부정父情이 그리워 여막廬幕에서 쓰러지다

순종順宗(재위 1083년 7월~10월)과 선종宣宗(재위 1083~1094)은 문종과 인예왕후 이씨의 소생이다. 헌종獻宗(재위 1094~1095)은 선종의 아들로 인예왕후의 손자다. 인예왕후는 10남 2녀를 낳았으며 그중 첫째가 순종이고 둘째가 선종이며 셋째가 숙종이다.

즉위 3개월 만에 승하한 순종은 고려 왕 중 가장 통치 기간이 짧다. 아홉 살 때 태자로 책봉되었고, 37세의 나이에 약한 몸으로 문종의 뒤를 이어 왕이 되었다. 왕위에 오른 후 요나라에 좌습유 지제고 오인준吳仁俊을 보내 문왕의 부음을 전하고 8월에는 대사령을 내렸다.

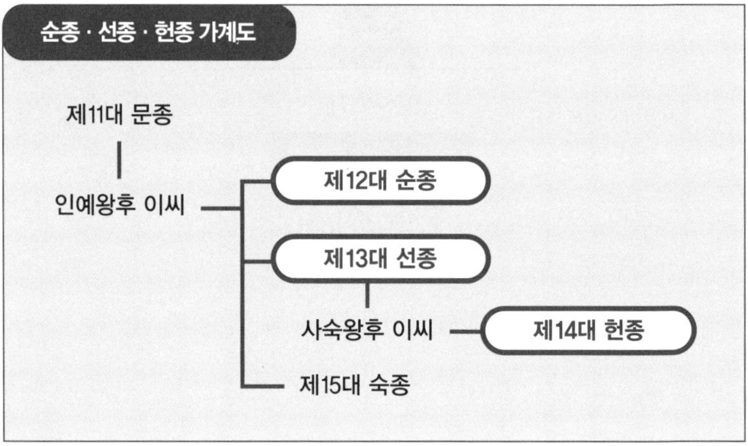

순종 · 선종 · 헌종 가계도

10월에 재난을 예방하려는 소재도량消災道場을 3일간 베푼 다음, 중 3만 명에게 음식을 제공했다.

그런데도 쇠약한 심신이 회복되지 않자 10월 동복 아우 국원공 운運에게 최후 조서를 내린다.

"부왕의 유지를 받들어 열조의 위업을 빛내고자 했으나 과도한 슬픔으로 병이 생겨 위중해졌으니 아우 운에게 나랏일을 의탁하지 않을 수 없게 되었도다."

순종의 임종은 그렇지 않아도 어려서부터 약골인데다가 본인이 조서에서 밝힌 대로 부왕 문종의 죽음을 너무 슬퍼한 데서 비롯되었다. 그런데 효심이 깊어 문종릉 근처에 여막을 차려놓고 그 안에서 지내며 밤낮으로 능을 돌보다가 부정을 그리는 마음이 지나쳐 그만 쓰러지고 말았다.

리더는 개인감정보다 조직의 이익과 성장에 이바지해야 한다. 그래야 공사 구분이 명확해지고 직무 수행 능력이 향상되며 구성원과 의 관계도 명징해진다.

개인적 슬픔 때문에 리더의 임무를 완수하지 못한 순종에게 부인 셋이 있었으나 자녀는 얻지 못했다. 이 중 이자연의 손녀로 제3비가 된 장경궁주長慶宮主는 순종 사후 외궁에 거처하면서 궁노宮奴와 간통하다가 발각되어 쫓겨난다.

거란이 공물을 바치다

고려 제13대 왕 선종은 어려서부터 총명했고, 문장가며 시인이었다. 동복 형 순종이 1083년 재위 3개월 만에 병사하자 왕위에 오른다. 즉위 후 2년간은 문종 말기 인물을 그대로 유지했다. 1085년 4월 7일 밤 왕의 동생 대각국사 의천이 왕과 모후에게 편지 한 장을 남겨두고 송나라로 밀항한다. 사월 초파일 전날 밤이라 봉축 행사로 조정이 어수선했고 왕도 남부 지방을 시찰하러 개경을 떠나 있던 때였다.

1086년 4월에 이르러 조정을 대폭 개편하며 외교를 다루는 평장사의 인원을 늘렸다. 이때도 주요 보직은 문종 말기의 인물을 순환 배치했다. 선종은 과감한 인적 쇄신보다 부왕의 유업을 보존하고 안정적으로 국정을 운영하길 원했다. 이런 선종의 인사 스타일은 통치 기간 내내 지속되어 10년 7개월간 재위하면서 1089년과 1092년에 겨우 두 번, 그것도 소폭으로 인물을 물갈이했을 뿐이다.

송나라에서 14개월간의 여정을 마친 의천이 귀국하자, 왕이 예성강 포구까지 친히 나가 성대한 환영식을 열어주었다. 의천은 왕에게 불경과 경서 천여 권을 바쳤고, 천태종을 개창했다. 이 시기에 일본과의 교역이 급증했는데, 일본이 통일되기 전이라 일본 상인과 사신들이 조공 무역 형태로 고려와 거래했다.

거란에 대해서는 어느 때보다 강경했다. 1088년 2월 강동 6주 가운데 최고 요새인 귀주성에 중추원부사 이원李元을 파견하여 전쟁을 각오하고 군사기지를 구축한다. 그리고 9월 태복소경 김선석金先錫을 거란에 보내 압록강변의 각장榷場(거란의 국경 시장)을 없애라는 통첩을 보낸다. 서희가 소손녕과 담판한 일과 성종 때 또 한 번 압록강으로 국경을 확정한 역사를 거론하며 이런 일로 서로 원한을 맺지 않길 바란다고 통첩에 적었다.

선전포고에 가까운 편지를 받은 거란 조정은 11월 귀국하는 고려 사신 편에 답서를 보냈다.

"각장 설치는 아직 논의 단계이므로 의심하지 마시라."

뒤이어 양 2천 마리와 수레, 말 등을 선종에게 선물로 바쳤다. 결국 동아시아 최강국 거란이 고려 앞에 무릎을 꿇음으로써 문종 때부터 제기해온 국경 문제가 일단락되었다.

후계자 선정 실패

선종은 사탑寺塔을 많이 세운 왕으로도 유명하다. 천태종의 본산인 국청사國淸寺를 건립했으며 회경전會慶殿에 13층 금탑 등을 세웠다. 하지만 문종처럼 불교와 유교의 균형 발전을 꾀했다. 1091년 고려 유학자들의 염원을 받아들여 국학에 공자의 제자 안회顏回 등 유교 성인 72현의 벽화를 그리도록 했다.

선종은 과로한 탓에 1093년(선종 10년) 3월부터 자주 병상에 누웠다. 한번은 의원이 처방해준 약을 먹더니 문득 시를 지었다.

"약효가 있고 없음을 어찌 염려하랴. 인생 덧없이 시작이 있으니 어찌 끝이 없으리오. 오직 선업을 닦아 청정한 곳에 이르기를 바랄 뿐이네."

이처럼 담백한 심정으로 통치했다. 이후 건강을 회복해 정사를 돌보다가 1094년 5월 다시 병상에 눕는다. 아무래도 심상치 않음을 느낀 선종은 자신의 열한 살 난 아들 욱昱에게 세습한다.

바로 이 부분이 선종의 유일한 실책이다. 리더가 후계자를 선정함에 있어 조직의 미래보다 사사로운 이해관계를 우선하면 그 리더에 대한 평가는 저하될 수밖에 없다. 선종이 아들에게 왕위를 물려준 것이 잘못은 아니다. 왕조시대에 세습은 당연한 일이지만, 그 아들이 왕의 업무를 도무지 감당할 수 없었다는 점이 문제다. 고려는 태조가 유훈으로 남겼듯이 후계자로 꼭 장자만 고집하지 않는다. 왕의 아들이 아닌 왕족 가운데 뛰어난 왕재王才를 지닌 자가 있다면 왕으로 삼은 예가 많다. 그런데 선종은 왕 노릇은커녕 자기 한 몸도 추스르지 못하는 아들을 왕의 자리에 앉혔다.

왕의 무게에 짓눌리다

헌종은 선종의 장남으로 이자연의 친손녀인 제2비 사숙왕후思肅王后 이씨의 소생이다. 어린 헌종이 선종의 유언에 따라 즉위하자 사숙왕후가 수렴청정한다. 사숙왕후는 태후가 되자 자신의 거처 연화궁을 중화전으로 개칭하여 그곳에 영녕부永寧府를 두고 모든 정사를 보았다.

헌종은 아이 때부터 심한 소갈증消渴症(당뇨)에 시달렸다. 늘 자리에 누워 지내, 조정 신료는 물론 백성들까지 왕위를 선종의 아우 중 누군가가 물려받으리라 예상했다. 이미 덕종이 정종에게, 순종이 선종에게 그렇게 한 예가 있었다. 따라서 선종도 그러리라 생각했다.

선종 당시 동복 아우만 해도 계림공 왕희王熙, 대각국사大覺國師 왕후王煦, 상안공常安公 왕수王琇, 보응승통普應僧統 왕규가 있었다. 이들은 인혜왕후 소생이었다. 이복 아우로는 인경현비 소생인 조선공朝鮮公 왕도王燾, 부여공扶餘公 왕수王邃, 진한공辰韓公 왕유王愉가 있었다.

이 일곱 명 중 승려가 된 대각국사 왕후(의천)와 보응승통 왕규를 제외하더라도 다섯 명이 후계자가 되고자 각기 세력을 움직이고 있었다.

이 중 연장자인 계림공 왕희가 가장 유력했다. 대신들도 결단력이 있고 강한 계림공을 선호했다. 그런데 그만 선종이 바람 불면 날아갈 것 같은 병든 헌종을 세운 것이다. 헌종이 왕이 된 후 더 허약해지자 다섯 왕숙이 호시탐탐 왕위를 노렸다. 이런 가운데 선종의 제3비 원신궁주元信宮主 이씨의 소생 왕윤을 왕으로 삼으려는 음모가 진행된다. 주역은 원신궁주 이씨의 오빠인 이자의李資義였다. 인주 이씨가 배경인 이자의는 자신의 재력으로 사병을 양성하고 있었다. 왕실을 대표하는 헌종의 숙부 계림공과 외척의 대표격인 이자의가 왕위 쟁탈전을 벌이는 모양새가 되었다. 두 사람의 치열한 다툼에 조정도 두 쪽이 났다. 평장사 소태보邵台輔와 상장군 왕국모王國髦 등 원로들은 주로 계림공을 지지했고, 합문지후 장중張仲, 평장사 이자위李子威 등은 인주 이씨들과 함께 외척을 지지했다.

이 두 세력 중 왕실 세력이 먼저 움직였다. 1095년 7월 계림공은 평장사 소태보에게 이자의 세력을 처단하라고 지시한다. 이에 천하장사 고의화高義和가 소수의 인원을 데리고 왕궁에 잠입, 마침 선의문 근처를 거닐던 이자의를 급습하여 살해했다.

이 소식을 들은 계림공은 즉시 이자의의 집에 부하들을 보내 사병들과 가족까지 처결했다. 이제 권력은 왕실 세력이 장악했다. 이후에도 이자의 세력에 대한 대대적 숙청 작업을 진행한다. 50여 명의 대신들, 원신궁주와 왕윤, 두 남동생까지 귀양 보냈다.

계림공은 중서령에 올라 이자의 세력이 사라진 조정에서 유일한 차기 왕으로 입지를 공고히 하며 대대적인 조정 개편을 주도했다. 백관이 모두 사숙태후 대신 계림공의 저택을 찾아 행정, 군사 등 일체의 국사를 의논했다. 허수아비로 전락한 태후는 스스로 섭정을 거두었다. 얼마 지나지 않아 헌종도 선위하는 형식으로 물러난다.

이는 계림공의 왕위 찬탈이었다. 물러앉은 헌종은 소갈증에 숙부에 대한 두려움이 겹쳐 1097년 2월, 14세의 나이에 눈을 감는다.

헌종은 리더가 되면 안 될 사람이었다. 일단 체력이 약했다. 건강한 육체에서 건강한 리더십이 나온다. 조직이 클수록 리더의 정신과 육체 모두 강인해야 한다. 《고려사》에서 이제현은 "후세에 포대기에 싸인 아이에게 대세를 맡기려 할 때 반드시 헌종을 반면교사로 삼으라"고 했다.

15대

숙종

카리스마의 상징

사자의 용맹과 여우의 교활함

숙종肅宗(재위 1095~1105)은 조선의 세조처럼 조카로부터 왕위를 찬탈한 왕이다. 순종과 선종의 친동생이며 생래적으로 기질이 강했다. 순종은 약했고 선종은 감상적이었다. 이런 두 아들에 비해 과단성 있고 건장한 숙종에게 문종이 말했다.

"장차 네가 왕실을 크게 부흥시키겠구나."

이 말 속에는 숙종이 장차 왕이 되기를 바란다는 뜻도 담겨 있었다. 두 형이 왕을 지낸 후 숙종은 다음은 자기 차례라고 믿고 있었다.

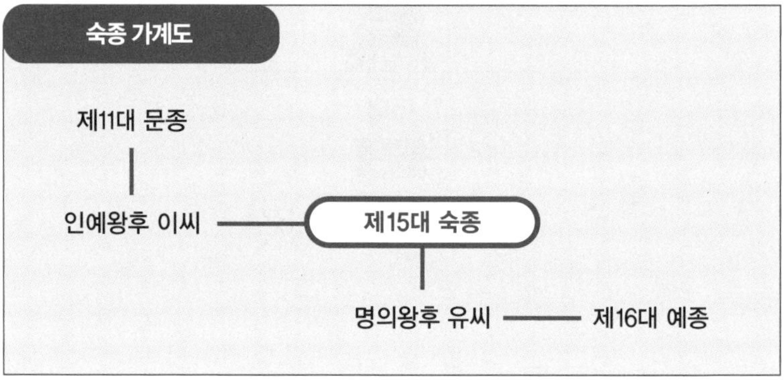

그런데 그런 기대와 달리 몸이 허약해 요양이 필요한 어린 조카가 왕이 되는 것을 지켜보아야 했다. 42세인 숙종은 소태보와 고의화를 이용해 외척 세력을 몰아내고 끝내 조카를 축출했다.

강력한 '리더의 조건'을 설파한 최고의 고전은 니콜로 마키아벨리 Niccolò Machiavelli의 《군주론》이다. 숙종이야말로 마키아벨리가 말한 '리더의 조건'에 들어맞는 인물이다. 역사적으로 많은 군주가 흥망을 거듭해왔는데 어떤 군주가 흥하고 어떤 군주가 망했는지를 마키아벨리는 관찰했고 그리하여 군주가 어떠해야 하는지에 대한 결론에 이르렀다. 그가 말하는 리더란, 성자도 폭군도 아니다. 인민을 잘 다룰 줄 아는 사람이다.

냉정히 객관적으로 봤을 때 인간의 본성은 악도 아니고 선도 아니다. 이런 가치중립적 인간에게 자기 의지를 관철시켜야 하는 리더는 어떤 존재여야 하는가? 마키아벨리는 "사자의 용맹과 여우의 교활함"이 있어야 한다고 보았다.

이는 군주가 두려움과 존경의 대상이 되어야 한다는 것이다. 그럼에도 증오의 대상이어서는 안 된다. 그러면 군주의 자리를 빼앗길 수 있다. 사람들이 두려워하되 존경하는 리더, 이런 리더는 채찍과 당근을 적절한 시기에 사용할 줄 안다.

평민의 재산이나 여인을 강탈하지 말되, 도움이 필요한 집단(종교, 군인, 귀족)의 성향을 이용해야 한다. 그래서 리더의 조건이 "사자의 용맹과 여우의 교활함"인 것이다. 숙종은 이에 부합했다. 권력을 잡고자 사자 같은 용맹과 잔인함으로 조카를 내몰았다.

그 후 여우처럼 왕권 강화책을 내놓는다. 어찌 되었든 숙종은 병약한 조카를 죽이고 왕이 되었기 때문에 늘 '정통성 결여'라는 문제를 신경 썼다. 이를 극복하고 왕권을 강화하고자 숙종이 내놓은 대안이 제3의 수도 건설이다.

제3의 수도 건설과 기마 부대 창설

1095년(숙종 1년) 음양관 김위제金謂磾가 통일신라 말기에 출간된 《도선비기道詵秘記》의 삼경설三京說을 근거로 남경南京(한양)으로 천도하자는 상소를 올린다. 삼경설에 의하면 도읍지는 중경(송악), 남경(한양), 서경(평양) 세 곳이므로 왕은 매해 이 세 곳에서 넉 달씩 지내야 한다. 그는 고려 개국 후 160년이 흘러 개경의 지기地氣가 쇠약해지고 있으므로 남경에 도성을 새로 건설해야 한다고 주장했다. 이 주장에 재상과 각부 관리 모두가 찬성했으나 유신柳伸과 좌산기상시 유록숭庾祿崇만이 반대했다. 1101년 9월에는 남경개창도감南京開創都監을 설치한다. 최사추崔思諏, 윤관尹瓘 등이 파견되어 궁궐터를 알아보고, 임시로 삼각산(북악산) 줄기에 터를 잡기로 결정했다.

이듬해 3월 숙종이 직접 가보고 지금의 청와대 뒤 경복궁터에 궁궐을 짓기로 한다. 궁궐은 1104년(숙종 9년) 5월에 완공되었다. 숙종은 7월에 행차하여 이곳에서 한여름을 보낸 뒤 10월에 개경으로 환궁했다.

숙종 때는 북방 지역에 많은 변화가 있었다. 동여진 추장 영가盈歌가 북간도를 장악하고 여진족을 통일했다. 그 뒤를 이은 오아속烏雅束(우야슈)이 두만강을 넘어 정주(정평) 부근까지 내려와 고려군과 충돌했다. 숙종은 임간林幹을 동부면병마사로 임명해 나아가 싸우게 했다.

경솔하고 성급한 임간은 여진족을 얕잡아봤다. 훈련이 부족한 병사를 이끌고 적진 깊숙이 추격했다가 역공을 당하는 바람에 크게 패했다. 다행히 추밀원별가 척준경拓俊京이 용맹하게 돌파한 덕분에 간신히 퇴각할 수 있었다. 임간은 파직되고 대신 윤관이 동북면행영병마도통東北面行營兵馬都統이 되어 여진을 정벌하러 갔다. 윤관이 열심히 싸우긴 했으나 기병 중심인 여진군을 보병 중심인 고려군으로 이기긴 어려웠다. 윤관도 많은 군사를 잃어가며 버티다가 겨우 화친조약을 맺고 철수했다.

패전 장군 윤관을 처벌하자는 대신들의 탄핵이 있었으나 숙종이 물리쳤다. 이때 윤관이 대책을 내놓았다.

"우리도 기병을 양성하여 여진을 공격하면 반드시 이깁니다."

이 건의를 받아들여 그해 12월 '별무반別武班'을 만든다. 이 특수부대는 기병 중심의 신기군神騎軍, 보병 중심의 신보군神步軍, 승병 중심의 항마군降魔軍으로 편성됐다.

제3의 수도를 건설하든, 기마 부대를 만들든 큰 사업을 하려면 자금이 필요하다. 특히 여진족을 정벌하기 위해 만든 별무반은 인원이 17만 명이나 되었다. 엄청난 군자금이 필요했다.

최초의 화폐 해동통보 발행

조카의 왕위를 찬탈한 숙종은 정통성 시비에 휘말리지 않으려고 국가적 대업을 추진했는데 이런 과업은 경제가 뒷받침되어야 실행할 수 있다. 그렇지 않으면 집권의 부당성만 더 부각된다. 이 때문에 숙종은 역대 어느 왕보다도 경제 활성화에 진력했다.

먼저 물물교환 대신 화폐유통을 원활하게 하고자 했다. 이는 송나라에 다녀온 대각국사 의천의 강력한 건의를 받아들인 것이다. 의천은 세 가지로 화폐의 이로움을 설명했다. 첫째, 관리 월급으로 쌀 대신 화폐를 주어 운반의 고통을 줄인다. 둘째, 물물교환 시 자주 발생하는 비리를 막는다. 셋째, 식량을 비축할 수 있어 유사시를 대비한다.

크게 공감한 숙종은 "백성이 부유해지고 나라가 부강해지는 데 돈보다 중요한 것이 없다. 그래서 금속을 녹여 돈을 만드는 것에 관한 법령을 제정하노라"라고 명했다.

이에 따라 주전도감鑄錢都監을 설치해 주화를 발행한다. 우리나라 최초의 화폐인 해동통보海東通寶를 1만 5천 관貫 발행해 재추宰樞(재부와 중추원), 문무 양반, 군인에게 분배하여 유통하게 했다. 개경 거리의 좌우에 주무酒舞를 설치하고 상점도 두어 신분에 상관없이 화폐로 상품을 구입할 수 있게 했다. 그래도 백성들이 주화를 잘 사용하지 않자 주현마다 미곡을 대주고 주식점酒食店을 열어 그곳에서 백성들이 마음대로 사고팔 수 있게 했다.

그런 다음 숙종은 중상重商 정책을 폈다.

"백성은 각기 자기 직업에 종사하여 나라의 근본이 된다. 그런데 듣자 하니 서경에는 상업에 힘쓰지 않는 민간 풍습이 있어 백성이 이익을 얻지 못한다 하니 서경유수관은 화천별감 두 명을 정해 시장과 상점을 돌아보고 거래를 장려하여 이익을 얻게 하라."

이처럼 숙종이 거래를 활성화하려고 노력하니 재정 수입과 비축미가 많이 늘었다. 그 외에도 숙종은 '6촌 이내의 혼인을 금지'했다. 1096년(숙종 원년) 실시한 이 제도로 고려에 만연한 족내혼 풍조가 서서히 사라진다.

숙종 통치 10년 동안은 북방에서 여진족이 점차 강해지며 거란을 압박하고 송나라를 침입하는 등 큰 변화가 일어난 시기였다. 이런 요동치는 국제 정세 속에서 고려를 통치하던 숙종은 1105년 고구려 동명성왕릉에 참배하고 환궁하던 도중 수레 안에서 52세를 일기로 생을 마쳤다. 품 안에 여진 정벌을 맹세한 서소誓疏를 품고서.

16대

예종

여백이 있는 왕

〈서소〉를 쥐고 영토를 확장하다

예종睿宗(재위 1105~1122)은 숙종과 명의왕후明懿王后 유씨의 맏아들이다. 권력욕이 강한 숙종도 조선 세조처럼 여색을 멀리했다. 많은 부인을 둔 역대 왕들과 달리 계림공 시절 결혼한 명의왕후 한 사람만 부인으로 두었다. 명의왕후는 태조 왕건의 첫 부인을 배출한 정주 유씨 가문 출신이다. 소생으로 7남과 4녀가 있다.

27세에 즉위한 예종은 부왕 숙종이 임종 때 품고 있던 〈서소〉(여진 정벌을 맹세한 축원문)를 품 안에 넣고 다녔다.

예종 가계도

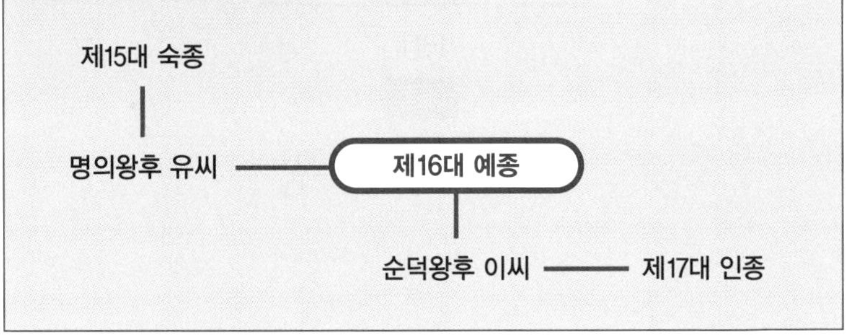

숙종 때부터 나날이 확장하던 여진은 예종 시대에 이르러 족장 아골타阿骨打의 영도 아래 중국 전역을 긴장 속에 몰아넣었다. 북방에서 밀려오는 전운에 대비하고자 예종은 즉위 한 달 만에 전례 없이 대대적으로 조정을 개편한다. 개편의 핵심은 윤관을 중서시랑평장사에, 오연총吳延寵을 어사대부에 임명한 것이다. 왕은 두 사람과 함께 군대를 사열했고, 두 사람은 군사를 훈련시키는 일에 열중했다. 2년 뒤 1107년 10월 드디어 예종은 여진 정벌을 선언한다.

도원수 윤관, 부원수 오연총이 서경에서 17만 대군을 데리고 출병했다. 왕은 몸소 군사들을 배웅하며 사기를 드높였다. 그해 12월부터 이듬해 3월까지 두만강 유역의 여진족과 격전을 벌여 이들을 몰아내고 동북 9성(함주, 영주, 웅주, 복주, 길주, 공험진, 숭녕진, 통태진, 진양진)을 쌓았다. 135개 지역에서 전투를 벌인 고려군은 여진군 4940명의 목을 베고, 130명을 포획하는 전과를 올렸다. 그해 4월 개선장군이 되어 돌아온 윤관과 오연총은 예종에게 융숭한 대접을 받았다. 그 후에도 두 사람은 돈독한 관계를 유지하여 자녀들끼리도 혼인을 시켰다.

어느 봄, 맑게 갠 날 윤관이 잘 익은 술을 담은 술동이를 하인에게 지게 하고 오연총의 저택으로 향했다. 개울을 건너려는데 간밤에 내린 비 때문에 물이 불어 건널 수 없었다. 그런데 개울 저편에 오연총도 술동이를 놓고 서 있는 것이 아닌가. 이를 본 윤관이 제안했다.

"우리 서로 가지고 온 술을 상대가 가져온 술이라 여기고 마십시다."

두 사람은 개울을 사이에 두고 각기 '관목나무(사査)'에 앉아 술 한 잔 들고 서로 머리를 '조아리며(돈頓)' "한잔 드시게나" 하며 주거니 받거니 했다. 여기서 '사돈査頓'이란 말이 유래했다.

한편 삶의 터전이던 두만강 유역을 빼앗긴 여진은 동북 9성을 돌려달라며 날마다 고려를 침입했다. 이런 가운데 승리에 도취한 예종은 신하들을 불러 연회를 베풀고는 직접 시를 짓고 춤을 추며 함께 즐겼다.

그러다 1108년 5월 16일 오연총 부대가 공험진公險鎭성에서 참패하자 예종은 다시 여진과 한판 승부를 준비한다. 윤관이 고려군을 이끌고 변방으로 달려가 여진족과 싸웠으나 공방전만 지속될 뿐이었다. 이때 윤관이 척준경에게 적진을 돌파하라는 임무를 맡긴다. 갑옷을 입고 방패를 든 척준경이 비오듯 쏟아지는 화살을 뚫고 적진으로 뛰어들어가 적장의 목을 베었다. 그러자 고려군의 기세가 다시 살아났고 윤관이 일거에 부대를 이끌고 진격해서 여진을 격파했다.

그래도 여진족은 공세를 계속하면서 한편으로는 화친을 제의해왔다. 동북 9성만 돌려주면 하늘에 맹세코 돌멩이 하나 고려 땅으로 던

지지 않을 것이며 공손히 공물을 바치겠다고 제안했다.

동북 9성이 도성에서 워낙 멀리 떨어져 있어 지키기가 부담스러운 점도 있었고, 또한 윤관의 공적을 시기하는 신하들이 반환하자고 하는 바람에 찬반 양론으로 격론이 일었다. 평장사 최홍사崔弘嗣와 28명의 대신들이 9성 반환에 찬성했고, 예부낭중 박승중과 호부낭중 한상 등이 반대했다.

지난 2년간의 전쟁으로 지쳐 있던 예종은 반환 찬성파의 손을 들어주었다. 결국 1109년(예종 4년) 7월 3일 9성을 반환하고 보름 뒤에 철군한다고 결정했다. 이때 윤관은 전방에 나가 오연총과 함께 완안부完顔部(부족명) 여진을 칠 구상을 하고 있다가 뜻밖의 소식을 듣고 망연자실했다.

그런데 9성 반환에 대한 비난은 엉뚱하게도 윤관에게 쏟아졌다. 여진 정벌군은 왕명에 따라 동북 지역에서 철군했는데도 최홍사, 김경용金景庸 등 대신들이 윤관에게 패전 책임을 묻는 상소를 연달아 올렸다. 예종이 받아들이지 않자 모든 대간大諫과 간관諫官이 출근을 거부했다. 예종은 이들을 일일이 만나 설득하여 윤관과 오연총의 관직을 삭탈하는 선에서 마무리했다.

왕과 신하가 시로 화답하는 세상을 꿈꾸다

동북 9성 반환 이후 고려에 잠시 평화가 찾아온다. 1109년 관학 진흥을 위해 국학國學에 여택재麗澤齋(주역周易), 대빙재待聘齋(상서尙書), 경덕재經德齋(모시毛詩), 구인재求仁齋(주례周禮), 복응재服膺齋(재례載禮), 양정재養正齋(춘추春秋), 강예재講藝齋(무학武學)의 칠재七齋를 설치했다.

정원은 유학儒學 70명, 무학武學 8명이었다. 원래 유학을 교육하는 국학에서 무학까지 가르치게 했는데 예종은 "국가의 근본은 문무 양학이다. 양학을 가르쳐 장차 장상將相을 기르고자 함이다"라면서 유학은 60명으로 줄이는 대신 무학을 17명으로 늘렸다.

1112년(예종 7년) 빈민을 치료해주는 혜민국惠民國을 설치했으며 전국에 감사를 보내 탐관오리와 쌀 속에 이물질을 넣어 부풀린 장사치 등 민생 범죄자들을 색출해 엄벌했다. 1113년 예의상정소禮儀詳定所를 두어 공문서 양식도 만들고, 일반 예절 원칙을 정했다.

예종은 진심으로 요순시대를 열고 싶어 했다. 농부가 왕의 이름이 무엇인지 몰라도 마냥 행복한 세상, 왕이 신하와, 또 촌부와 어울리며 시를 주고받는 그런 세상을 꿈꾸었다.

이런 꿈을 안고 예종은 가끔씩 전국의 감옥을 텅 비우도록 했다. 그런 날이면 고구려 악기인 거문고에 맞춰 시를 읊으며 즐거워했다. 전국의 노인을 공경하고 홀아비와 과부, 특히 부모 없는 고아를 각별히 돌보았다. 궁내에 청연각淸讌閣과 보문각寶文閣을 짓고 도서를 수집하여 비치하고, 여기서 문신과 함께 육경을 강론했다.

그러나 다음 해, 이런 여유를 부릴 수 없는 사태가 일어났다. 1115년 여진을 통일한 아골타阿骨打가 금나라를 세우고 스스로 황제라 칭하며 거란을 공격한 것이다. 다급해진 거란이 고려에 원병을 거듭 요청했지만 예종은 거절했다. 이듬해 6월 금나라가 거란이 주둔하던 보주성을 공격하자, 예종이 사신을 보내 보주성은 원래 고구려 땅이니 돌려달라고 요구했다. 이에 금나라는 '그렇다면 고려가 직접 보주성을 탈환하라'고 양해했다. 고려는 사신을 보내 보주성에 머물던 거란 장수 야율령耶律寧에게 보주성 반환을 통보한 뒤 군사를 동원해 점령했다. 이어 보주를 의주로 개칭해서 고려 영토에 편입했다. 예종은 거란과 금나라의 대립을 대단히 세심하게 이용하여 양쪽의 신뢰를 얻고 압록강변의 보주를 둘러싼 백 년간의 영토 분쟁을 마무리했다.

국가적 대경사를 맞이한 신하들은 감격에 겨워 예종에게 글을 올렸다.

"북쪽의 압록강 옛터와 남쪽 계림鷄林 땅은 옷깃과 허리띠같이 옛 선조 때부터 우리의 요새였습니다. 이를 거란에게 강탈당하는 수치를 겪었으나, 금나라가 거란과 다투다 거란이 성을 지킬 수 없어 다시 고려 영토가 되었으니 꿈만 같습니다."

전쟁 없는 세상, 요순시대와 같은 세상, 문화가 융성한 고려를 꿈꾸던 예종은 1122년 3월 등창이 났으나 가벼운 종기로 여겨 방치했다가 한 달 만에 붕어했다.

17대

인종

우유부단, 좌고우면의 대명사

왕조 위기의 서막

인종仁宗(재위 1122~1146)은 예종과 순덕왕후順德王后 이씨의 맏아들이다. 7세 때인 1115년에 태자가 되었으며 1122년 4월, 14세에 제17대 왕에 올랐다.

인종은 고려가 전성기를 구가하던 때에 왕에 등극했다. 이는 현종, 문종, 숙종, 예종의 통치력 덕분이었다. 국내외 정세가 오랫동안 안정되자 내부에서 귀족들이 정권을 놓고 다투기 시작했다. 그러나 예종은 17년간 중심을 잘 잡고 국정을 운영한 덕분에 특정 세력의 독주를 막아낼 수 있었다. 이런 예종이 죽고 인종이 등장하면서 양상

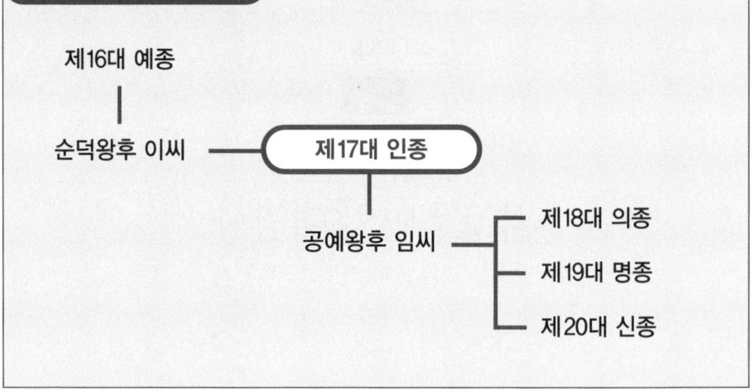

인종 가계도

이 완전히 달라진다. 이 중심에 이자겸李資謙이 있다. 문벌도 좋고 야심도 큰 데다가 권모술수에도 능해 새로운 왕인 인종 대신 자신이 중심이 되어 종실 세력, 관료 세력을 지배하려 했다. 이자겸은 문종의 장인으로 문하시중을 지낸 인주 이씨 이자연의 손자다. 인주 이씨 가문은 문종 때부터 인종 때까지 80년간 강력한 외척 세력으로 자리 잡았다.

예종도 이자겸의 딸(순덕왕후)과 결혼했지만 신진 관료인 한안인韓安仁 등을 발탁해 외척을 견제하며 왕권을 안정시켰다. 예종이 죽자 이자겸의 외척 세력과 한안인의 관료 세력이 정권을 놓고 다투었다. 아직 태자가 어리다며 왕위를 노리는 왕자도 분주히 움직였다. 이때 이자겸이 자신의 집에서 자란 태자를 즉위시키는 데 큰 공을 세운다.

그 공으로 더 오를 곳이 없는 최고위직 수태사 중서령이 되어 어린 외손자를 보호한다는 명목으로 권력을 독점한다. 한안인은 이러한 권력 독점을 비판하다가 통하지 않자 칩거하며 권토중래를 모색한다. 이를 눈치챈 이자겸은 1122년 12월 한안인과 예종의 동생 대방공 왕보王俌를 역모죄로 엮으려 했다.

마침 한안인에게 앙심을 품고 있던 태의太醫 최사전崔思全이 한안인이 역적 모의하는 것을 보았다고 무고하여 이른바 '왕보의 역모 사건'이 터진다. 이 사건으로 한안인과 그 일파인 최홍재崔弘宰, 문공미文公美 등 수백 명이 살해되거나 유배당했다. 조정에서 반대 세력을 몰아낸 이자겸은 자신의 셋째 딸은 물론 넷째 딸까지 연이어 인종에게 시집보낸다. 이렇게 인종이 이모들과 결혼하게 되었는데도 이자겸이 무서워 누구 하나 그를 제지하지 못했다. 이자겸은 왕의 외조부이자 장인이 되었다.

이자겸은 당시 군권을 쥔 척준경과도 사돈을 맺는다. 이자겸은 자신의 생일을 인수절仁壽節로 정하는 등 태자와 동등한 예우를 받았고 사사로이 송나라에 사신도 보냈는데, 자신을 지군국사知軍國事, 즉 군사와 국정을 책임지는 자라 했다. 기고만장한 이자겸은 인종이 직접 자신의 집으로 찾아와 지군국사로 책봉해주기를 요청하며 책봉식을 진행할 날짜까지 일방적으로 정해주었다.

이자겸은 고려 왕 위에 있는 황제나 된 듯이 행동했다. 그동안 속으로 이자겸을 증오하던 인종도 더 이상 참기가 어려웠는지 내시 김찬金粲과 안보린安甫鱗을 불러 이자겸의 지나친 하극상에 대해 의논했다. 김찬은 평장사 이수李壽와 김인존金仁存에게 거사를 문의했는데 두 사람은 인종에게 외가에서 자란 인종이 그 은혜를 저버리면 안 된다며, 조정 안팎에 이자겸 무리가 가득하니 경솔히 움직이지 말라고 조언했다.

아무리 왕이라도 현실을 장악한 거대 권력과 생사가 걸린 건곤일척乾坤一擲의 승부를 벌이려면 극소수의 사람만 알게끔 보안을 유지해야 한다. 만약 조금이라도 거사 계획이 누설되면 사전에 제압당한다.

비록 리더 자리에 있더라도 인종처럼 우유부단하면 실세의 대리인 역할만 하게 된다. 이런 리더가 권력을 회복하려면 다음 여섯 가지 질문과 그에 적절한 해답이 필요하다.

첫째, 명실상부한 리더십을 회수하려는 의지가 확고한가?

둘째, 리더의 의지를 성취할 만한 현실적 방책은 무엇인가?

셋째, 그 방책을 공유해야 할 사람은 누구인가?

넷째, 이를 위해 어떤 수순으로 행동해야 하나?

다섯째, 누가 언제 어떻게 실행해야 하나?

여섯째, 실행할 사람이 목적을 이루기 위해 취해야 할 행동 방식과 실행 도중 계속 확인해야 할 사항은 무엇인가?

이와 같은 원칙에 비춰 보면 인종이 얼마나 분별력 없이 거사를 추진했는지 알 수 있다.

양위 조서까지 받은 이자겸의 난

내시 김찬은 평장사 이수와 함께 왕에게 "거사를 반대한다"는 김인존의 말을 전했다. 왕은 고민에 빠졌다. 망설였다. 김찬은 거사를 일으키면 반드시 승리하리라 장담하며 왕을 고무했다. 그 말에 왕이 흡족해하자 김찬은 동지추밀원사 지녹연智祿延과 상장군 최탁崔卓, 오탁吳卓 등과 함께 거사를 감행했다.

1126년 2월, 군사를 이끌고 궁궐에 들어가 이자겸의 무리인 척준경의 동생 척준신拓俊臣, 척순拓純, 김정분金鼎芬, 전기상田其上 등을 죽이고 시체를 담장 밖에 버렸다. 이때 급보를 접한 척준경이 군사를 이끌고 와 큰 싸움이 벌어진다. 동생이 죽은 것을 확인한 척준경은 홧김에 궁궐에 불을 질렀다. 놀란 인종은 산호정山呼亭으로 피신 가며 후회했다.

'김인존의 말을 듣고 좀 더 신중할 것을…….'

막다른 골목에 몰린 인종은 이자겸에게 왕위를 물려준다는 조서詔書를 보낸다. 양위 조서를 받은 이자겸이 양부兩部(추밀부와 문하부)가 비난할까 봐 차마 수락은 하지 못하고 머뭇거리자 6촌인 평장사 이수가 호통쳤다. "성상이 조서를 보냈다 하여 어찌 이 공이 그리 머뭇거릴 수 있습니까?" 그제야 제정신이 든 이자겸은 조서를 돌려보냈다. 이 사건으로 김찬을 비롯한 왕의 근신은 귀양을 갔고 거사에 참여한 무장들은 모두 목숨을 잃었다.

인종도 이자겸의 집에 연금되었다. 정사는 이자겸과 척준경이 독점했다. 이자겸은 인종이 조서를 보내온 이후 이씨가 왕이 된다는 십

팔자도참설十八字圖讖說을 믿고 직접 왕이 되려는 생각까지 품는다. 이후 두 차례나 왕을 독살하려 했지만, 이자겸의 딸인 왕비가 재치 있게 인종을 도와 실패했다.

이런 인종에게 왕의 건강을 살피러 온 태의 최사전이 희소식을 알린다. 이자겸과 척준경의 사이가 벌어졌다는 것이다. 이자겸의 아들 이지언李之彦의 종이 사소한 일로 척준경의 종과 다투었는데 이지언의 종이 "궁중에 불을 지르고 임금이 있는 자리에서 화살을 쏘았으니 죽을죄를 진 것이다. 너도 마땅히 관노로 끌려갈 날이 멀지 않으리라"고 퍼부었다. 이를 전해 들은 척준경이 대로하여 이자겸에게서 등을 돌렸다. 이 소식을 전하며 최사전이 한 가지 계책을 냈다.

"이자겸이 제멋대로 설치는 것은 척준경이 뒷받침해주기 때문입니다. 척준경을 매수하여 이자겸을 고립시키십시오."

용기를 얻은 왕이 최사전을 통해 척준경에게 교서를 보냈다.

"지난 일은 모두 잊고 나라를 위해 이자겸을 제거해 큰 공을 세우라."

인종은 편지를 받고 고민 중인 척준경에게 김부식金富軾의 형 김부일金富佾을 보내 거사를 독촉했다. 비로소 결심이 선 척준경이 무력으로 이자겸 일파를 제거한다.

이로써 이자겸의 난이 종결되었다. 이자겸의 두 딸도 폐비되고 중서령 임원후任元厚의 딸이 새 왕비가 된다. 이자겸을 제거한 척준경은 공신 칭호를 받았으나 이듬해인 1127년(인종 5년) 3월, 정지상鄭知常의 탄핵을 받고 암태도로 유배된다.

묘청에게 농락당하는 왕

즉위하자마자 한안인 일파 역모 사건과 이자겸의 난 등을 겪고 궁궐까지 소실되자, 인종은 개경의 지력이 다했다는 풍설에 귀를 기울이기 시작했다. 이자겸, 척준경 세력이 사라진 조정에 경주 김씨인 김부식 형제와 왕비가 된 공예왕후恭睿王后 임씨 가문이 새로운 세력으로 부상했다.

여기에 서경 세력인 정지상과 승려 묘청妙淸, 일자 백수한白壽翰 등이 또 다른 한 세력을 이루었다. 이후 서경 천도를 둘러싸고 서경 출신 귀족과 개경 출신 귀족 간의 또 다른 싸움이 시작된다. 중심을 잡지 못하는 인종 같은 리더가 있는 한 누가 측근이 되어도 권력투쟁은 멈추지 않는다.

이자겸, 척준경, 정지상, 묘청 등이 만일 태조나 현종, 성종, 문종, 예종 같은 리더를 만났다면 전혀 다른 모습으로 고려에 큰 기여를 했을 것이다. 역시 서희나 강감찬, 최충, 윤관, 이자연 같은 명신名臣도 인종을 만났다면 정쟁의 회오리에 말려 역사에 오점을 남겼을지 모른다.

이자겸의 난을 수습한 인종은 1127년부터 서경에 자주 행차하기 시작했다. 이때 백수한과 묘청이 인종을 설득해 관정도량灌頂道場을 베풀었다. 도량이 끝난 직후 발표한 조서에서 인종은 "짐의 일 처리가 미숙하고 사리 분별력이 떨어져 변고가 잇따르니 부끄러울 따름이다. 이에 지난날의 허물을 반성하며 포고하노라. 전국적으로 토신土神에게 제사하여 신령한 기운을 받고, 감독관을 각 지방에 보내 지방관의 행위에 따라 상과 벌을 주라"고 했다.

이게 인종의 한계다. 리더는 자기 단점을 알았으면 책임지고 물러나거나, 그 자리에 계속 있고자 한다면 이를 고치거나 보안책을 마련해야 한다. 그 보완책이란 리더의 거듭된 실책을 막을 수 있는 시스템을 마련하고, 단점을 충분히 보완해줄 인물을 배치하는 것이다. 하지만 인종은 시스템 개혁과 인적 재배치는 하지 않고 엉뚱하게 무속巫俗의 도움을 받으려 했다. 리더가 현실적 난제를 합리적으로 풀려 하지 않고 초자연적 방식에 의존할수록 문제는 영원히 미궁에 빠진다. 예종 때까지만 해도 거란, 여진, 송과 대등히 겨루던 고려가 분별력 없고 우유부단한 인종을 만나 힘을 잃어갔다.

인종의 허황된 성품을 간파한 묘청과 정지상은 계속 인종을 심리적으로 이용했다. 1128년(인종 6년) 풍수지리설로 인종을 설득해 임원역林原驛(평남 대동)이 명당이라며 대화궁大華宮을 건설하게 했다. 곧 서경천도를 기정사실화하기 위해서였다. 그러자 개경 귀족이 대대적으로 반발하고 나섰다. 그럼에도 인종은 묘청, 정지상, 백수한을 성인처럼 모시며 의지했다.

그런데 이런 신임이 무너지는 일이 발생하고 만다. 1132년(인종 10년) 2월, 왕의 서경 행차 길에 갑자기 폭풍우가 몰아쳤다. 놀란 말들이 이리저리 날뛰고 수레는 진흙탕에 빠졌다. 한 치 앞도 보이지 않았고 시종들이 왕의 행방을 몰라 찾아다녔다. 이미 인마人馬가 많이 죽었는데 그날 밤 눈까지 내려 또 낙타와 말, 사람이 얼어 죽었다. 인종은 묘청을 의심하기 시작했다.

'천지에 통달한 성인 묘청이 행차일을 정하고 동행하는데 이런 천재지변이 일어나다니?'

난처해진 묘청이 한마디했다.

"일찍이 이런 풍우가 일어날 줄 알고 풍백風伯에게 특별히 임금의 행차는 보호하라고 부탁하니 허락했습니다. 그래놓고 식언食言을 한 풍백이 가증스러울 뿐입니다."

이 일이 있은 후에 김부식 등 개경 세력은 묘청을 더 적극적으로 공격했다. 매우 당황한 묘청은 인종에게 서경 행차를 권하며 속마음을 떠보았다. 한 번도 서경 행차를 거부한 적이 없던 인종은 묘청의 제안을 거부했다. 인종의 변심을 확인한 묘청은 1135년 정월 서경을 거점으로 반란을 일으켰다.

인종은 김부식을 묘청의 반란을 토벌할 총사령관으로 임명했다. 김부식은 출병하기 전에 묘청 세력인 정지상, 백수한, 김안金安 등을 궁 밖으로 끌어내 목을 잘랐다. 반란을 평정하고 돌아온 김부식은 《삼국사기》를 편찬하기 시작해 이를 1145년 완성했다. 이듬해 인종은 지병으로 생을 마감한다.

인종은 선대왕들이 기반을 잘 닦아놓은 부강한 나라를 물려받았다. 그렇지만 다양한 세력의 이해관계를 조정하지 못하고 끌려다니는 바람에 국가의 내부가 붕괴하는 것을 막지 못했다.

고려 조정에 권력 암투가 한창인 1125년에 여진이 세운 금나라가 중원에서 요를 쫓아냈고, 이어 송마저도 밀어내면서 북송 시대가 마감되고 남송 시대가 열린다. 그 중요한 시기에 고려가 일치단결해 금과 요, 송의 다툼을 주시하며 치열한 외교전을 전개했더라면 고구려의 고토를 더 많이 확보했을 것이다.

18대

의종

향락에 취한 왕

거친 천리마 대신 편한 노새를 택하다

의종毅宗(재위 1146~1170)이 왕좌에 앉았을 때 고려 조정은 개경 문신이 장악하고 있었다. 인종과 제3비 공예왕후 임씨의 맏아들인 의종은 17세에 태자가, 20세에 왕이 되었다.

인종 시절은 실로 다사다난했다. 이자겸의 난과 묘청의 난을 연달아 겪으며 왕의 권위는 형편없이 추락했다. 이런 가운데 왕이 된 의종은 왕권 회복 방안에 골몰하여 일단 친위 세력 형성에 힘을 쏟는다. 의종은 어려서 총명하고 글도 제법 읽었으나 천성이 경박하고 워

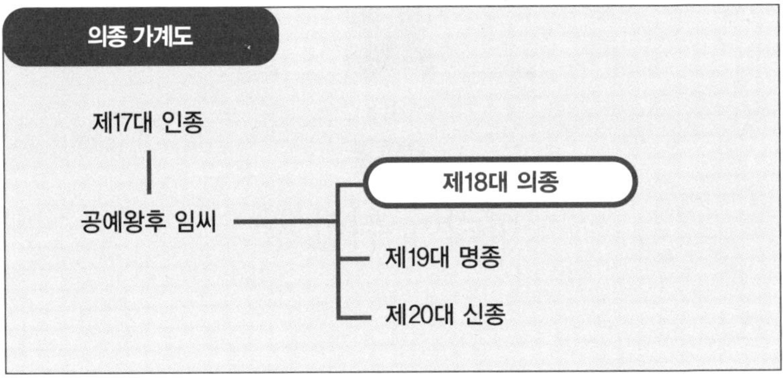

낙 유흥을 좋아했다. 오죽하면 모후 공예태후가 첫아들 의종 대신 둘째 왕경王暻을 태자로 책봉하려고 나설 정도였다. 인종도 한때 태자를 교체할 생각이었다. 이때 태자시독太子侍讀으로 있던 정습명鄭襲明이 한사코 의종을 두둔해 겨우 태자 자리를 지켰다. 인종도 강직하고 학문을 좋아하는 정습명을 믿고 의종의 태자 자리를 지켜주었다. 그리고 세상을 떠날 때 태자를 불러 "네가 장차 대사를 정할 때 반드시 정습명과 의논하여 처리하라"고 유언까지 남겼다. 왕위에 오른 의종은 정습명를 추밀원지주사로 승진시켰다.

의종과 같은 리더는 오직 한 가지 기준으로 사람을 평가한다. 내 향락에 도움이 되느냐 아니냐다. 리더의 향락은 개인적이며 일시적인 성격을 띨 수밖에 없기에 지속적이며 공유적 속성을 지닌 조직의 성과를 내는 데는 독약이다. 리더십이란 성과를 이끌어내는 것이다. 리더십을 발휘해야 할 리더가 개인의 향락을 위해 인사 정책을 펴면 조직의 성과는 나날이 줄어든다.

의종은 공적 성과물을 산출하는 데 필요한 인재를 배치하지 않고 자신의 개인적 향락을 유지하는 데 도움이 되는 신하만 중용했다.

통치도 하나의 사회적 협의다. 신하를 골고루 신뢰하고 그 자주성을 인정하며 권한을 위임해야 한다. 만일 의종이 자신의 약점인 향락 지향적 취향을 잡아줄 인물로 정습명을 계속 중용했다면 무신정변도 일어나지 않았을 것이다.

의종은 김부식 등 개경 문신 세력에 대항할 측근 세력을 키운다며 내시와 환관 세력을 지나치게 키웠다.

본디 태조 같은 용인술의 대가는 거칠고 험한 천리마를 명마로 길들여서 탄다. 그렇지 못한 리더는 의종처럼 우선 편하게 타려고 발목이 굵은 노새만 고른다. 의종은 왕실 세력, 무인 세력 등 고려의 전통적 주요 세력들이 서로 균형을 이루어 적절히 견제하면서도 상호 협력하도록 관리해야 했다.

왕명은 고자가 내린다

의종은 발목만 굵은 노새처럼 자기 입맛에 맞는 환관 정함鄭諴 등 주로 내시 출신 신하에 의지했다. 이들과 함께 수박희手搏戱(태껸)을 즐기거나, 격구장에 나가 격구를 하며 많은 시간을 보냈다.

또한 궁술과 승마에 능한 자들을 선발해 말 타고 활 쏘는 시합을 시키고는 이를 하루 종일 관람했다. 사치를 좋아한 의종은 건물을 하나 짓더라도 기둥에 황금을 바르고 벽은 비단으로 둘렀다. 강물에 띄우고 노는 유람선에도 비단으로 만든 돛을 달았다. 전국의 명승지에 위치한 사찰을 둘러보기도 좋아했는데, 이런 사찰에 많은 금품을 희사하는 취미도 있었다.

왕이 나랏일을 돌보지 않자 곳곳에서 반역 사건이 일어났다. 1147년(의종 원년) 금나라와 내통한 서경인 이숙李淑, 유혁柳赫, 숭황崇晃 등이 반란을 획책하다가 발각되어 사형당했다. 1148년에는 이심李深, 지지용智之用 등이 송나라 사람 장철張喆과 공모해 반란을 도모하던 중 송나라 도강 임대유林大有가 고발하는 바람에 들통 나 역시 사형당하는 등 전국 각지에 소요가 일었다.

대간들은 이 모두가 왕 주변의 내시들 때문이라며 이들을 처벌하라고 상소를 올렸다. 왕이 말을 듣지 않자 모든 문신이 합문 밖에서 무릎을 꿇고 사흘 동안 농성을 했다. 왕도 할 수 없이 1148년 3월 내시 김거공金巨公, 환관 지숙之淑, 김참金昆 등 7명을 유배 보냈다.

하지만 이도 잠시뿐, 곧 내시 출신인 형부낭중 김존중金存中, 정성鄭誠 등을 측근으로 삼고 대간의 상소를 주도한 추밀원지주사 정습명의 관직을 삭탈하고 유배 보낸다. 이렇게 문신들이 잠시 위축된 틈을 타 의종은 김존중을 우승선으로 승진시킨다. 이 소식을 전해 들은 정습명은 땅을 치고 통곡했다. "임금께서 시비를 분간하지 못하고 간사한 무리를 가까이하니, 이는 임금을 제대로 보필하지 못한 내 탓이다." 그러고는 독약을 마시고 자결했다.

의종의 입에서 혀처럼 구는 김존중은 정함과 결탁하여 의종이 크게 손뼉 치며 좋아할 일만 골라 꾸몄다.

먼저 내시낭중 정서鄭敍와 대령후 왕경王暻을 역모죄로 몰았다. 정서는 공예태후의 매부로 의종의 이모부이며, 왕경은 의종의 친동생이다. 왕경은 한때 의종 대신 왕이 될 뻔한 사람이기 때문에 속이 좁은 의종이 내심 미워하고 있었다. 이런데도 눈치 없는 정서가 왕경과 친하게 지내자 이를 구실로 삼아 김존중이 역모죄로 탄핵한 것이다.

미리미리 잘 알아서 왕의 비위를 맞추는 김존중과 정함은 매관매직으로 받은 뇌물로 많은 재산을 모았다. 1156년 김존중이 등창으로 집에 누워 있자 문병 온 사람들 줄이 먼 길까지 이어질 정도였다.

의종은 나날이 환관에게 더 의지했다. 이 때문에 시중에 "왕명은 고자가 내린다"는 말이 유행했다. 당시 환관 정치의 주역인 정함, 백선연, 왕광취 등은 백 칸이 넘는 대저택에서 수백 명의 노비를 두고 살았다.

왕이 환관에만 의지하면 다른 모든 것을 잃는다. 이것이 염일방일拈一放一이다. 리더가 하나에 집착하면 다른 것들은 놓칠 수밖에 없다. 《자치통감》의 저자인 사마광司馬光(1019~1086)은 유년 시절 장독대에서 놀다가 한 친구가 물이 가득한 큰 독에 빠지는 것을 보았다. 동네 어른들이 몰려오더니 각기 '사다리를 가져오라. 밧줄을 던져야 한다. 자갈을 독 속에 채워 넣어야 한다'며 야단법석만 떨었다. 그동안 아이는 물속에서 숨이 막혀 죽을 지경이었다. 이때 어린 사마광이 돌멩이를 들어 독을 깬 덕에 아이가 살아났다. 아이의 생명을 구하려면 독을 버려야 한다. 왕이 행복한 나라를 만들려면 개인의 욕심을 버려야 한다. 의종의 선대왕인 인종은 김부식에게 사마광의 인품을 칭찬하며 그의 책을 읽게 했다.

의종은 쾌락에 집착하여 국익을 포기했고 환관을 가까이하며 무신을 소외했다. 이에 무신도 점차 의종을 무시하기 시작했다. 왕이 워낙 문신을 총애하니 겉보기에 문신이 득세하는 듯 보였으나 진정한 힘은 칼을 쥔 무신들이 쥐고 있었다. 그러나 앞날을 내다볼 줄 모르는 소인배인 의종과 주변 문관들은 무관을 점점 더 천대했다.

무신의 쿠데타

무신들은 후삼국을 통일하고 고려를 창업할 때 가장 앞에 선 이들이다. 태조 왕건도 무신 출신이었다. 고려 초에는 무관을 존중해 요직에 앉혔으나 나라가 안정되자 차츰 무신 세력이 힘을 잃고 문신들이 득세했다. 특히 광종 때 과거를 실시한 이래로 무신 세력이 현저히 약해지기 시작했다. 이후 후대 왕마다 왕권 강화를 이유로 은근히 무신보다 문신을 중시하는 숭문천무崇文賤武 정책을 폈다. 성종 이후에 군 최고 지휘관마저 무신이 아닌 문신이 차지할 정도였다.

인종에 이르러 무武가 성하면 불신을 조장하고 문文과 불화를 일으킨다 하여 무신 교육기관인 무학재武學齋까지 폐지했다. 무신 멸시 풍조는 묘청의 난이 일어난 이후에 더 심해졌다. 마치 역부役夫(심부름꾼) 부리듯, 무신에게 왕과 문신의 연회장에서 시중까지 들라 했다.

문신의 교만은 극에 달해 인종 22년(1144년) 궁중에서 잡귀를 쫓는 나례儺禮 행사가 열렸는데, 김돈중金敦中이 아버지 김부식의 권세를 믿고 무신 정중부鄭仲夫의 수염을 촛불로 태우기까지 했다. 향락에 취해 살던 의종은 호위병의 고충은 전혀 생각하지 않고 사흘에 한 번꼴로 연회를 베풀었다. 차츰 무신의 불만이 고조되었으며 특히 하급 무사들의 불만은 폭발 직전이었다.

드디어 정8품 산원散員으로 하급 무신인 이의방李義方과 이고李高가 반란의 뜻을 품고 남몰래 정중부를 찾아갔다.

"연회 때마다 문신은 취하고 배부르거늘, 무신들만 늘 춥고 굶주리니 참을 수 없습니다."

정중부도 과거 자신의 수염을 문신이 불태운 사건에 대한 악감정이 남아 있던 터라 이들의 뜻에 쉽게 동의했다.

1170년(의종 24년) 8월 29일 연복정延福亭에서 밤새도록 연회를 즐긴 의종이 흥왕사興王寺로 행차했다. 이 행차의 호종護從을 책임진 정중부가 이의방과 이고를 불렀다.

"좋은 기회가 왔다. 왕이 만일 궁으로 바로 돌아가면 다음 기회를 노리고, 만약 보현원普賢院으로 간다면 거사를 하자."

다음 날 왕이 행선지를 보현원으로 정했다. 보현원에 가까이 이르렀는데 의종이 잠시 멈추게 하더니 문신을 불러 술을 나누며, 호위병에게 오병수박희五兵手搏戲 시합을 하라고 시켰다. 술 마시는 데 구경거리를 제공하라는 것이었다. 병사들이 다섯 명씩 나와서 일종의 씨름과 비슷한 경기를 벌였다.

예순이 다 된 대장군 이소응李紹膺이 젊은 병졸과의 시합에서 견디지 못하고 물러섰다. 그러자 지켜보던 내시 한뢰韓賴가 달려와 이소응의 뺨을 후려쳤다.

"대장군씩이나 돼 가지고 일개 병졸에게 진단 말이냐?"

왕과 측근 문신 임종식林宗植, 이복기李復基 등도 손뼉을 치고 손가락질하며 비웃었다.

순간 무신들의 안색이 샛노랗게 변하자 정중부가 소리쳤다.

"네 이놈, 이소응이 비록 무신이라지만 벼슬이 정3품 대장군인데 6품짜리 벼슬에 불과한 새파란 놈이 감히 이런 모욕을 주느냐!"

분위기가 험악해지자 의종이 술자리에서 일어나 직접 정중부의 손을 잡고 달랬다. 어색해진 상태에서 보현원에 어가御駕가 당도하자 보현원에 먼저 들어가 있던 이고와 이의방이 거짓으로 어명이라며 순검군巡檢軍을 모이게 했다.

왕 일행이 보현문으로 들어서는 순간 이의방이 임종식林宗植, 이복기李復基를 칼로 내리쳤다. 정변이 시작되었다. 뒤이어 한뢰를 죽이고 연회에 참석한 환관과 대소 신료들을 가차 없이 베었다. 두려워 떠는 의종은 차마 죽이지 못했다.

무시당하는 왕

문신 귀족의 200년 세상이 끝나고 100년 무신 정권 시대가 열렸다. 그해 9월 정중부는 "썩은 세상을 맑게 하려면 썩은 뿌리를 뽑아내야 한다"며 의종을 거제도로 쫓아내고 태자는 진도로 추방했다. 그러고 나서 의종의 아우인 익양공翼陽公 왕호王晧를 왕으로 세웠다. 의종이 무신을 모멸하자 무신이 의종을 내쫓은 것이다.

의종처럼 리더가 한번 공정성을 잃으면 점점 특혜를 받는 그룹보다 피해를 보는 그룹이 많아진다. 그리하여 결국 이들에 의해 리더가 축출된다. 공정성을 잃은 리더는 결코 효율적으로 리더십을 행사할 수 없다. 리더십의 효율을 결정하는 두 가지 주요 변수가 있는데, 첫째가 리더와 구성원의 관계고, 둘째가 리더의 권한 배분 내지는 위임이다. 공정하지 않은 리더가 구성원 전체와 좋은 관계를 맺을 리 만무하고, 또한 적절한 권한 배분도 불가능하다. 신하와의 관계가 업무 중심이 아니라 향락 중심인 의종은 공정성, 효율성과는 거리가 먼 국정 운영을 했다. 측근도 함께 유희를 즐길 환관으로만 채웠다. 이런 자들에게 인사권을 주자 조정에 능력 있는 인물이 아니라 뇌물을 주고 벼슬을 산 자들이 넘쳐났다.

의종의 재위와 같은 시기에 남송에서 활동한 여류 시인으로 이안거사易安居士 이청조李淸照가 있다. 그녀는 〈여몽령如夢令〉이란 시를 지었는데 의종이 이 시처럼 살았다.

嘗記溪亭日暮(상기계정일모)

아직도 개울가 정자에서 보낸 석양을 기억하고 있어요

沉醉不知歸路(침취부지귀로)

그날 대취해 귀가 길조차 잊어버렸죠

興盡晩回舟(흥진만회주)

흥이 다해 배를 돌릴 새

誤入藕花深處(오입우화심처)

연꽃 많이 핀 곳으로 잘못 들어가

爭渡爭渡(쟁도쟁도)

다급히 노 저어 나오는데

驚起一灘鷗鷺(경기일탄구로)

몰래 물새들이 일시에 날아올랐죠.

의종은 풍류객으로 살 사람이지 왕이 되어서는 안 될 인물이었다. 그가 왕 자리를 모후의 뜻대로 동생에게 양보하고 마음을 비우며 살았더라면 조선의 양녕대군처럼 얼마든지 낭만적인 삶을 살 수 있었다. 대의가 무엇인지 모르는 사람이 리더가 되면 조직에 당동벌이黨同伐異 현상이 나타난다. 옳고 그름을 따지지 않고 리더가 자신의 취향에 맞는 사람들과만 무리를 이룬다. 이런 현상은 고려처럼 욱일승천하던 조직도 추락하게 만든다. 송나라와 요나라, 금나라도 두려워하던 자주 고려가 인종과 의종을 거치며 동방 변두리의 약소국으로 전락하기 시작했다.

19대

명종

이의방 · 정중부 · 경대승 · 이의민을 거쳐 최충헌을 만나다

소심한 왕, 왕 자리로만 만족한 왕

명종明宗(재위 1170~1197)은 인종과 공예태후恭睿太后 임씨의 셋째 아들로 태어나 왕이 될 가능성이 적었다. 그러나 고려 건국 252년째 되는 해에 무신정변이 일어나는 바람에 의종이 쫓겨나자 나이 40세에 왕 자리에 앉았다. 무신들의 지목으로 왕좌에 올랐으니 이후 고려 왕들은 실권 없는 허수아비로 전락한다.

사실 의종과 인종이 왕 자리를 차지하고 있던 50년간은 대외적으로는 안정기였다. 국력을 향상시키기에 최적의 기간이었는데 인종이

명종 가계도

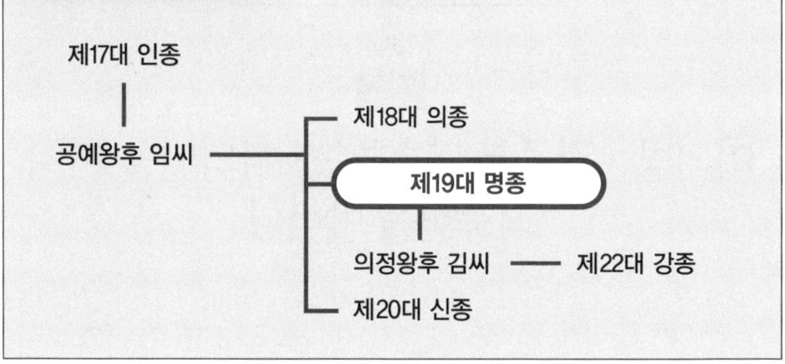

문벌 귀족과 신진 관료 사이의 갈등을 조정하지 못하여 이자겸과 묘청의 난이 일어났고, 의종은 향락에 빠져 허송세월을 보냈다.

두 왕이 50년간 국정을 농단하고 분탕질한 후 조정 신료는 물론 백성들까지 왕을 존중하지 않게 되었다. 이전까지 고려인은 국왕에 대해 경외심을 갖고 있었다. 태조 이후 고려의 자주적 기상은 고려인에게 무한한 자부심이었고 이 중심에 왕이 있었다.

인종과 의종이 50년 동안 왕에 대한 경외심과 국가적 기상에 대한 백성의 자부심을 허물어뜨렸다. 명종의 즉위와 함께 무신의 벼슬은 수직 상승했다. 이들 중 정중부, 이고, 이의방은 벽상공신壁上功臣이 된다. 이는 태조 이후 처음이고 이후에도 없었다. 벽상공신이란 태조가 삼한 통일 이후에 공신당功臣堂을 세우고 사방 벽에 공신의 초상화를 그려 넣은 데서 비롯된 말이다.

무신 세상이 되자 권력을 잡은 무신들끼리 각자 세력을 기르며 권력을 독점하려 했다. 이때 이고가 정중부와 이의방에 비해 자신이 홀대받는다고 생각해 1171년 반란을 획책한다. 하지만 이의방에 의해 진압되고, 이후 이의방이 권력을 독점하며 '중방重房'을 설치하자 정중부마저 조심하는 처지가 된다. 심지어 이의방은 의종과 함께 거제도로 유배된 의종의 애첩 무비無比를 개경으로 불러 차지하기까지 한다. 그 후로 무비는 이의방의 연인 겸 장자방張子房(한나라 고조의 책사) 역할을 한다.

이의방은 무비의 조언대로 본래 문신이 맡는 지방관 자리에 하급 무사들을 앉힘으로써 세력을 강화했다. 태자비에 자기 딸을 앉히고 스스로 벼슬을 승선으로 올렸다. 실제 권한은 문하시중을 넘어 임금도 농락할 정도였다. 중방에서 북소리와 기생의 노랫소리가 왕실 내전까지 들려도 누구도 말리지 못했다.

그런데 1173년(명종 3년) 동북면병마사 김보당金甫當이 절대 권력을 누리는 이의방에게 도전장을 내민다. 정중부와 이의방 타도 그리고 의종 복위를 천명하며 난을 일으켰다. 그러나 이의민李義旼, 박존위朴存威가 지휘하는 정부군에게 토벌되었다. 김보당의 난을 진압한 이의방은 열흘 동안 수많은 문신의 목을 베어 강물에 던졌다.

또한 반란의 화근을 없앤다며 이의민을 경주에 내려보냈다. 이의민은 유배 중인 의종을 찾아가 허리를 꺾어 죽였다. 이 일로 '국왕을 죽였다'는 엄청난 비난 여론이 일면서 승려의 난 등 각종 난이 연이어 터진다. 서경유수 조위총趙位寵도 1174년에 군사를 일으켰다. 이의방이 직접 진압에 나섰으나 서경성을 함락하지 못한 채 추위에 지쳐 귀경하고 만다.

이의방 군대가 다시 전력을 보강하고 서경으로 출전할 때였다. 정중부의 아들 정균鄭筠이 승려 종참宗旵등과 함께 개경문 밖에 잠복해 있다가 이의방을 살해한다. 이로써 이의방 5년 집권이 끝나고 정중부가 집권한다. 정중부는 1176년 7월 윤인첨尹鱗瞻을 보내 서경성을 점령하고 조위총을 붙잡아 없앤다.

비윤리적 집단의 윤리적 지도자 경대승

이의방을 제거하고 나자 정중부는 명실 공히 고려의 일인자가 되었다. 정중부는 해주 출신으로 키가 7척이 넘고 피부가 하얀 인물로는 군계일학이었다. 마을의 군적軍籍을 올리러 개경에 갔다가, 재상 최홍재의 눈에 띄어 공학금군控鶴禁軍이 되어 인종을 호위하기 시작했다. 이때 김돈중이 시샘하여 정중부의 수염을 태우자, 정중부가 김돈중의 따귀를 때리며 서로 치고받은 적이 있다.

인종의 아들 의종은 인종보다 더욱 호문천무好文賤武한 왕인데 정중부는 그런 왕을 24년이나 모셨다. 그 세월 동안 왕 곁에 붙어 있던 김돈중에게 형언할 수 없는 수모를 당했다. 음탕하고 놀기 좋아하는 의종의 성정을 잘 아는 김돈중은 시와 오락을 준비하여 의종의 비위를 맞추어주었다. 그 후 무신란이 일어날 낌새가 보이자 미리 눈치채고 감악산紺岳山으로 도망가 숨었으나 하인이 고해바쳐 목숨을 잃는다.

무신란의 주동 세력은 하급 무사들이었다. 이들이 먼저 모의하고 고급 무사인 정중부를 얼굴 마담으로 내세웠다. 그렇다 보니 무신란에 성공한 직후에는 정중부, 이의방, 이고 세 사람이 공동 집권했으나 이의방과 이고의 입김이 더 강했다. 이후 이의방이 이고와 다퉈 이기고 권력을 부리다가 정중부의 아들에게 살해당했다.

이의방이 권력을 누릴 동안 사직을 청하고 은연자중하던 정중부도 최고 권력자가 되자 달라졌다. 이때 그의 나이가 69세였는데도 자신의 벼슬을 시중으로 올렸다. 무신란 이후 하급 무신에 눌려 있던 고급 무신 출신 양숙梁淑, 경진慶珍(경대승의 아버지), 기탁성奇卓成, 송유인宋有仁 등을 요직에 배치했다. 이들은 모두 구시대 원로들이었다. 정중부는 그만큼 보수적이며 관행을 좋아하고 변화는 싫어했다. 정중부의 보수 세력 역시 탐욕스럽기는 이의방의 하급 무신들과 크게 다를 바 없었다. 이들은 자신을 비판하는 사람들을 닥치는 대로 죽였고, 무고한 사람도 죄인으로 만든 후 뇌물을 주면 풀어주었다. 또한 조강지처도 버리고 새로운 실세와 혼인 관계를 맺는 등 권력을 위해서라면 무슨 짓이든 서슴지 않았다. 특히 재상 이하의 벼슬아치는 안중에도 없다는 듯 숨소리도 크게 못 내게 했다.

최고 권력의 맛을 본 정중부도 퇴직해야 할 일흔이 되었다. 어느 날 눈치 빠른 낭중 장충의張忠義가 정중부에게 말했다.

"왕으로부터 궤장几杖(임금이 공이 많은 신하에게 주는 방석과 지팡이)을 하사받으면 일흔이 넘더라도 사직할 필요가 없습니다."

"그래, 그거 참 묘수로다."

무척 기뻐한 정중부는 명종에게 압력을 넣어 궤장을 하사받았다. 노장 정중부가 칼을 내려놓고 궤장을 잡은 것이다. 정중부 세력은 이처럼 편법에 능했다.

이의방이나 이고 등 하급 무신 세력은 이런 절차에 얽매이지 않았다. 변화를 싫어하는 세력은 합법을 가장한 편법으로 욕심을 채우고 변화를 좋아하는 세력은 기존 제도와 법을 무시하며 야망을 채운다.

정중부가 권력 놀음에 취해 있을 때 도처에서 민란이 끊이지 않았다. 1176년(명종6년) 충남 공주의 천민 수공업자들의 집단 거주지인 명학소鳴鶴所에서 망이亡伊, 망소이亡所伊가 주동해 난을 일으켰다. 이들을 제압하러 간 정부군이 대패하자 망이, 망소이는 충청도와 경기도 남부까지 장악했다. 다급해진 조정은 대장군 정세윤을 파견해 겨우 진압했다.

크고 작은 민란이 끊이지 않는 가운데 고위 무신 중심인 정중부 세력은 이의방이 열어놓은 하급 무신의 벼슬을 제한하는 조치를 취했다. 대장군 홍중방洪仲方이 중방에서 하급 무사의 무관직 임명이 선왕의 제도와 어긋난다고 주장해 성사된 것이다. 이후 거리에 나온 홍중방은 무관 여섯 명에게 곤욕을 치른다.

홍중방의 주장은 고위직 무신의 의중을 대변한 것이었다. 정중부 통치기에 상층부를 차지한 고위 무신층은 이미 문신화되어 있었다. 이들이 세상을 보는 기준, 세상을 통치하는 기준은 하나였다. 윗사람은 누리고 아랫것들은 봉사한다는 것이다. 이 기준에 맞을 때만 세상이 평화롭다. 이러니 병사를 포함한 하급 무신과의 갈등이 나날이 커질 수밖에 없었다.

게다가 정중부와 아들 정균, 사위 송유인은 백성들의 논밭을 계속 갈취해 그 땅의 경계가 어딘지 모를 정도였다. 정균은 이미 처가 있음에도 상서 김태영金胎永의 딸을 겁탈하고, 본처를 구박하더니, 공주까지 아내로 삼으려다가 제지당했다. 사위 송유인이야말로 부정적인 측면에서 '변신과 리스크 관리'의 귀재였다. 일찍이 송나라 거상 서덕언徐德彦의 처와 결혼했는데, 그것도 재산이 탐나서였다. 그 재물로 환관에게 뇌물을 바쳐 3품 관직을 얻었다. 이렇게 출세한 뒤에 무신란이 일어나자 아내를 섬으로 내쫓고 정중부의 딸과 결혼했다. 이때부터 출세 가도를 달리며 왕에게 강요하여 수창궁壽昌宮까지 들어가 기거했다. 정균과 송유인뿐 아니라 정중부의 노비들까지 관리를 구타할 만큼 기고만장했다.

무신 집권층과 하급 무신 사이의 팽팽한 긴장을 지켜보던 청년 장교 경대승慶大升은 허승許升 등과 모의하여 1179년 9월 칼을 뽑아 든다. 비밀 결사대 30명이 야밤에 기습적으로 정중부 일파를 제거했다. 이의방을 제거하고 정중부가 권력을 누린 지 5년 만이었다. 변신의 귀재 송유인도 도망가다가 경대승에게 붙잡혀 죽었다. 태양을 따라가는 해바라기처럼 권력을 좇아 변신하느라 닥쳐올 위기 상황을 감지하지 못한 것이다.

25세의 나이로 노장 정중부를 없앤 경대승은 누구인가? 그는 중서시랑평장사 경진慶珍의 아들인데, 탐욕스러운 아버지와 달리 결백했다. 경진은 무신란 이후 재상에 올라 많은 백성의 재산을 강탈한 사람이다. 아버지가 죽자 경대승은 부친이 강탈한 재산을 일일이 되돌려주고 출처가 불분명한 토지는 국고로 귀속시켰다. 그러자 백성들이 감탄했다. 경대승은 평소에도 무신의 불법을 못마땅하게 여겼다. 그러던 차에 정중부의 전횡이 극심해지자 도저히 견딜 수 없었던 것이다.

이토록 양심적인 경대승인지라 거사가 끝난 후 명종이 재상 자리를 주려 했으나 거절한다. 그는 막후에서 고려를 정상화하는 데 힘을 쏟고 싶었다. 이런 경대승에게 시류에 민감한 문무 대신들이 줄을 서서 축하했다. 의분義憤 하나로 거사를 성공시킨 경대승은 막상 권력을 잡고 보니, 그 권력을 노리는 자들이 두려웠다. 그들이 누구인지, 언제, 어떻게 공격할지 알 수 없어 경호원만 수백 명을 두었다. 그래서 '중방重房'을 없애고 대신 '도방都房'을 만들어 권력 기반으로 삼았다.

워낙 기질이 청렴했던 경대승은 야비하고 음험한 권력자 자리에 맞지 않았다. 그렇다 보니 늘 불안했다. 또 불안하니 불온 세력을 색출하기 위해 공포정치를 펼 수밖에 없었다. 도방의 부하들에게 도성의 각 골목마다 돌아다니며 불온한 정보를 수집하게 할 만큼 예민했다.

문제는 그렇게 정보를 수집하러 다니는 병사들이 무뢰한같이 행동하고 다녔다는 것이다. 워낙 청렴한 경대승은 병사들의 생활을 보장해주지 못했다. 배고픈 병사들은 상점을 약탈하고 무고한 양민과 다퉈 죽이기까지 했다. 그래도 경대승은 이들을 비호할 수밖에 없었다.

결국 양심적 리더 주위에 춥고 배고픈 비양심적 측근이 포진하는 꼴이었다. 양심과 권력 작동 방식이 다르니 경대승의 심허증心虛證은 나날이 깊어만 갔다. 1183년(명종 13년) 경대승의 꿈에 홀연히 칼을 든 정중부가 나타나 호통을 쳤다. 여기에 놀란 나머지 경대승은 그만 돌연사하고 만다. 도적덕인 사람에게 비도덕적인 권력은 독毒이다.

독종 이의민을 넘어선 최충헌

경대승이 집권 4년 만에 갑자기 죽자, 명종은 선왕을 죽인 죄를 묻겠다는 경대승을 피해 경주로 내려간 이의민을 불러들였다. 이의민은 급히 상경하여 정권을 잡고 이후 13년간 권력을 누린다. 이의민은 별다른 노력도 하지 않고 정권을 잡은 행운아였다. 이미 무신 정치에 길든 명종은 왕권을 회복할 절호의 기회를 스스로 버렸다.

기회는 준비된 자에게만 찾아온다. 아무리 좋은 기회라도 그 기회를 보지 못하거나, 실력이 부족하면 그 기회가 오히려 큰 부담으로 남는다. 경대승이 심허증으로 자진했을 때 명종은 도방을 없애고 전권을 회수해서 국정을 수습할 수 있었다. 그러나 명종은 스스로 권력을 이의민에게 바쳤다. 이의민은 정중부나 경대승보다 훨씬 무모했다. 왕의 입장에서 볼 때 이의민보다는 그래도 보수적인 정중부, 양심적인 경대승이 나았을 것이다.

이의민 이후에 조정은 정글이 되었다. 대신들끼리 회의하다가 '힘자랑'을 할 정도였다. 이의민이 한주먹에 힘센 장사를 때려눕혔다고 두경승杜景升에게 자랑하며 주먹으로 기둥을 치자 대궐이 부르르 떨었다. 이에 뒤질세라 두경승도 소리쳤다.

“내가 빈주먹을 한 번 휘두르니 불량배들이 놀라서 도망갔다.”

그러고는 벽을 치니 주먹이 그 벽을 뚫고 나갔다. 이런 막무가내인 두 사람을 빗댄 말이 개경 시내에 유행했다.

“이가와 두가가 무섭다더라. 진짜 새장처럼 황각皇閣에 앉은 지 3년 만에 만 번 넘게 주먹 바람이 불었다네.”

그래도 이의민이 두경승을 살려둔 것은 정치적 식견도 없고 야망도 크지 않은 데다가, 감히 대놓고 장난치며 좌중을 편하게 해주는 역할도 필요했기 때문이다.

이의민은 정중부 정권이 실패한 이유를 염두에 두고, 하급 무신들도 골고루 등용했다. 심지어 천민 출신이라도 무신란에 공을 세운 경우 재상 자리도 주었다. 이의민은 그렇게 인기를 얻으며 장기 집권한다. 그러자 이의민도 독종인 본래 성질이 드러나기 시작했고 가족들도 문제를 일으켰다.

이의민의 아내는 이의민 못지않게 포악했는데, 이의민과 사통한 여종을 때려죽여 놓고 자신도 머슴과 간통하다가 쫓겨났다. 두 아들 이지영李至榮과 이지광李至光도 부모 못지않게 횡포가 심해 ‘쌍도자雙刀子’라는 소리를 들었다. 요즘 말로 ‘쌍칼’이다. 이들만 나타나면 백성들은 “저기 쌍칼이 온다”며 후다닥 숨었다. 심지어 이지영은 명종의 애첩까지도 강간했다. 그런데도 왕이 처벌하지 못해 조야가 개탄하며 왕을 비웃었다.

권력의 극치를 누리던 이의민은 급기야 왕이 될 생각까지 품는다. 꿈에 자신의 양 겨드랑이에 홍예紅霓가 일어나는 것을 보고 고향 경주의 나라인 신라를 부활시키려 했다.

마침 신라 부활을 명분으로 난이 일어났다. 1193년(명종 23년) 7월, 김사미金沙彌와 효심孝心이 각기 운문(청도), 초전(울산)에서 농민 반란을 일으킨 것이다. 이의민은 이들과 내통하여 큰 뇌물을 챙기고, 아들 이지순李至純을 토벌대 대장군으로 보낸다.

반란군은 이지순에게 뇌물을 주고 군수품을 받았고 이지순은 신라 재건을 꿈꾸는 아버지를 도우려고 이들에게 군사기밀도 넘겨주었다. 이를 안 대장군 전존걸全存傑은 "반란군과 내통하는 이지순을 법대로 처벌하면 그 아비가 장차 나를 해칠 것이고, 그대로 두자니 반란들이 더 득세할 텐데 이 책임이 장차 누구에게 돌아가겠는가"라고 한탄하며 자결했다. 농민군은 한참 맹위를 떨치다가 다음 해인 1194년에 이르러 대장군이 교체되고 나서야 겨우 진압된다.

무소불위 이의민의 종말은 작은 다툼에서 비롯되었다. 1196년 봄, 상장군 최충헌崔忠獻의 동생 동부녹사 최충수崔忠粹의 집비둘기를 이의민의 아들 이지영이 강탈해 갔다. 그러자 앙심을 품은 최충수가 형을 찾아가 이의민을 암살하자고 설득했다. 처음에 머뭇거리던 최충헌은 동생의 결심이 굳은 것을 알고 거사를 계획한다. 그때 왕이 보제사로 갔는데 이의민은 칭병稱病하고 몰래 미타산 별장에서 쉬고 있었다. 이를 전해 들은 최충헌과 최충수는 별장 문밖에 숨어 있다가 말을 타고 나오는 이의민을 붙잡아 죽인 뒤 개경 거리에 효수했다. 보제사에서 이 소식을 들은 명종이 급히 환궁했고, 왕을 수행하던 이지순과 이자영은 최충헌의 부하들을 만나 싸웠으나 열세에 몰려 도망치고 말았다.

최충헌은 궁궐로 돌아온 명종을 찾아가 이의민 일당을 토벌 중이라고 통보한다. 그리고 성문을 굳게 닫고 성내를 수색해 이의민 일당을 잡히는 대로 죽였다. 이때 316명의 목이 날아갔으며 마침내 최충헌이 고려의 정권을 잡았다. 대단히 치밀한 최충헌은 무신 정권을 이끈 리더들을 세밀히 분석하고 그들의 실수를 반복하지 않으려 했다.

기개와 언변이 뛰어나 하급 무사들을 선동하여 그들의 추앙을 받은 이의방의 약점은 하급 무사 출신이라는 자신의 신분 콤플렉스를 극복하지 못한 것이었다. 그래서 의종의 첩 무비를 차지했고, 자기 딸을 태자비로 만들었으며, 공예태후의 동생까지 겁탈해 자기 첩으로 만들었다. 끝내 의종까지 죽여 전국 각지의 난을 촉발시켰다. 이를 교훈 삼아 최충헌은 여러 왕을 축출하면서도 죽이지는 않았다. 정중부는 고위 무신 중심의 정치를 펴다가 하급 무신의 거센 도전을 받았다. 정국 안정을 위해 문신을 우대하며 지방 개혁도 추진했지만 아들과 사위를 방치하여 몰락을 자초했다. 정중부를 피한 경대승은 사병 집단인 도방을 만들어 정권을 운영했다. 그런데 이 도방을 운영할 군자금을 마련하지 못해 깊은 고민에 빠졌다. 신변이 불안해 도방을 없애지도 못하고 그렇다고 부당하게 군자금을 모을 수도 없었다. 그만큼 청렴하고 원칙이 분명한 리더였다. 결국 고민만 하다가 서른 살에 요절했다. 그 후 권력을 쥔 경주 출신 이의민은 워낙 포악했다. 천민 아버지와 절 노비인 어머니 사이에서 태어난 그는 신라를 부활시켜 스스로 왕이 되고자 했다. 결국 아들들이 화근이 되어 이의민도 최충헌에게 제거당했다.

최충헌은 자신에게 실리가 분명한 대외적 명분을 중시한다. 이의민을 친 명분은 두 가지였다. 첫째가 '왕을 죽인 무도한 인물'이라는 것이고, 둘째가 '계림의 황제가 되려 한 반역의 인물'이라는 것이다. 어느 누구도 이 명분에 이의를 제기할 수 없었다. 간략하고 확실한 명분으로 최충헌은 당시 소외당한 세력이던 친동생 최충수, 조카 박진재, 노석숭, 이경유, 최문청 등을 동원한다. 최충헌이 지독한 독재자이긴 하지만 그의 실리와 명분을 일치시키는 교묘한 리더십은 주목할 만하다.

20~22대

신종 · 희종 · 강종

최충헌의 허수아비

악어의 눈물, 이인자를 용납하지 않다

신종神宗(재위 1197~1204)이 50대 중반이 넘은 늦은 나이에 왕이 된 것은 순전히 최충헌 덕이었다. 신종은 인종과 공예태후 사이의 다섯째 아들이다.

이의민을 제거하며 왕도 갈아야겠다고 결심한 최충헌은 일단 〈봉사십조封事十條〉를 명종에게 밀봉해 올린다.

> 제1조 왕은 정전正殿(조회를 하는 연경궁延慶宮)으로 돌아갈 것. (명종은 불에 탄 연경궁을 복구한 후에도 불길하다며 수창궁에 머물고 있었다.)

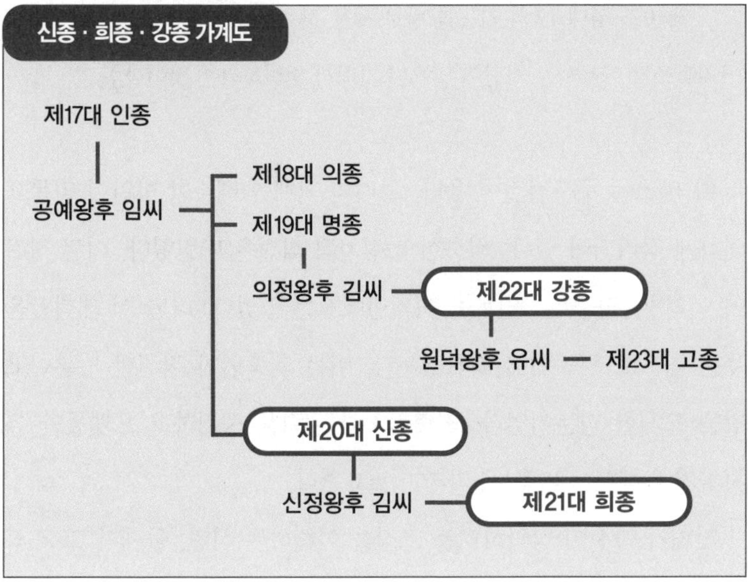

신종 · 희종 · 강종 가계도

제2조 용관冗官(불필요한 관원)을 정리할 것.

제3조 부당한 토지겸병土地兼倂을 시정하고 원주인에게 돌려줄 것.

제4조 조부租賦를 공평히 할 것.

제5조 지방을 시찰하는 사使들이 오직 사문査問만 하고 왕실 공진供進을 금할 것. (지방을 감사하러 간 관리들이 왕에게 바친다는 구실로 수탈을 많이 했다.)

제6조 승려들의 궁중 출입과 고리대금업을 금지시킬 것.

제7조 청렴한 지방 수령을 임명할 것.

제8조 백관이 검약儉約을 숭상토록 할 것.

제9조 비보사찰裨補寺刹 외에 절을 모조리 없앨 것.

제10조 성대省臺의 기능을 바로 세울 것. (언론 기능을 하는 성대의 관리들조차 아부하는 사람이 많으니 가려서 정리하라는 것이다.)

위 10조는 구구절절이 옳다. 고려의 적폐를 해소할 방안이 일목요연하게 정리되어 있다. 최충헌의 정치적 식견은 탁월했다. 이런 식견이 이의방, 정중부, 경대승, 이의민에게는 없었다. 다만 이 개혁안을 무슨 힘으로 명종이 실행하겠는가. 이는 최충언이 집권한 명분이고 왕을 교체할 명분이었다. 최충헌처럼 권력을 쟁취하고 오랫동안 유지하기 위해서는 다음 세 가지가 필요하다.

첫째가 자신이 장악하려는 조직을 이해하는 식견, 둘째가 그 조직이 안고 있는 문제에 대한 해결책을 제시할 지략, 셋째가 자신을 중심으로 팀워크를 다질 수 있는 지도력이다.

최충헌은 당시 무신 조직의 특징을 잘 알았고, 그 조직이 안고 있는 적폐를 해결할 방안이 무엇인지 잘 알았으며, 그 조직을 접수할 팀워크도 확실하게 조성했다. 최충헌에게는 아우 최충수, 외조카 박진재, 노석숭, 김약진 등이 포진된 사조직이 있었다. 이들과 함께 〈봉사십조〉를 실행해야 한다며 백성의 원성을 듣는 왕 주변 인물부터 숙청했다. 내시 호부시랑 이상돈李尙敦, 군기소감 이분李分 등 50여 명을 부당히 등용되었다 하여 파직했고, 명종의 아들 중 천첩賤妾 소생으로 승려가 된 홍기洪機, 홍추洪樞 등 7명이 황궁에 머물렀는데 이들이 정사에 부당하게 간섭한다며 모두 절로 돌려보냈다.

왕의 총애를 받으며 왕 곁에 머물던 승려 운미雲美와 존도存道도 쫓아냈다. 개경 백성들은 간신배들을 쫓아냈다며 최충헌에게 갈채를 보냈다. 명종 주변을 정리한 최충헌은 '왕이 〈봉사십조〉를 이행하지 않는다'며 폐위 작업에 들어갔다. 최충수, 박진재, 노석숭, 김약진 등과 함께 '반 개혁 군주를 그대로 놓아둘 수 없다'는 명분을 세우고 군사를 집결해 개경 시내를 돌며 왕의 폐위를 반대할 만한 인물들을 모조리 숙청했다. 그런 다음 명종에게 사람을 보내 향성문向成門으로 나오라 한 후, 말을 타고 힘없이 나오는 명종을 잡아 그대로 유폐시켰다. 그러고 나서 제20대 왕으로 명종의 동생 평양공 왕민王旼을 내세웠다. 그가 신종이다.

신종이 즉위한 그해 10월 최충헌의 동생 최충수가 신종을 위협하여 이미 결혼한 태자(희종)비를 쫓아내고 그 자리에 자기 딸을 앉히려 했다. 아무 잘못도 없는 태자비가 궁에서 떠날 때 왕 부부는 물론 모든 궁인이 울었다. 이러면 최충헌의 집권 명분이 완전히 훼손되기 때문에 최충헌이 동생을 불러 타일렀다.

"지금 우리 형제에게 나라의 권세가 집중되어 있다고 하나 우리는 무신 가문 출신이다. 네가 만일 딸을 태자비로 만든다면 백성들의 비난을 면할 수 없게 된다. 하물며 부부지정夫婦之情은 하늘이 정해준 것인데 잘 지내는 태자 부부를 하루아침에 쫓아내면 되겠는가? 옛말에 앞 수레가 전복되면 뒤 수레가 조심한다고 했다. 지난날 이의방도 딸을 태자비로 삼고 끝내 남의 손에 죽었다. 아우는 그 자취를 따르고 싶은가?"

이 말을 듣는 그 자리에서 최충수는 이의방의 자취를 따르겠다고

하고는 돌아가서 자기 딸을 태자비로 만들고자 했다. 이때 극구 말리는 노모까지 땅에 쓰러트리면서 강행했다. 최충헌은 노모를 욕보였다는 얘기를 듣고 '어머니한테도 저러는데 형인 내게 장차 어찌하겠는가'라고 한탄하며 힘으로 막기로 결심하고, 수하에게 최충수 딸의 입궁을 막으라 명했다. 이에 화가 난 최충수가 최충헌을 죽여버리겠다고 떠들었으나 최충헌이 박진재와 힘을 합쳐 먼저 군사를 보내 최충수를 쳤다. 두 세력이 맞서 싸운 개경 시내에 피비린내가 진동했다. 마침내 최충헌의 부하들이 최충수의 머리를 베어 궁중에 있던 최충헌에게 가져왔다. 이를 본 최충헌은 눈물을 흘리며 말했다.

"왜 아우를 산 채로 잡아오지 경솔히 죽였느냐?"

장기 집권의 틀을 만들다

권력 앞에서 혈육도 저버리는 것을 보고 신종은 왕 자리에 앉는 것만 빼고 모든 결정권을 최충헌에게 일임했다. 독재자가 된 최충헌은 평상복 차림으로 왕을 만나고 침실에서 조정 대사를 결정했다. 이런 모습에 20여 명의 대신들이 반발하자 이들을 강제로 치사致仕(벼슬에서 물러남)하게 했다.

최충헌이 권력을 독식하자 다시 민란이 일어나기 시작했다. 1198년(신종1년) 최충헌의 사노 만적萬積이 "왕후장상王侯將相의 씨가 따로 있더냐"라며 노예 해방 투쟁을 일으키려다 실패했고, 1199년 3월에는 좌천되어 황주와 상주의 목사로 내려간 김준거金俊琚, 김준광金俊光 형제가 반란을 계획했으나 김준거의 처부妻父 김순영金純永이 최충헌에게 고하여 가담한 자 모두가 처형당했다. 1202년 탐라와 경주 별초군別抄軍도 반란을 일으켰다. 고려 조정은 이들 반란을 가까스로 진압했다.

최충헌은 집권 초기인 1203년(신종 6년) 12월 연이어 일어난 민란을 빌미로 더 확실히 국정을 장악하려고 스스로 수태사 중서시랑평장사 및 추밀원사, 그리고 이병부상서 및 어사대부에 올라 인사권, 병권, 행정권을 손에 넣었다. 신종은 같은 달 등창을 심하게 앓다가 이듬해 1월 태자 왕덕王悳(희종)에게 선위했다.

부왕이 최충헌의 허수아비로 일생을 마친 것을 지켜본 희종熙宗(재위 1204~1211)은 즉위하면서부터 기필코 최충헌을 제거하리라 결심한다.

희종도 최충헌의 묵시적 양해가 있어 즉위했지만 신종과는 처지가 달랐다. 왕실의 예법에 따라 선위받았기에 정통성이 분명했다. 이를 기반으로 왕권의 회복을 노려볼 만했다.

이런 희종의 속마음을 알 리 없는 최충헌은 신종 때처럼 아무 거리낌 없이 문무 인사권을 행사했다. 군졸 중 무술에 능한 3000명을 모아 가병家兵으로 삼기도 했다. 이 가병 집단이 도방이며, 최씨 무신 정권의 힘이었다. 이들은 6개 반으로 편성돼 교대로 최충헌을 호위했다.

한편 최충헌의 조카이자 쿠데타 동지인 박진재도 세력을 확장하고 있었다. 2인자를 허락하지 않는 최충헌이 이를 곱게 볼 리 없었다. 박진재의 문객 수가 3000명에 달했으며, 가끔씩 박진재가 최충헌의 독재를 비판하기도 했다. 1207년 희종 3년 5월에 익명의 대자보가 도성에 나붙었다.

"장군 박진재가 외삼촌을 제거하려 한다."

최충헌은 박진재를 불렀다. 최충헌의 집 뜰아래 선 박진재에게 최충헌이 물었다.

"너는 왜 나를 해치려 하느냐?"

말이 끝나자 최충헌의 병사들이 박진재의 발목 힘줄을 절단했다. 그러고는 박진재를 백령도로 귀양 보냈다.

최충헌은 자신을 노리는 사람이 부지기수라는 것을 알고 방비책 마련에 부심했다. 또한 자신의 독재 이미지를 희석하는 노력도 했다. 그리하여 1209년에 이규보李奎報를 발탁하여 조정 전반에 문화적인 기풍을 조성했다. 이런 가운데 같은 해에 청교역 역리 3명이 최충헌 암살을 기도한 사건이 터진다. 다행히 최충헌은 귀법사 승려의 귀띔으로 화를 면한다. 그는 이 사건을 계기로 흥국사의 남쪽 영은관迎恩館에 교정도감敎定都監을 세운다. 교정도감은 인사행정, 조세 관리, 중앙과 지방 감사, 규찰, 법무, 국방 업무까지 맡아보았다. 교정도감의 장인 교정별감敎定別監은 최충헌이 맡고 세습했다.

왕조시대에 왕의 세습은 당연하지만 왕도 아니면서 왕을 능가하는 별도의 직책을 만들어 누구의 허락도 받지 않고 세습한다는 것은 동서고금에 유례없는 일이었다. 이렇게 최씨 무신 정권의 항구적 독재 세습 체제가 완성된다. 그동안 최충헌을 제거하고는 싶었으나 기회를 잡지 못해 거사를 미루어오던 희종은 교정도감이 들어서자 더 이상 미룰 수 없다고 판단했다.

희종의 심중을 안 내시낭중 왕준명王濬明과 추밀사 홍적弘績, 참정

우승경于承慶, 장군 왕후王珝 등은 치밀하게 최충헌 살해 계획을 세웠다. 최충헌이 왕을 배알하러 수창궁에 들어오면 왕이 술과 음식을 내렸다며 내관이 궁 깊숙한 데로 유인하여 없애기로 했다.

시나리오대로 최충헌은 멋모르고 내관을 따라갔다. 이때 내전 복도에 잠복한 승려와 무사들이 습격해 최충헌을 호위하던 수하 몇 사람이 죽었다. 당황한 최충헌은 급히 지주사 다락에 숨었다. 승려들이 최충헌을 찾으려고 했으나 실패했다. 최충헌은 만일을 대비해 궁중 내에 자기 사람을 심어놓았는데 이들이 김약전에게 달려갔다. 최충헌이 왕을 배알하는 날이면 늘 대기하고 있던 김약전이 단숨에 달려와 최충헌을 구해냈다.

이 사건은 1211년(희종 7년) 12월에 터졌는데, 이 일로 희종은 바로 폐위당한다.

최충헌은 《여씨춘추呂氏春秋》의 '사람 보는 방법'에 정통했다. 이 책은 춘추전국시대 천하 경략經略의 야심을 품은 여불위呂不韋가 천자에게 들려줄 세상 이야기를 모아둔 것이다. 여기에 팔관육험법八觀六驗法이라는 사람 보는 법이 나온다.

팔관

1. 평화로울 때 어떤 사람을 존중하는지 본다.
2. 출세했을 때 어떤 사람을 기용하는지 본다.
3. 부유할 때 어떤 사람과 만나는지 본다.
4. 대화할 때 무엇을 말하고 무엇을 하는지 본다.

5. 한가할 때 무엇을 즐기는지 살핀다.

6. 친해진 뒤 무슨 말을 하는지 본다.

7. 좌절했을 때도 지조를 지키는지 본다.

8. 가난할 때 무엇을 하고 무엇을 하지 않는지 본다.

육험

1. 기쁘게 하여 속을 본다.

2. 즐겁게 하여 취미를 본다.

3. 성나게 하여 행동을 본다.

4. 두렵게 하여 견디는지 본다.

5. 슬프게 하여 감정을 본다.

6. 힘들게 하여 지조를 본다.

팔관육험법의 핵심은 처변불경處變不驚이다. 사람의 진면목은 세상이 변할 때 드러난다. 나라가 위기를 만나면 충신이, 집안이 어려워지면 현처가 생각난다. 리더는 평상시 충신과 현처 같은 인물을 잘 구별해두어야 세상의 변화에 맞설 수 있다. 야심, 사람 보는 분별력, 빈틈 없는 기획력 등 어느 모로 보나 최충헌이 희종보다 뛰어났다.

희종을 쫓아낸 최충헌은 60세나 된 명종의 맏아들을 왕으로 세운다. 그가 강종康宗(재위 1211~1213)으로 최충헌이 명종을 폐위할 때 함께 태자에서 폐위되어 강화도로 유배됐던 자다. 희종이 폐위되자 최충헌이 불러들여 왕이 되기는 했으나 국정의 실권은 최충헌에게 있었다. 그의 서녀 정화택주靜和宅主는 최충헌의 첩으로 들어갔다. 어릴 때부터 무신의 기세에 눌려 살았고 태자가 되어서도 강화도로 쫓겨나 14년 동안 유배 생활을 했기 때문에 왕이 되리라고는 상상도 못했을 것이다. 왕이 되었을 때 고령 탓에 이미 지병이 있어 즉위 1년 8개월 만에 태자 왕진王瞋에게 왕위를 물려주고 세상과 이별했다. 사관은 강종의 정사를 이렇게 평했다.

"임금이로되 강신强臣의 통제를 받았으며 그런 왕 노릇 한 날마저도 극히 짧았으니 애석하도다."

23대

고종

30년 대몽 항쟁, 말년에 찾은 왕권

안정된 무신 정권을 흔드는 외부 변수

고종高宗(재위 1213~1259)은 강종의 둘째 비 원덕왕후元德王后 유씨 소생이다.

강종의 첫째 비는 이의방의 딸 사평왕후思平王后 이씨로, 강종이 태자로 있을 때 이의방의 권세에 눌려 혼인했다. 하지만 정중부의 아들 정균이 이의방을 살해한 1174년 12월 대궐에서 쫓겨났다. 강종은 고종을 포함해 1남 1녀를 두었다. 고종이 강종의 외아들이라 왕위 계승이 당연했다 여기면 오산이다. 이 역시 강신 최충헌의 허락으로 가능했던 것이다. 고종은 최충헌이 쫓아낸 명종의 손자다. 명종이 〈봉사

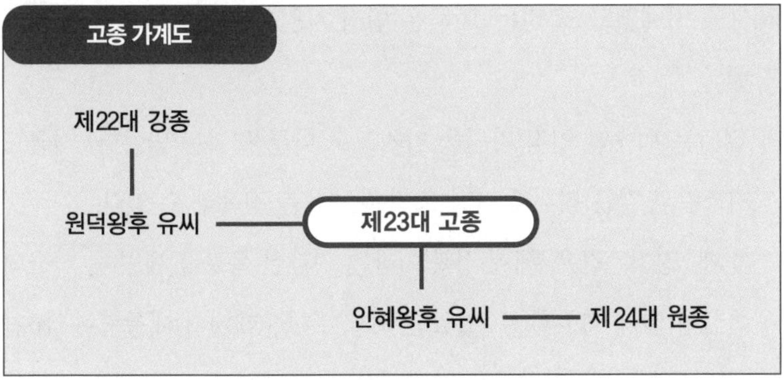

십조〉를 실행하지 않는 반개혁 군주란 오명을 쓰고 강화도로 유배될 때 아들 강종과 손자 고종도 함께 유배되었다. 그 후 강종이 최충헌에게 쫓겨난 희종의 후임이 되면서 개경으로 돌아와 태자에 책봉되었다. 태자가 된 지 1년 만에 22세의 나이로 고려 제23대 왕이 된다.

고종 시대에 들어 최씨 무신 정권은 내부적으로 더욱 안정되었는데, 외부에서 엄청난 변수가 생긴다. 유목민 몽골족이 움직이고 있었다. 시베리아 바이칼 호수 근처에서 태어난 테무친鐵木眞(1162~1227)은 1206년 오논 강변의 평원에서 전 유목민 집단 집회를 개최해 몽골제국을 창설한다. 그가 바로 나중에 칭기즈칸成吉思汗으로 불린 자로, 칭기즈칸이란 '빛의 신'이란 뜻이다. 이름의 뜻 그대로 그야말로 빛의 속도로 스텝 지역 밖을 향해 세력을 확장해나갔다.

칭기즈칸의 야망은 '세계 정복'이었다. 당시 권력 다툼에 골몰한 고려의 집권층과 비교해보자. 몽골 유목 부족은 고려 백성보다 나을 게 없다. 객관적 조건은 오히려 고려 백성이 더 낫다. 그런데 몽골은 세계를 지배했고, 고려는 그 좋은 인적 자원을 가지고도 몽골에 지배당했다.

리더는 비슷한 인적 자원을 가지고도 다른 결과는 만든다. 지금도 칭기즈칸과 같은 리더를 만난 조직은 세계를 정복할 수 있다.

첫째, 칭기즈칸은 '세계 정복'이라는 명쾌한 목표를 세웠다. 미국의 우주선이 달에 착륙할 수 있었던 것도 존 F. 케네디 대통령이 '10년 안에 달에 사람의 발자국을 남기겠다'는 분명한 목표를 세운 덕분이다. '언젠가'가 아닌 명확히 '10년'이라는 시점을 정했다. 칭기즈칸은 스텝 밖으로 진출하려는 유목민의 열망을 세계 정복으로 연결하고 그 시점도 "자기 생애 안에"라고 명확히 했다. 이러한 목표 아래 몽골인들은 단결하고 충성하고 열정적으로 헌신했다.

둘째, 칭기즈칸은 몽골 초원에 널리 흩어져 있던 조직을 목표에 딱 맞게 정비했다. 일신의 영달을 위한 조직이 아니라 세계 정복이라는 원대한 야망을 이루기 위한 전투 조직으로 재편했다.

셋째, 칭기즈칸은 탁월한 군사적 재능이 있었고, 또 이 재능으로 환경 변화에 능동적으로 대처했다. 기병으로 속공하고 거대한 성과 마주치면 사다리와 투석기를 이용해 공략했다. 투석기로 화공火攻을 하거나, 사람이나 동물의 시체를 날려보내면 적들은 대부분 성에서 나오거나 도망갔다. 이런 공격으로 만리장성도 무너뜨리고 넘어갔다. 또한 몽골병의 주식은 말린 양고기다. 부피가 작아서 보급품이 끊겨도 몇 달 동안 단독 작전이 가능했다. 그러면서 척후병을 보내 적의 위치와 보급로를 파악한 뒤 병참을 기습하여 적을 망연자실하

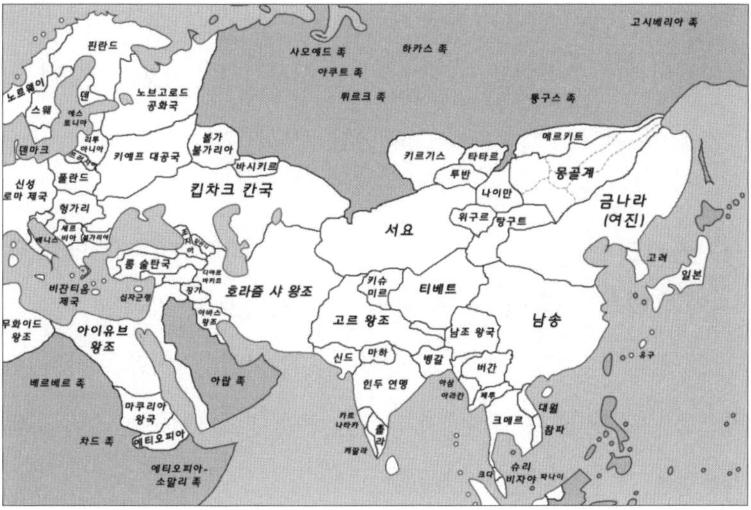

몽골제국이 부상하던 시기의 세계

게 만들었다.

이처럼 막강한 칭기즈칸 부대는 중국 북서쪽 변방의 서하西夏를 점령하고 남송을 더 남쪽으로 내쫓았다. 1211년, 중국 북부의 금나라로 진격하자 금나라는 막대한 보상금을 주었다. 보상금을 받고 일단 철수한 몽골은 1215년에 다시 금나라로 진격해 중도中都를 차지하고 후에 연경燕京(북경)까지 함락한다. 이렇게 5천만 인구의 금나라가 10만도 안 되는 칭기즈칸의 군대에게 무너졌다. 몽골은 서쪽 카스피해, 남쪽 아라비아까지 영토를 넓혔다.

세계를 최초로 정복했다는 것보다 더 중요한 칭기즈칸의 업적은 중국, 아랍, 유럽, 인도 등 각자 고립되어 있던 문명을 강제로 교류하게 했다는 것이다. 강력한 몽골군이 열어놓은 세계화의 바람을 타고 각국의 상인들이 자기 나라 국경을 넘어 활발하게 무역을 했다. 이로 인해 상인들이 부를 축적했고, 이것이 오늘날 시장경제의 씨앗이 되었다.

칭기즈칸의 명령 "고려는 몽골의 형제국이 되어라"

칭기즈칸이 금나라에 의해 서쪽으로 밀려난 거란을 압박했다. 거란은 다시 동쪽으로 내몰렸다. 그 과정에서 거란군 수만 명이 1216년(고종 6년) 8월 압록강을 건너 고려를 침략해왔다.

고려군은 후군병마사 김취려金就礪 장군의 눈부신 전공에도 불구하고 개경 근처까지 밀려났다. 치열한 공방전이 2년 동안 전개되는 가운데, 1218년 12월에 몽골 원수 합진哈眞의 1만 군사와 동진국東眞國 장수 완안자연完顔子淵의 2만 군사가 합류하여 고려에 행패를 부리는 거란을 친다는 명분으로 고려 동북부에 진입했다. 당시 칭기즈칸은 실크로드 중심부를 지배하던 호라즘花剌子模, Khwarezm 제국(현재 이란, 우즈베키스탄, 카자흐스탄과 아프카니스탄 일부 지역)이 몽골 사신의 얼굴을 짓이겨 돌려보낸 일을 되갚아주려고 이를 계획하고 있었다. 다음 해인 1219년 칭기즈칸은 10만 기병으로 45만 병력이 버틴 호라즘 제국을 무너뜨렸다. 이런 상황이라 몽골은 동방의 고려에 신경 쓸 겨를이 없었는데 동방에 파견 나온 합진이 나름대로 공을 세워보려고 움직인 것이다. 고려 땅에 들어온 합진은 일단 편지를 보낸다.

"거란이 귀국에 들어온 햇수가 3년째 되어가는데, 아직도 귀국은 그들을 내몰지 못하고 있소. 우리가 도와줄 터이니 군량미를 공급하고 우리와 형제국이 되시오. 이는 칭기즈칸의 명령이오."

조정에 여러 대신들이 모여 이를 의논했는데, 대책은 각각이나 몽골에 대한 불신은 이구동성이었다. 이에 최충헌이 결론을 내렸다.

"눈앞의 적을 놓아두고 몽골의 본심이 무엇이냐를 따질 일은 아니오. 우선 연합하여 거란을 물리친 다음 몽골에 대한 대비책을 세워도 늦지 않소."

이리하여 몽골과 동진, 고려 3개국이 연합군을 형성해 거란군과 싸웠다. 거란의 마지막 거점인 강동성이 김취려와 조충趙冲의 용맹으로 1219년 정월에 무너졌다. 거란이 항복하자 약속대로 고려와 몽골은 형제지국의 관계를 맺었다. 합진은 귀국하면서 수하 40명을 위주에 남겨두었다.

"너희들은 우리가 다시 올 때까지 고려어를 잘 배우며 기다리고 있어라."

이 일로 고려인들 사이에 '몽골군이 가을에 다시 온다'는 풍문이 돌았다.

같은 해 1월 29일, 합진은 포리대완蒲里岱完 등 10명에게 미리 준비한 칭기즈칸의 조서를 들려 보내, 해마다 조공을 바치라고 강요했다. 이런 불평등조약을 강요받는 가운데 최충헌이 병석에 드러눕자 권력 다툼이 벌어진다.

최충헌이 상장군 송청宋清의 딸과 결혼해 낳은 최우崔瑀(후에 최이崔怡로 개명)와 최향崔珦은 서로 교정별감 자리를 노렸다. 최충헌은 형제간의 분쟁을 우려해 최향은 물론 맏아들 최이조차 병문안 오지 못하게 했다. 본격적인 싸움은 최향 쪽에서 먼저 시작했다.

최향의 측근인 대장군 최준문崔俊文, 상장군 지윤심池允深, 장군 류송절柳松節, 낭장 김덕명金德明 등이 최충헌이 위독해 맏아들을 찾는다고 거짓 통보했다. 이 말을 의심한 최이가 가지 않자 여러 차례 재촉했다. 그래도 최이가 움직이지 않자 불안해진 김덕명이 최이를 찾아가 고변한다. 이 사실도 모르고 또 재촉하러 최이를 찾은 최준문과 지윤심을 그 자리에서 결박하고, 곧바로 최향과 측근들을 모두 체포해 귀양 보냈다.

며칠 후 악공樂工 수십 명의 연주를 들으며 최충헌이 71세의 나이로 숨을 거둔다. 곧이어 최이는 교정별감에 오른다.

30년 대몽 항쟁의 서막

교정별감에 오른 최이는 고려 건국 313년 만에 최고의 위기와 맞닥뜨린다. 세계 정복을 거의 마무리한 몽골이 본격적으로 고려를 지배하려 든 것이다. 이런 상황에서 또 하나의 왕이라 불리는 교정별감 최이는 일단 선정을 베풀었다. 먼저 아버지 최충헌이 소장한 진귀한 물건을 왕에게 바치고, 또한 강제로 빼앗은 전답과 가옥, 노비 등도 모두 돌려주었다.

권력 싸움에 패배하여 유배된 친동생 최향은 유배지에서 무뢰배들을 모아 여러 고을의 창고를 털고 주민들을 괴롭혔다. 게다가 주변의 고을 수령들에게 격문을 보내 거병하자 최이가 토벌군을 보내 관련자를 모두 죽이고 최향을 옥에 가두었다.

몽골은 점차 더 많은 공물을 요구하기 시작했다. 처음에는 군량미 정도만 요구하더니 수달피, 모시, 금, 은, 의복, 말, 붓 등 요구하는 품목 양이 고려 조정에 버거울 만큼 늘어났다. 해마다 몽골의 저고여著古與가 와서 공물을 수령해 가는데, 그 태도가 보통 거만한 게 아니었다.

1225년(고종 12년) 1월에 묘한 일이 터졌다. 고려에 온 저고여가 공물을 거둬 수레에 가득 싣고 압록강을 건너다 도적 떼를 만나 피살당한 것이다. 고려 조정이 아무리 도적 떼의 소행이라고 얘기해도 몽골은 고려 정부의 소행이라 의심했다. 이 일로 양국 간 국교가 단절되었다.

몽골과 고려 간 긴장이 높아지자 교정별감 최이는 권력를 집중시키려고 정방政房과 서방書房을 잇달아 설치했다. 정방은 백관의 인사를 담당하는 기관이고 서방은 문신의 자문을 받는 기구다. 이로써 최이는 문·무신을 모두 통솔했고 고종은 형식적으로 결재만 했다. 고려와 국교를 단절한 몽골에서는 1229년 칭기즈칸이 죽고 그의 셋째 아들 태종 오고타이窩闊台가 왕위에 등극했다.

3년 후 오고타이는 저고여를 비롯한 몽골 사신을 살해한 책임을 묻겠다며 고려를 침입했다. 이것이 몽골의 1차 침입이다. 이는 앞으로 30년에 걸쳐 7차례나 벌어질 몽골 침략의 서막에 불과했다. 1231년 8월 몽골군은 원수 살례타이의 지휘 아래 압록강을 건너 제일 먼저 함신진咸新陳(의주)을 함락한다.

그다음 귀주성龜州城에 이르러 서북면병마사 박서朴犀, 분도장군 김경손金慶孫과 맞닥뜨렸다. 몽골군이 사다리를 타고 성벽을 기어오르면 큰 돌을 굴려 물리쳤고, 땅굴을 파고 들어오면 뜨거운 쇳물을 부어 막았다. 화공을 하려고 섶에 기름을 부어 불을 지르면 진흙을 던져 소화했다. 몽골군은 총 6차례, 5개월 동안 공격해도 고려군이 지켜내자 별수 없이 귀주성을 포기하고 우회하여 개경으로 향했다. 그해 12월에 도성을 완전히 포위한다.

결국 고려는 몽골 장수에게 금, 은 등 많은 선물을 주며 투항했다. 고려의 항복을 받은 몽골군은 고려의 40여 개 성에 감찰관인 다루가치達魯花赤를 주둔시키고 1232년 정월에 물러갔다. 이들은 물러가면서 다시 한 번 귀주성을 공격했으나 또 실패했다. 하는 수 없이 고종에게 압력을 넣었다. 고종이 박서에게 사람을 보내 항복하라는 명령을 내렸다. 성문이 열렸다.

이때 몽골의 한 노장이 성내를 두로 돌아보고 감탄했다.

"평생을 전쟁터에서 보내며 숱하게 싸웠지만 이토록 심한 공격을 받고도 버텨낸 병사들을 한 번도 만나보지 못했다."

강화도 천도

고려군이 피를 흘리며 몽골과 싸우는 동안 교정별감 최이는 가병을 동원해 자신을 지키는 데 몰두했다. 그리고 몽골군이 물러간 지 채 한 달도 안 되어 심복들을 불러

〈**고려궁지**〉 고종 19년 강화도로 수도를 옮기고 궁궐을 지은 터다. 현재의 건물은 조선 인조 때 다시 지은 건물이다.

모아 도읍지를 옮길 구상을 한다. 주요 성을 다루가치가 장악하고 있어 최이의 통제력이 약화될 수 있고, 몽골이 강화 조건으로 요구한 공물을 감당하기도 쉽지 않았기 때문이다.

수전水戰에 약한 몽골군을 상대하기는 강화도가 최고였다. 한번 논의가 시작되자 일부 문신들의 반대에도 불구하고 천도 계획은 급물살을 탔다. 몽골군이 물러간 지 불과 4개월이 지난 6월 16일 천도가 확정되었다. 7월 7일 고종을 필두로 고려 조정은 도읍지를 강화도로 옮기기 시작했다. 그날 수도 개경에 살던 10만 백성의 모든 것이 뿌리째 뽑혔다. 하필 그날부터 열흘 동안 장대비가 내렸다. 진창에 빠져 죽은 인마를 헤아리기 어려웠다.

고려 조정은 개경뿐 아니라 전국의 백성들에게도 몽골과의 전면전을 대비해 산성과 섬으로 들어가라고 명했다. 몽골은 이를 고려의 선전포고로 받아들였다.

1232년(고종19년) 8월, 고려 조정이 강화도로 입도入島한 지 한 달 만에 살리타이沙里打의 몽골군이 쳐들어왔다. 몽골군의 2차 침입이다.

몽골군은 금세 강화도 앞바다까지 내려왔으나, 역시 해전에 약해 강화도로 쳐들어가지 못하고 사신을 보내 환도를 요구했다. 최이가 들어주지 않자 화가 난 살리타이는 소백산을 넘어 경상도까지 남하하여 앙갚음했다. 이때 대구 팔공산 부인사에서 고려의 보물인《초조대장경》이 몽골군에 의해 불에 탔다.

이렇게 몽골군이 고려 강토를 오르락내리락하며 짓밟던 그해 12월 15일 처인성處仁城(용인)에서 대격전이 벌어진다. 작고 허술한 성이었으나 승려 김윤후金允侯와 처인 부곡민의 저항이 예상 밖으로 강력했다. 살리타이가 흰말 위 황금 안장에 앉아 몽골군을 지휘하고 있는데, 암자 나무 뒤에 숨어 있던 김윤후가 불시에 화살을 쏘았다. 그 화살이 살리타이의 투구 사이 작은 틈을 비집고 들어가 그의 머리를 뚫었다. 졸지에 지휘관을 잃은 몽골군이 철수하면서 2차 대몽 전쟁은 끝이 난다.

몽골의 2차 침입은 고려를 강화도에서 끌어내기는커녕 강화도에 있는 정권에게 자신감만 안겨주었다. 전란의 참화에 그대로 방치된 본토 백성과 달리 강화도로 옮겨 간 최이 등 집권층은 아쉬울 게 없었다. 개경에서 아주 가까운 섬인 강화도는 유람하기에도 좋았다. 이곳에 지은 최이의 저택은 크기가 수십 리에 달했다. 한겨울에 정원에

심을 나무를 개경에서 옮겨 오느라 많은 백성이 얼어 죽었다. 몽골군이 물러간 후 최이는 강화도야말로 난공불락의 섬이라며 더 여유를 부렸다.

당시 몽골은 1233년 동진국을 정벌하고 1234년에 금나라를 공략하는 등 만주와 북방 지역 정벌에 주력하고 있었다. 그래서 고려는 상대적으로 등한시했다. 이럴 때 고려는 군사력을 키우고 동여진과 거란이 버틸 수 있도록 적극적인 지원을 했어야 했다.

고려의 방패 역할을 했던 북방의 나라들을 정벌한 몽골은 잠시 멈췄던 고려에 대한 공격을 재개했다. 그리하여 이전과는 비교도 안 될 전력을 파견해서 고려를 짓밟는다.

천국 강화도, 지옥 내륙

몽골군은 거침없이 남하하며 충주 이남까지 깊숙이 쳐들어왔다. 본토 백성은 그야말로 지옥을 경험한다. 몽골의 3차 침입은 '살리타이의 죽음에 대한 보복'을 명분으로 1235년(고종 22년)에 시작되었다. 이때 고려인은 불력佛力으로 몽골군을 물리치려는 염원을 담아 《팔만대장경八萬大藏經》까지 만들며 강토를 유린하는 몽골군과 처절하게 싸웠다. 그럼에도 경주 황룡사 9층 석탑 등 많은 문화재가 파괴되었다. 게다가 홍복원洪福源 같은 반역자가 몽골 사령관 탕구唐古의 길을 열어주어 고려의 전쟁 폐해가 더 극심했다.

몽골은 고려 조정에 아무것도 요구하지 않고 무조건적인 살상과 파괴를 일삼고 다녔다. 피해가 너무 커지자 고려 조정은 몽골에 사신을 파견해 강화를 요청했다. 몽골은 고려 왕의 친조親朝를 요구하며 1239년 4월에 물러난다.

몽골이 친조를 계속 요구해도 고려 조정은 여러 핑계를 대며 입조하지 않았다. 대신 많은 공물을 보내 몽골을 달랬다. 1241년 몽골에서 오고타이가 사망하며 부족 간 갈등이 일어난다. 이때부터 1246년까지 오고타이의 미망인 토레게네가 섭정하면서 대외 정복 활동이 일시 중단되나 1246년 정종 구유크貴由(재위 1246~1248)가 즉위하면서 재개된다.

당시에 전해 오는 흥미로운 일화가 하나 있다. 로마교황 이노센트 4세가 구유크칸의 제위식에 편지를 보냈다.

"당장 살육을 멈추고 신앙을 가져라."

이에 대해 칸은 다음과 같이 답했다.

"짐이 너에게 이르노라. 너희는 그리스도를 신봉한다며 다른 이들을 무시하는데, 과연 하늘은 누구에게 은혜를 베풀겠느냐? 지금이라도 너 교황은 일체의 권위를 버리고 짐에게 와서 투항하라. 만일 그렇지 않을 경우 짐은 너를 적으로 여길 것이며 그 뒷일은 하늘만 알 것이다."

이러한 몽골 칸이 1247년 '개경 환도'와 '국왕 친조'를 요구하며 다시 고려를 쳐들어왔다. 4차 침입이다.

이번에는 홍복원의 아들 홍다구가 몽골 사령관 아모간阿母侃의 앞잡

이 노릇을 했다. 아모간은 3차 침입 때처럼 '고려 초토화'를 시도했다. 먼저 정찰대 400명을 보내 북쪽 여러 성에 침입시키고는 본인은 연안에 주둔한 본대에 머물렀다. 그런데 본국에서 정종이 죽었다는 연락이 와서 몽골군이 철수했다. 고려 내부에서도 변화가 있었다. 1249년 11월 최이가 죽고 아들 최항崔沆이 집권했다.

몽골 입장에서 볼 때 최이의 강화도 천도는 적극적 항전의 표명이었다. 그러나 고려민 입장에서 보면 백성의 안위는 전혀 고려하지 않은 채 오직 최씨 무신 정권을 지속하려는 방책에 불과했다.

여몽 전쟁이 그토록 오랜 기간 진행돼도 무신 정권 집권층과 그의 사병들은 크게 싸워본 적이 별로 없다. 후에 삼별초의 대몽 항쟁이 일어나지만 이와 성격이 다르다. 주로 백성, 그중에서도 승려와 억압받고 살아온 천민들이 전장에 내몰려 죽기 살기로 싸웠다. 이런 가운데서도 최씨 무신 정권과 정규군은 조운漕運(배로 실어 나름)으로 세금 걷기에 혈안이 되어 있었다. 그런 돈으로 최이는 왕보다 더 사치스러운 삶을 누렸다.

처음부터 최이가 막강한 무신을 기반으로 개경에 남아 대몽 전쟁을 진두지휘했다면, 거란과 여진의 세력이 버텨주고 칭기즈칸이 호라즘 제국과 다투느라 정신이 없을 때 고려가 충분히 승기를 잡을 만도 했다.

고려에는 몽골을 이길 만한 맹장 김경손이나 박서, 김윤후 등이 있었다. 게다가 몽골은 해전에 약하나 고려는 해전에 능했다. 고려는 서해상을 장악한 왕건이 후백제와 신라를 이기고 통일한 나라다. 황해도나 함경도 방면으로 해군을 침투시키면 내륙으로만 밀고 오는 몽골을 포위할 수 있었다.

이런 전투 경험을 고려는 충분히 축적하고 있었다. 그러나 정권 유지에만 급급하던 무신 정권은 자신들의 장점과 가능성을 보지 못했다. 리더가 일신의 안위만을 고려해 전략을 짜면 조직의 잠재력을 충분히 발휘할 수 없다.

앞장서지 않는 리더가 존경받을 리 없고, 진두지휘하는 리더에게 충성하지 않을 수 없다. 리더는 조직에서 혜택을 제일 많이 받는다. 그런 만큼 위기가 오면 앞장서서 헤쳐나가야 한다. 리더의 노블레스 오블리주 정신이 사라진 조직은 번창을 기대하기 어렵다. 칭기즈칸은 정복 전쟁에 직접 앞장섰다. 고려도 왕건이 앞장서서 건국했고 그 후 귀족들도 거란과의 전쟁에 앞장섰다. 그러나 최씨 무신 정권의 수하들은 안전한 뒷자리로 숨어들었다.

짐승 취급을 받으며 수탈만 당한 천민은 나가 싸우는데, 토호들이나 고위 관리는 고려를 배반하고 몽골의 침략을 도와주었다. 서경 지역과 동북면 지역이 그런 매국노의 농간 탓에 몽골에 넘어갔다. 고려 강토가 통일신라 때처럼 자비령과 철령 이남으로 줄어들었다.

춘주성, 충주성의 영웅적 전투

최항도 아버지 최이와 마찬가지로 대몽 강경 정책을 고수했다. 1253년(고종 40년) 여름, 야굴也窟이 이끄는 몽골이 5번째 침략을 개시한다. 몽골군이 치고 내려오는 가운데 춘주(춘천)성에서 특기할 만한 전투가 벌어진다.

야굴은 춘주성민에게 항복을 권유했으나 거절당하자 춘주성을 포위하고 목책木柵을 두 겹으로 세운 다음 그 바깥에 깊은 참호를 팠다. 성안에 마실 물과 식량이 고갈되었다. 안찰사 박천기가 성문을 열고 6백 명의 결사대와 함께 포위망을 뚫어보려고 했으나 목책만 깼을 뿐 모두 참호에 빠지는 바람에 몽골군의 집중사격을 받아 모조리 전사하고 만다. 성안에 쳐들어온 몽골군을 맞아 주민들은 한 사람도 도망가지 않고 끝까지 싸워 전원 옥쇄玉碎했다.

다행히 영웅적 승리도 있었다. 10월 중순 몽골 주력부대가 충주에 나타났다. 충주성을 지키던 장수는 몽골의 2차 침략 때 처인성에서 적장 살리타이를 사살한 김윤후였다. 이때 김윤후는 승려를 그만두고 충주 방호별감이란 직책을 맡고 있었다. 몽골군은 모든 공성 전술을 사용했다. 화살을 쏘고 바위를 날리고 화공을 해도 충주성은 버텨냈다. 그러기를 70일째. 성내의 물자가 거의 바닥났다. 이때 김윤후가 노획한 말과 소, 재물을 모두에게 공평하게 나눠 주고 노비문서를 직접 불에 태워 없애며 주민들을 독려했다.

"힘을 다해 싸우는 자에게 귀천貴賤을 묻지 않고 벼슬을 주겠다."

성안의 모든 사람들이 일치단결해 싸웠다. 결국 몽골군이 철수하여 경상도 아래쪽으로는 더 이상 전쟁이 확대되지 않았다. 김윤후 장군은 탁월한 리더 한 사람의 영향력이 얼마나 중요한지를 보여주었다. 하지만 이런 승리는 극히 일부였고, 전국 각지의 고려민들은 몽골군에게 엄청난 치욕을 당했다.

고려는 5차 침입 이후 처음으로 몽골의 요구를 받아들여 고종이 직접 승천부로 나가 몽골 사신을 접견했다. 그리고 안경공安慶公 창淐이 입조하기 위해 몽골로 떠나자 몽골군은 철수했다. 이때 고려 내륙으로 출륙하자는 주장도 나왔고 고종도 은근히 바랐으나 최항이 완강히 거절하여 공론화하지 못했다.

몽골은 다시 출륙 환도를 요구하며 1254년 6차 침략을 한다. 자랄타이車羅大가 대규모 병력을 이끌고 쳐들어와 20만 이상의 고려인을 잡아가고 많은 고을에 불을 지르고 인명을 살상했다. 몽골군은 고려 정부의 굴복을 받아내고자 철저히 내륙을 유린하는 전대미문의 만행을 저질렀다. 물론 삼별초의 저항도 거세 몽골군도 많은 피해를 입었다.

최충헌의 노비가 최씨 무신 정권을 끝내다

1255년(고종 42년), 몽골군은 북상했다가 다시 내려와 강화도 공격을 시도했으나 실패하고 다음 해 9월 철수했다. 그 후 1257년 4월 최항이 죽고 서자 최의崔竩가 권력을 승계한다. 당시 고려는 계속된 전쟁과 흉년으로 너무 피폐해져 있었다. 백성들이 기력을 잃고 서로를 베개 삼아 누워 지냈다. 세금도 걷지 못해 조정 관리에게 봉록을 주지 못했다.

이런데도 세상 물정에 어두운 최의는 일신의 향락만을 추구했다. 다시 몽골이 출륙 환도와 국왕 입조를 요구했으나 최의가 거절했다.

뿐만 아니라 최의는 몽골에 보내는 공물도 중단했다.

몽골군은 1257년 6월 일곱 번째로 고려를 침입하며 황해도, 경기도, 충청도를 약탈했다. 이때는 수위를 낮춰 국왕 대신 태자가 입조하라고 요구했으나 교정별감 최의가 워낙 강경해 협상이 중단되었다. 최의는 최이 때처럼 몽골군과 대치하면 권력을 유지할 수 있으리라고 착각했다.

이런 착각은 세습 리더들이 흔히 저지르는 실수다. 선대의 성공 경험에 젖어 맹목적으로 따르는 것이다.

어려서부터 왕자처럼 자란 최의는 측근을 대접할 줄 몰랐고, 사람들과 친근한 관계를 맺는 것도 싫어했으며, 신하들이 오직 자신을 위해 짐승처럼 묵묵히 헌신해주기만 바랐다. 나이도 어리고 아둔한 최의는 유능한 부하를 내쫓고 최양백崔良伯, 유능柳能 등 경박한 이들을 가까이했다. 그러자 무신 세력이 동요하여 권력 찬탈을 노리는 자들이 생겨났다. 이 중 최측근이던 김준金俊이 최의에게 불만이 많았다.

김준은 최충헌의 노비 김윤성金允成의 아들로 체구가 거구인 데다가 궁술에 능해 관료로 발탁되었다. 최항 때는 장군 바로 아래 직책인 별장이 되어 대접을 받았으나 최의가 권력을 잡은 후에 완전히 찬밥 신세가 되었다.

당시 김준의 심복 중 욕심이 많고 잔인한 송길유宋吉儒가 수로방호별감으로 경상도에 가 있었는데, 그는 주민들에게 끔직한 형벌을 가하곤 했다. 재산을 내놓지 않은 양민을 잡아다가 두 손의 엄지손가락을 묶어 천장에, 두 발의 엄지발가락에는 큰 돌을 매달았다. 그러고는 발밑에 숯불을 피워놓고 장정 두 사람을 시켜 볼기를 치게 했다. 고을 주민들이 항의하자 이들을 굴비 엮듯 밧줄로 줄줄이 엮어서 바다에 던져버렸다. 이 사실이 안찰사를 통해 도병마사에게 보고되었지만 김준이 은폐했다. 김준을 제거하고 싶어 하는 최양백, 유능이 최의에게 이 사실을 알려 송길유를 추자도로 귀양 보내고 김준은 불러 면박했다.

"네 아무리 선친의 총애를 받았다 하나 잔악무도한 죄인의 죄까지 덮어주다니, 두 번 다시 내 앞에 나타나지 마라."

이쯤 되자 김준은 1258년(고종 45년) 4월 초에 유경柳璥, 박송비朴松庇 등과 거사를 모의했다. 그리고 며칠 후 첫닭이 울 무렵 최의가 자고 있을 때 그의 집을 급습해 살해했다.

이로써 60년 최씨 무신 정권이 무너졌다. 고종은 매우 기뻐하며 김준에게 위사공신이라는 칭호와 함께 장군직을 제수한다. 이때부터 김준에게 권력이 집중되기는 했으나 최충헌의 후광이 벗겨지고 나니 그 위세는 자못 추락할 수밖에 없었다. 비로소 어느 정도 왕권이 회복되었다. 대몽 강화론도 다시 대두되어 그해 8월 고려 조정은 드디어 출륙 입조를 결정한다.

이듬해 태자 왕전王倎(원종)이 몽골에 입조하여 30년 여몽 전쟁이 끝난다. 일생을 자의 반 타의 반으로 몽골과 전쟁을 하며 보낸 고종은 몽골과 화의 조약을 맺은 후 1259년 6월, 68세의 나이로 눈을 감았다.

당시 고려 인구는 500만 정도로 추산된다. 이 고려가 인구 100만에 불과한 몽골에게 패배했다. 몽골이 점령한 지역의 인구는 1억이 넘었다. 그 적은 인구로 어떻게 통치가 가능했을까? 그건 칭기즈칸이라는 리더 덕분이었다.

주변 정황으로 보면 고려가 세계를 정복하기에 더 유리했다. 고려 주변국은 거란과 금나라, 송나라 정도인데 예종 때까지만 해도 고려의 국력이 이 나라들과 대등하거나 능가했다. 이에 비해 몽골 주변엔 압바스(수도 바그다드), 키예프 공국, 호라즘 제국 등 쟁쟁한 나라들이 버티고 있었다. 고려는 내분 덕분에 외부로 웅비雄飛할 기회를 놓쳤다. 이때 몽골은 세계를 정복하러 다녔다. 1245년에는 몽골군에 겁을 먹은 로마교황 이노센트 4세가 네 번씩이나 몽골제국에 사절단을 파견했다.

이 사절단이 몽골이 점령한 동유럽의 전략 요충지를 지날 때의 목격한 일이 있다.

야간 보초를 서던 한 몽골 병사가 깜빡 잠이 들었다. 다행히 아무도 보지 못했지만 병사는 스스로 장군을 찾아가 고백하며 군법대로 처형해달라고 했다. 장군은 병사가 정직하다고 칭찬하면서도 처형을 명했다. 죽음을 앞둔 병사는 동료들에게 "만일 내가 잠든 시간에 적이 쳐들어왔다면 우리 부대원의 희생이 컸을 것이다. 비록 내가 잠든 시간에 적이 쳐들어오지 않았지만 나는 보초로서 죽어야 할 잘못을 저질렀다"고 말했다.

이런 희생정신은 칭기즈칸에게서 비롯되었다. 칭기즈칸은 황제면서도 전투할 때는 죽음을 무릅쓰고 병사들 앞에 서서 돌진했다. 이렇게 황제와 장군은 병사를 믿고, 병사는 황제와 장군을 믿으니까 세계 최고의 최정예 부대가 탄생한 것이다. 이러한 신뢰를 바탕으로 몽골 대제국을 건설했다.

죽음을 앞둔 칭기즈칸은 네 아들에게 이런 말을 남겼다.

"너희는 앞으로 냉랭한 전사의 얼굴을 배우게 된다. 죽음조차 비웃는 그 얼굴의 위엄은 오직 내면에서 나온다. 이래야 비로소 어떤 육신의 고통과 두려움도 냉정히 이겨낸다."

24대

원종

세계 지배 구조에 편입되길 원하다

친원 정책으로 무신 정권을 종식시키다

원종元宗(재위 1259~1274)은 고종이 세상을 뜰 때 태자 신분으로 몽골이 세운 원나라에 가 있었다. 무신 실권자 김준은 원종 대신 고종의 둘째 아들 안경공 창을 옹립하고자 했다. 그러나 강화에 있던 원종의 측근 대신들의 반대로 무산되었다.

이듬해 3월 원종이 귀국해 왕좌에 앉는다. 이때 나이 42세였다. 인종 이후 부왕 고종까지 8명의 선왕이 무인에게 휘둘려왔다. 고종이 승하하기 1년 전에 최씨 무신 정권이 무너졌다고는 하나 아직도 무신의 눈치를 보아야 했다. 여기서 완전히 탈출할 방법으로 원종은 원나라에

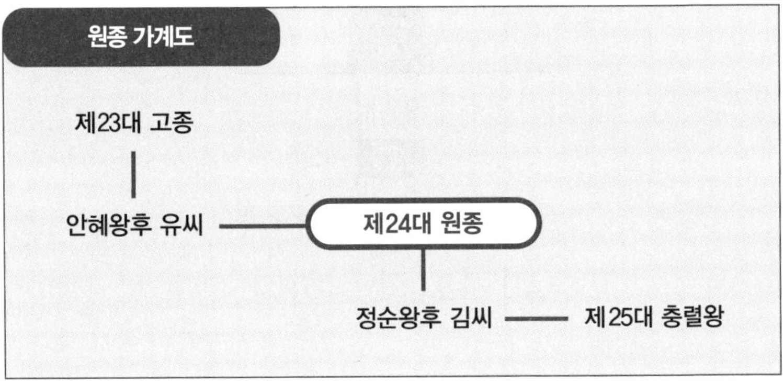

의지하는 길을 택했다.

몽골 초원에서 일어나 유라시아 대륙 절반 이상을 차지하고 100년간 통치한, 세계 역사상 유례가 없는 거대 제국. 그런 나라를 배경으로 둔다면 지구에서 어느 누가 대적할 수 있으랴? 이런 원종의 판단은 원칙적으로 옳았다.

그러나 엄연한 주권국가인 고려의 종속화는 피할 수 없다. 30년 이상 치열하게 싸워온 고려의 끈질긴 저항 정신이 사라지고 만다. 태자 시절 원종이 몽골에 입조했을 때 쿠빌라이忽必烈(재위 1260~1294)는 "당 태종도 굴복시키지 못한 나라의 태자가 몸소 찾아왔다"며 무척 기뻐했다. 몽골의 말발굽 아래에서 이토록 오래 버틴 나라가 없었으니 고려를 몽골도 내심 경외하고 있었던 것이다.

원종은 '외부 의존형 내부 관리outer dependence-inner managemant' 리더였다. 이런 리더는 결코 자신의 조직이 주류가 되기를 바라지 않는다. 거대한 지배 체제 속에 편입되기를 원한다. 그 속에서 한 분파를 맡아 보스 노릇이나 하면 충분하다. 자기 분파 안에 도전적인 세력이 나오면 상위 지배자의 힘을 빌려 제거하면 그만이다. 이런 사람을 리더로 둔 조직은 선두가 되려는 생각을 접고 추종 그룹에 만족해야 한다. 따라서 '외부 의존형 내부 관리' 리더에게 철학이나 가치관은 번거롭다. 국가 정체성도 별 의미가 없다. 철학, 가치관, 정체성은 상위 지배자가 정해주는 대로 따르면 그만이다.

이런 현상이 원종 이후 고려에 그대로 나타난다. 원종이 짜놓은 프레임, 즉 원나라에 기대어 내치를 하는 구도 속에 이후의 6충왕(충렬, 충선, 충숙, 충혜, 충목, 충정)이 갇히고 만다. 그야말로 원나라의 종속국이 된 것이다. 이후 공민왕 때가 되어 서야 원나라에서 벗어나보려고 했지만 이미 고려는 한 국가로서의 존립 가치를 상실한 상태였다.

어느 조직의 부서도 아니고 하나의 국가를 강대국에 의존해 운영하다가 고려는 '외부 의존 환영outer dependence illusion'을 만난다. 환상이 깨질 때는 환상에 대한 기대만큼 손해를 본다. 고려의 후반부 역사가 그것을 증명한다. 기생체는 숙주가 변심하든지 무너지면 살지 못한다.

같은 시기 칭기즈칸에게 정복당했던 서방은 화약, 종이, 나침반 등을 받아들여 부흥의 기틀을 마련하고 중국을 위협했다. 원종은 서방처럼 원나라를 통해 세계 문물을 받아들여 원나라를 넘어서겠다는 의지가 없었다. 원나라의 속국이 되더라도 왕권만 보장받으면 그만이었다.

원종이 고종의 뒤를 잇고자 귀국한 해에 원나라 세조世祖인 쿠빌라이가 보낸 조서를 보면 쿠빌라이가 원종을 얼마나 신뢰했는지 알 수 있다. 물론 고려의 요구를 수용한 것이지만 이는 원종이 독립국가의 군주가 될 만한 인물이 아님을 쿠빌라이가 확신했기 때문에 가능했다. 편지에서 중요한 내용은 세 가지다.

첫째, '불개토풍不改土風', 즉 고려 풍속을 그대로 유지해도 좋다.

둘째, 개경 환도 시기를 고려 형편에 맞게 정한다.

셋째, 몽골 군대와 다루가치를 철수시킨다.

쿠빌라이는 1264년이 되자 고려에 왕의 친조를 요구했다.

"짐이 즉위한 지 벌써 5년째다. 그동안 정벌에 바빠 제대로 조회를 받지 못했으나 80여 나라의 왕들이 조회를 했다. 고려 왕도 마땅히 역마를 타고 와 예를 행하라."

조정에 한바탕 논란이 일었다. 그해에 교정별감이 되어 군권을 한 손에 쥔 김준 일파는 굴욕이라며 입조를 반대했고 참지정사 이장용李藏用 등 문신들은 적극 찬성했다.

원종은 '사소한 명분으로 전쟁이 재발되면 안 된다'고 선을 그어 입조하기로 결정한다. 이로써 김준의 대몽 강경 세력이 타격을 입는다. 원종은 김준을 달래려고 1265년 1월 문하시중과 해양후海陽侯에 봉한다. 이는 최충헌과 맞먹는 벼슬이다.

친원주의자 원종의 마지막 과제는 개경 환도인데 김준이 목숨을 걸고 반대했다. 개성으로 가면 몽골이 사사건건 내정을 간섭하여 김준이 설 자리를 잃을 것이기 때문이다. 그런데도 원종은 환도를 준비하는 출배도감出排都監을 개경에 설치했다. 이렇게 되자 원종과 김준은 서로 상대를 제거할 기회만 노렸다.

원종과 김준의 갈등이 깊어가는 와중에 김준 일파에 분열이 일어났다. 김준은 임연을 '양자養子'라며 총애했는데, 바로 그 임연이 김준 혼자 권력을 독식한다고 불만을 품은 것이다. 그런 가운데 우연히 임연과 김준의 아들이 땅 문제로 심하게 다투었다. 이때부터 김준은 임연을 일체 만나주지 않았다. 원종은 이런 관계를 이용해 임연에게 김준 제거를 부탁했다.

1268년 12월 원종이 김준을 왕궁으로 불렀다. 김준이 편전 앞에 이르는데 임연과 결탁한 환관 최은崔除, 김경金鏡이 숨어 있다가 나타나 몽둥이로 김준을 내리쳤다. 쓰러진 김준 앞에 임연이 칼을 빼들고 나타나 목을 베려 하자 김준이 눈을 부릅뜨고 야단쳤다.

"나를 아비라 부르던 놈이 해치려 하느냐?"

"당신이 내게 잘해줄 때는 아비도 될 수 있으나 나를 멀리하니 원수일 뿐이다."

한칼에 김준의 배를 갈랐다.

임연은 즉시 궁중을 나와 야별초를 동원해 김준 가족과 측근들을 제거했다. 임연은 교정별감이 되었다. 원종은 임연이 김준과 달리 자신에게 충성할 줄 알았다. 그러나 권력을 잡은 임연은 돌변했다. 함께 거사한 최은, 김경을 죽이고, 임연 역시 개경 환도가 곧 권력 상실임을 알고 환도를 반대하며 속속 친원파를 숙청했다. 사공 이응렬李應烈이 임연에게 "용손龍孫이 여럿 있는데 하필 지금 이 왕이냐"고 하자, 이를 받아들여 원종을 폐위하고 원종의 동생 안경공 창을 왕에 앉혔다. 그러나 몽골이 압력을 넣고 일부 무신들까지 반대하자 원종을 다시 복위시켰다.

안팎으로 압력이 들어오자 견디지 못한 임연은 그만 1270년 화병으로 완전히 쓰러졌다. 당시 원종은 원나라에 친조차 들어가 있었다. 임연의 아들 임유무가 교정별감에 올라 개경 복귀를 반대했으나 이미 대세는 기울어졌다. 임유무의 정책 자문인 송송례宋松禮와 홍문계洪文系는 원종의 밀명을 받고 거리에서 임유무를 살해했다. 이로써 1170년 이의방 시대부터 시작해 정중부, 경대승, 이의민까지 무신 정권 성립기 30년을 시작으로, 최충헌, 최우, 최항, 최의의 60년 전성기, 그리고 무신 정권 해체기인 김준, 임연, 임유무의 10년을 포함해 정확히 100년을 이어온 무인 시대가 끝났다.

고려의 마지막 자존심, 삼별초

무신 세력이 사라졌으나 그 자리에 몽골이 들어와 무신보다 더 비열하게 정사를 간섭하기 시작했다. 몽골과 강화한 지 10년 만인 1270년(원종11년) 5월 몽골의 요청을 받아들인 고려 조정은 개경 환도를 결정한다. 천도 일자가 잡힌 날 강화도 거리마다 방이 붙었다.

"대국의 뜻을 받들어 300년 고려 사직을 지키고자 섬을 떠나 옛 도성으로 돌아간다."

당시 조정 신료는 원나라에서 귀국한 원종을 맞이하러 나가고 그 가족만 섬에 남아 있었다. 이들도 방을 보고 떠날 준비를 했다. 삼별초는 "몽골에 하옥당하는 것"이라며 크게 분노했다. 원종은 상장군 정자여鄭子璵를 보내 삼별초의 배중손裵仲孫 장군 등을 만나 회유했으나 실패하자, 5월 29일 장군 김지저金之氐를 파견해 왕명을 전했다.

"이제 삼별초를 해산하니 각자 생업을 찾으라."

그리고 병부兵簿를 회수해 개경으로 가져갔다. 이것이 삼별초 항쟁의 도화선이 되었다. 6월 1일 배중손, 노영희盧永禧, 김통정金通精 등 삼별초 지휘부가 모여 의논했다.

"우리는 평생 오랑캐와 맞서 싸워왔다. 며칠 전 정부에서 우리 명부를 가져갔으니 오랑캐에게 곧 넘어갈 것이며, 우리는 죽은 목숨이다."

"이대로 당할 수만은 없소. 죽을 때 죽더라도 차라리 떨쳐 일어나 싸우다 죽읍시다."

이들은 항몽을 결의했고 이 소식이 알려지자 금세 수많은 사람들이 몰려와 환호했다. 삼별초 지휘부는 무기 창고인 금강고金剛庫를 열어 병사들에게 무기를 나눠 주었다. 그리고 병사를 보내 나루터를 차단하여 육지와 교통을 끊었다. 도성 사람들을 모두 구정毬庭에 모아놓고, 항몽을 결의하며, 그 앞에서 강화에 있던 몽골인들의 목을 베었다.

순식간에 강화 읍내가 아수라장이 되었다. 개경으로 미처 나가지 못한 조정 신하들의 가족과 강화를 떠나려는 일부 사람들이 강화 해협으로 몰려들었다. 삼별초가 막아서자 사방으로 흩어져 일부는 배를 타고 도망치다가 삼별초가 쏜 화살에 맞아 쓰러졌다. 삼별초는 사람들을 뭍으로 탈출하지 못하게 막고, 승화후承化侯 왕온王溫을 새 왕으로 추대했다. 좌승선에 대장군 유존혁劉存奕, 우승선에 상서좌승 이

신손李信孫을 임명하여 새로운 정부를 출범시키고 자신들이야말로 정통 고려국이라 자부했다.

삼별초는 어떻게 만들어졌을까? 고종 때 교정별감 최우가 도적을 잡으려고 야별초夜別抄를 설치한 것이 그 시작이다. 점차 인원이 늘어나자 좌우 별초로 분리했다. 여기에 여몽 전쟁 때 몽골 포로가 되었다가 탈출한 병사들을 모은 신의군神義軍이 합쳐져 삼별초가 되었다. 이들은 무신 정권의 주요한 군사적 기반이었으며 특히 강화 천도 이후 몽골군과 가장 치열하게 싸운 집단이었다. 강화 도성에서 전국 각지로 달려가 몽골군과 싸워 경별초京別抄라는 칭송도 들었다.

가자 진도로, 그리고 제주도로

삼별초가 반란을 일으키자 원종은 고려 주둔군 몽골 사령관 도렌카頭輦哥와 함께 여몽 연합군을 만들었다. 삼별초는 두 가지 이유로 좀 더 안전한 곳으로 옮겨 가기로 한다.

첫째, 강화도가 워낙 육지와 가까워 아무리 통제해도 목숨을 걸고 탈출하는 사람이 갈수록 늘었기 때문이다. 둘째, 이보다 더 중요한 이유는 해전에 약한 몽골군과만 싸운다면 버틸 만한데, 이제 고려 수군과도 싸워야 했기 때문이다. 그래서 강화도보다 본토에서 더 멀리 떨어진 진도珍島를 근거지로 결정했다.

삼별초가 진도로 떠나는 날 무려 천 척 이상의 크고 작은 배가 구포항仇浦港부터 항파강缸波江(내가면 외포리 부근)까지 꼬리를 물고 늘어섰다. 짐을 머리에 이고 아이의 손을 잡은 백성들이 줄을 서서 차례로 배에 승선했다. 이때 1만 5천 명 정도가 강화도를 떠나 망망대해로 나갔다. 삼별초가 떠났다는 소식을 듣고서야 원의 군사 2천 명이 강화도에 진주했다. 삼별초가 떠난 강화도에서 몽골군은 마음 놓고 노략질을 했다. 미처 삼별초와 함께 떠나지 못한 가족이나 삼별초를 피해 산속으로 숨었던 군인 할 것 없이 가리지 않고 삼별초 봉기에 협조한 죄인으로 취급했다.

한편 진도를 떠나 남하하던 삼별초는 내려가면서 서해안의 일부 연안 지역과 여러 섬들을 공략했다. 이때 지역 군인들이 삼별초에 합류했다. 삼별초가 지나간 곳은 숨 막히는 왕조 사회에서 일시적이지만 일종의 해방구 역할을 했다. 그중 영흥도와 안면도에 삼별초와 관련된 많은 이야기가 구전되고 있다. 서해 연안과 여러 섬을 섭렵하느라 삼별초는 무려 74일간을 항해했고, 8월에야 진도에 닻을 내렸다. 그 74일간 삼별초의 가족들은 비록 바다 위를 떠다니는 생활이었으나 거기에서 인간이 얼마나 귀한 존재인지를 경험했다.

진도까지 삼별초를 따라온 사람 중에 재상 이상은 한 명도 없었다. 이신손이 상서좌승(종3품)을 지냈을 뿐이다. 출신 지역도 개경이 아닌 청주(충북), 해양(광주), 상주(경북) 등 지방인들로 일반 백성, 하급 관료, 노비, 병졸뿐이었다. 이들은 진도의 용장사龍欌寺를 궁궐로 삼고 몽골과 괴뢰정부를 기필코 타도하겠다고 선포했다.

그러고는 해안 요지마다 봉화대와 망대를 쌓았다. 어느 정도 자리가 잡히자 배중손은 본격적인 본토 수복 작전을 개시했다. 당시 반몽 감정이 큰 고려 하층민은 삼별초에 크게 호응했다.

해전에 능한 삼별초는 그새 남해의 제해권制海權을 장악하고 전라도의 여러 고을과 밀양까지 장악했다. 이런 가운데 개경 정부는 탐라 지역을 삼별초가 공략하려 한다는 첩보를 받고 영암부사 김수金須와 장군 고여림高汝林에게 군사 천 명을 내주며 제주도 해안가를 따라 120킬로미터나 되는 환해장성環海長城을 쌓게 했다.

탐라는 1105년(숙종10년) 이전까지는 고려에 조공을 바치는 독자적인 지역이었다. 이후 고려 관리가 파견되었는데 워낙 수탈이 심해지자 반개경 분위기가 강했다. 그래서 11월 초 삼별초가 들어오자 적극 호응하여 삼별초의 두 번째 근거지가 된다.

잇따른 패전 소식에 놀란 원종은 겨우 정신을 차리고 김방경金方慶을 전라도 추토사追討使에 임명한다. 김방경은 몽골 장수 아해阿海와 여몽 연합군을 형성해 삼별초를 공격했으나 대패한다.

해가 바뀐 1271년(원종 12년) 1월, 원 황제는 삼별초에게 항복하면 과거의 죄를 묻지 않고 편안히 살게 해주겠다는 화친 친서를 보냈다. 이 친서를 들고 원 사신이 진도에 들어왔다. 배중손은 이들에게 잔치를 베풀어주어 안심시킨 뒤 원나라 사신을 억류하고 대동한 원나라 군사 90명을 죽였다. 원나라와 끝까지 싸우겠다는 강력한 의지의 표명이었다. 직후 내륙 지방에서 삼별초 정부에 호응하는 반란이 연달아 일어났다. 제일 먼저 밀성密城(밀양)에서 시작된 반란이 청도淸道, 일선一善(구미) 등 영남 내륙 전체의 호응을 얻었고 심지어 개경에서까지 관청 노비 숭겸崇謙과 공덕功德의 주도로 반란이 일어났다.

한편 삼별초에게 거절당한 원나라 황제는 화를 내며 패장 아해를 즉시 소환했다. 대신 장수 흔도炘都를 보내 고려인 6천 명을 징발하고 모든 군수물자도 고려에서 조달하여 삼별초를 응징하라고 명령했다.

흔도는 부임하면서 매국노 홍복원의 아들 홍다구를 휘하 장수로 데려왔다. 그해 5월 1일 여몽 연합군은 전함 4백 척으로 진도를 급습했다. 이때 삼별초군은 연전연승에 도취해, 오랑캐가 결코 바다를 건너서 공격해오지는 못하리라 오판하고 있었다. 이때 연합군이 불시에 세 방면에서 쳐들어왔다. 김방경과 흔도의 중군은 옥동나루에서 벽파진으로, 홍다구의 좌군은 원초리 노루목으로, 대장군 김석金錫, 만석 고을마高乙麽의 우군은 동편으로 쳐들어갔다,

허를 찔린 삼별초군은 벽파진의 적을 막기에만 급급했을 뿐 좌우에서 밀려오는 적을 막지 못해 협공당하며 순식간에 무너졌다. 용장성이 불바다가 되고 섬 전체가 연기와 울부짖는 소리로 가득했다. 점점 좁혀오는 포위망 속에서 배중손, 김통정, 노영희는 각기 여러 갈래로 흩어져 혈투를 벌였다. 항몽 투쟁의 주역 배중손은 온몸에 화살이 꽂힌 채로 석성石城에 기대 밀려오는 몽골군과 칼이 톱날이 되도록 싸우다가 끝내 전사했다. 삼별초의 수도 진도는 그렇게 무너졌다.

이날 전투에서 김통정만 간신히 살아남아 패잔병을 수습해 탐라로 들어갔다. 남해도에 있던 유존혁도 병선 80여 척을 모아 합세했다.

백성 앞에 부끄러운 줄 알아야지

삼별초 정부는 탐라에서 김통정의 인솔하에 2년간 원나라, 그리고 개경 정부에 대한 마지막 투쟁을 벌인다. 삼별초는 식량과 병력이 부족했다. 제주도가 워낙 내륙과 멀리 떨어져 있기에 조달이 쉽지 않았다. 삼별초는 일본에 사신을 보내 상황을 설명하고 삼별초가 무너지면 몽골 군사가 일본을 침략할 것이라며 식량과 구원병을 요청했다. 삼별초의 실체를 잘 몰랐던 일본 정부는 별다른 반응을 보이지 않았다. 삼별초는 스스로 자활 조치를 취해야 했다.

제주도로 옮긴 뒤 1년 동안은 대외 공략을 멈추고 방어진지 구축에 전념했다. 애월항에 목성을 축조하여 이 성과 연결해 항파두리성을 쌓았다. 더불어 고려군이 쌓은 환해장성을 활용해 제주도 300리 해안 전체를 두르는 석성石城도 구축했다. 이 기간 동안 원나라가 조용했던 이유는 일본 원정 준비에 여념이 없었기 때문이다. 원나라는 일본 원정에 필요한 군사와 병참 등 모든 것을 개경 정부에 부담시키려 했다. 개경 정부는 원정 부담을 줄이려고 온갖 노력을 기울이고 있었다. 그래서 바다 건너 삼별초에 신경 쓸 겨를이 없었다.

이 틈을 이용해 견고한 방어 시설을 갖추고 진용을 가다듬은 삼별초는 본토와 가까운 추자도에 전초기지를 마련한다. 그리고 다시 본토를 공격했다. 김통정은 내륙 공략을 앞두고 병사들에게 두 가지 목표를 분명히 했다.

첫째, 몽골인과 몽골에 협조한 고려인을 납치한다.

둘째, 조운선漕運船을 탈취한다.

또다시 삼별초가 서남 해상과 해변 고을을 장악해나가자 개경 정부는 당황했다. 특히 세미稅米를 운반하는 조운선 탈취는 개경 정부에게 큰 타격이었다. 삼별초는 활동을 개시한 지 두 달 만에 조운선 20척을 나포하고 세미 3200석을 빼앗았다. 특히 서남 해안 일대는 삼별초의 독무대였다. 거제도와 영흥도를 동시에 공격하자, 개경까지 쳐들어올까 봐 겁을 먹은 원종이 흔도에게 기마병으로 궁궐을 수비해달라고 부탁할 정도였다.

고려 조정은 삼별초를 회유하고자 했다. 원종은 합문부사閤門副使 금훈琴熏를 초유사招諭使로 삼아 회유문을 들려 보냈다. 금훈이 탄 배가 제주도를 향해 가는데 도중에 삼별초 함대가 나타나 추자도로 끌고 갔다. 제주에서 회유문을 받아본 김통정은 부하를 보내 추자도의 금훈에게 이렇게 전했다.

"진도에서 너희들의 유인책에 속아 우리 부모 형제가 무참히 죽었다. 이런 원한이 골수에 맺혔는데 또다시 우리를 현혹하려 드느냐."

이에 고려와 몽골은 다시 연합군을 만들어 삼별초를 격퇴하기 위한 준비를 하면서 동시에 마지막 회유를 시도했다. 원나라 황제의 허락까지 받은 선유사宣諭使 다섯 명이 탐라로 갔다. 선유사 중에 김통정의 조카도 포함되어 있었다.

김통정은 이들을 보자마자 단칼에 베어버리고 조카만 살려주며 말했다.

"네가 왜 오랑캐의 심부름꾼 노릇을 하느냐? 백성 앞에 부끄러운 줄 알아야지!"

원 황제는 선유사들이 모두 살해되었다는 보고를 받고 삼별초를 당장 공격하라고 명령했다. 여몽 연합군 1만 명이 160여 척의 전선을 타고 김방경, 흔도, 홍다구의 지휘 아래 탐라로 향했다.

이들은 진도를 공략할 때의 전술과 비슷한 3군 양동작전을 폈다. 중군은 함덕포에, 우군은 애월항 근처 해변에, 좌군은 비양도에 상륙했다. 이런 양동작전은 병력이 월등히 많은 쪽이 소수 병력을 공격할 때 효과적이다. 삼면에서 쳐들어오는 여몽 연합군을 적은 병력으로 분산해 대응하다 보니 오래 버티기 어려웠다.

삼별초군은 혼신을 다해 막아섰으나 워낙 중과부적이라 후퇴해야 했다. 삼별초 지도부 70명은 김통정과 함께 산속으로 들어간 후 함께 자결했다. 4년여에 걸친 삼별초의 대몽 투쟁도 끝이 났다. 이후 고려는 80여 년간 완전히 자주성을 잃고 원나라의 속국이 되며 백성들이 험난한 가시밭길을 걸어야 했다.

삼별초가 버텨줄 때만 해도 원나라는 고려 왕실과 백성의 입장을 어느 정도 고려해주었다. 그래야 삼별초로 향하는 민심을 막을 수 있었기 때문이다. 이제 삼별초가 사라진 후에 고려 백성은 원나라에게 정복당한 나라의 노예에 불과했다.

그 뒤 원나라는 고려에 개경 천도를 요구하며 약속했던 '불개토풍'도 무시했다. 도리어 원종은 여몽혼인동맹麗蒙婚姻同盟을 추진했다. 자신의 태자 심諶을 몽골 공주와 결혼하도록 해달라고 간청해서 허락받고 부마국이 되었다. 이후 고려의 풍속과 제도는 몽골족을 따라가기에 급급했다.

태자 심은 1274년 6월 원종의 뒤를 잇는다.

25~30대

충렬왕 · 충선왕 · 충숙왕 · 충혜왕 · 충목왕 · 충정왕

위에서 눌리고 아래를 누르다

스톡홀름 신드롬

다양성보다 일치가 존중받는 사회일수록 리더에 대한 의존도가 높다. 왕조시대에는 왕이 하는 것만큼 나라가 움직인다. 특히 수직적 조직 내의 집단 정서와 태도는 리더의 그것을 닮아간다.

리더에 대한 의존도를 줄이려면 다양성을 받아들이고 네크워크형 직제職制를 갖춰야 한다. 어떤 리더도 완전할 수는 없기 때문에 조직의 장래를 한 사람에게 전적으로 의존한다는 것은 대단히 위험한 발상이다. 따라서 리더의 권한을 적절하게 분산하고 또 위임받은 권한

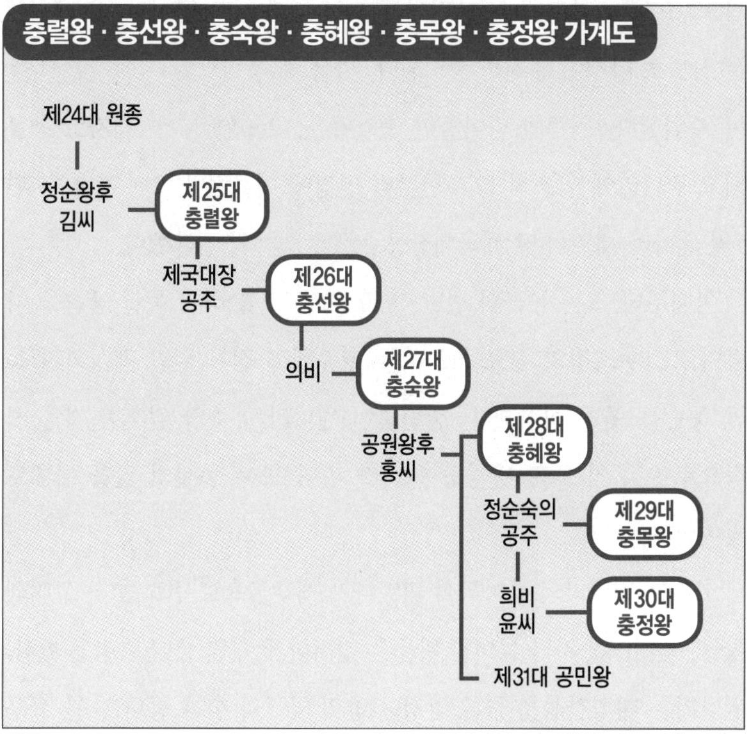

을 충분히 행사하고 책임질 만한 구성원을 갖추어야 한다.

'여우 피하려다가 호랑이 만난다'는 격으로 원종이 무신 정권을 피하려고 몽골에 의지했다가 그만 고려가 몽골에 귀속된다.

인질로 잡힌 사람이 오랜 기간 납치범과 함께 지내다 보면 자신도 모르게 납치범에게 호감을 갖게 되고 심지어 그들에게 충성하게 된다. 이것이 바로 스톡홀름 신드롬Stockholm syndrome이다. 이런 스톡홀름 신드롬이 육충왕六忠王에게 그대로 나타났다. 몽골제국이 수도를 연경(북경)으로 옮기고 국호를 원이라 고친 때가 1271년이다. 1273년에는 삼별초 항쟁이 완전히 종식된다. 다음 해 충렬왕忠烈王(재위 1274~1279)이 즉위했다. 원종의 맏아들인 충렬왕은 1260년(원종1년) 태자로 책봉되고 원나라에 입조해 1272년부터 연경에 머물렀다. 2년 후 1274년 5월 원나라 세조의 딸 제국대장공주齊國大長公主와 결혼했다.

이때부터 그는 몽골의 변발辮髮과 호복胡服을 하며 몽골 풍속을 따랐다. 고려 조정의 신료들도 이를 추종했고 점차 일반 백성까지 몽골 풍습을 좇기 시작했다. 충렬왕이 원나라 공주와 결혼한 것을 시작으로 이후의 고려 왕들도 원나라 황녀 또는 종실의 딸을 아내로 맞이한다.

고려는 원나라의 부마국이 되었다가 제후국으로 전락했다. 고려의 왕들, 특히 '충' 자가 들어간 왕들은 철저하게 친원 중심 통치를 했다. 원나라는 내정간섭은 물론 엄청난 양의 공물과 함께 공녀貢女를 요구했다.

원나라는 왕비로 공주 한 명을 보내고 그 대신 고려에서 수많은 처녀들을 공녀로 끌고 갔다. 먼 이국땅으로 끌려가는 그 순간부터 대부분 비참한 생활을 하게 된다. 이를 비관해 목을 맨 이도 있었다. 충렬왕 1년 때부터 원나라에 공녀를 바치기 시작해 공민왕 때까지 80년간 공식 기록으로만 50여 회의 요구가 있었고 수천 명의 여성이 고국을 떠나야 했다. 보통 십 대 처녀 중에서 공녀를 선발했고 한 번 선발되면 빠져나올 수 없었다.

공녀 출신 기황후奇皇后의 출세는 희귀한 일이었다. 공녀를 징발할 때면 고려 전체는 공포의 도가니에 빠졌다. 처녀들은 숨고 선발 부대는 이들을 찾으려고 전국 민가를 샅샅이 뒤졌다. 이를 피하려다 조혼早婚 풍속이 생겼다. 다음은 당대 무신 김찬金贊의 시다.

閨居恐未藏身密(규거공미장신밀)
꼭꼭 숨어 살았건만 어떻게 알아냈는지
稚鶯欲囀辭深樹(치앵욕전사심수)
어린 꾀꼬리 막 태어난 숲을 떠나야 하네
乳燕將飛失舊窠(유연장비실구과)
겨우 날아보려는 어린 제비도 둥지를 떠나야 하네
行須緩緩氈車載(행수완완전차재)
떠나기 싫어 느리게 느리게 수레에 오르는데
欲發悤悤寶馬馳(욕발총총보마타)
달리고 싶은 말들은 바람처럼 달리네
父母國遙魂正斷(부모국요혼정단)
부모 나라 점점 멀어져 넋을 잃었고
帝王城近淚猶沱(제왕성근루유타)
몽골 왕성이 다가오니 눈물만 솟구치네.

원나라는 고려를 마치 졸개 다루듯 했다. 대장이 원하는 일이라면 무엇이든 따라야 하는 졸개처럼 고려는 원나라의 뜻이라면 죽는 시늉까지 해야 했다. 원 세조는 사위인 충렬왕에게 부마국답게 일본 정벌 전쟁에서 큰 몫을 담당하라고 강요했다. 이미 몽골과 30년 전쟁을 치른 탓에 인구가 대폭 감소하고 살림이 궁핍해졌음에도 고려는 전선 900척, 병사 1만 5천 명을 징발해야 했다. 이 모든 고통은 일반 백성들의 몫이었다.

일본 정벌에 동원되어 만난 가미가제

충렬왕 즉위 원년(1274)부터 고려는 원의 일본 침략 전쟁에 동원되어 경제적·군사적 부담을 떠안아야만 했다. 왜 원나라 세조 쿠빌라이는 일본을 정벌하고자 했을까?

당시 일본은 남송과의 교역 관계를 지속하고 있었다. 이를 못마땅하게 여긴 원 세조가 사신을 보내 무역 중단과 조공을 요구했으나 거절당했다. 동북아시아에서 유일하게 일본만 원나라에 조공을 바치지 않았다. 남송은 국력이 이미 기울었기에 일본만 항복하면 동북아시아 전체에 원제국이 완성되는 것이었다. 그래서 원은 일본 정벌에 나선 것이다.

그러고는 전쟁의 부담을 고려에 떠넘겨 남아 있는 대몽 항쟁 세력의 저항력마저 말살하고자 했다. 이는 고려와 일본이 연합해 몽골에 대항하지 못하도록 미리 막는 효과도 있었다. 원나라의 전략은 '오랑캐로 오랑캐를 친다'였다. 원은 고려를 부마국이라 칭했으나 사실 원나라가 보기에는 오랑캐 나라 중 하나에 불과했다. 이런 이이제이 전법에 고려 왕실은 무력하게 끌려가기만 했다. 1차 원정을 앞두고 전투에 나설 함선 900척은 모두 고려의 몫이었다.

짧은 시간에 이 많은 배를 만들기 위해 많은 고려인이 동원되어 혹사당했다. 이 배들은 소나무가 많은 전북 부안 등지에서 집중 건조되었다.

그해 10월 고려 도독사 김방경, 원나라 도원수 홀돈忽敦이 여몽 연합군 4만 명을 9백여 척의 배에 태우고 가서 상륙한 지 두 시간 만에 대마도를 장악했다. 그 후 본토를 향해 진격했는데 태풍을 만나 많은 함선과 병력 절반을 잃고 돌아왔다.

일본은 이 태풍을 '가미가제神風'라 부른다. 1차 원정에 실패한 원나라는 탐라에 목마장牧馬場을 만들고 고려에 정동행성征東行省을 설치해 2차 원정을 준비한다. 마침 원나라는 1279년 남송을 완전히 정복하고 홀가분하게 일본 정복에 전념할 수 있었다. 이번에는 1차 때보다 훨씬 많은 15만 연합군을 태우고 1281년 5월 본토로 향했으나 일본군이 작은 배를 타고 선단에 접근하여 횃불을 집어던지는 바람에 상륙지를 변경하는 등 작전에 차질이 생겼다. 7월 1일 다카시마高島 앞바다에 여몽 연합군이 집결했으나 또 태풍이 불어 전함 대부분이 부서져 회군한다.

그래도 원 세조는 포기하지 않고 3차 원정을 준비했다. 고려가 원나라의 대리 전쟁이나 수행하며 농락당하던 이때, 승려 일연一然이 1285년(충렬 11년) 고려의 유구한 전통을 보존하고 자주적 기상을 살려 내려는 의미에서 《삼국유사三國遺事》를 펴낸다. 1294년 원 세조가 죽음으로써 원의 일본 3차 원정은 실현되지 못했다. 세조의 후계자는

원의 성종 테무르

성종成宗 테무르鐵穆耳(재위 1294~1307)였다. 성종이 즉위하자 충렬왕은 탐라를 돌려달라 요청하여 허락받고 이듬해 이름을 제주로 고치고 목사를 파견했다.

이후 충렬왕이 궁녀 무비無比에게 빠져, 무비가 왕처럼 행동했다. 때문에 제국대장공주와 세자 원謜이 심하게 반발했다. 1296년 11월 원의 조정에 들어간 세자는 계국대장공주薊國大長公主와 결혼하여 원에 머물다가 모후 제국대장공주가 사망했다는 소식을 듣는다.

충선왕, 원격 정치 전지 정치

충선왕忠宣王(재위 1298, 복위 1308~1313)은 육충왕 중에서 제일 개혁적인 성향의 인물이었다. 충렬왕과 제국대장공주의 소생인 충선왕은 어려서부터 총명했다. 그는 세 살 때인 1277년 1월 세자로 책봉되었다. 1298년(충렬왕 24년) 부왕이 태상왕으로 물러나며 자신이 왕이 되었을 때는 정치를 제대로 개혁해보려는 의지로 충만했다.

한창 패기가 넘치던 21세의 충선왕은 대대적 개혁 정책이 담긴 즉위 교서를 내놓는다.

충선왕은 즉위 교서를 통해 권문세족의 탈세와 토지 점탈은 물론 지방 수령이 백성들에게 작은 선물을 받는 것도 금지했다. 또한 신분에 상관없이 실력 있는 자를 등용하고자 했다. 그리고 원나라에 사신으로 따라갔다가 원나라 세력을 이용해 재상이 된 환관이나 군졸 들을 신분 질서를 어지럽혔다는 이유로 파면했다. 더불어 원나라의 관계官階(응방鷹坊 등)로 설치된 기관원 관리에게 일체 증여물을 못 받게 했고, 다루가치의 권한도 제한했다.

충선왕은 이 같은 혁신 정책으로 백성들에게 많은 지지를 받았다. 당연히 권문세족은 반발했다. 이러한 충선왕은 같은 해 8월 조비 무고 사건이 터져 퇴위당한 채 원나라로 소환된다. 그러자 충렬왕이 복위해 충선왕의 모든 혁신 정책을 중단한다.

조비는 충선왕의 조강지처다. 충선왕은 정략적으로 결혼한 계국공주보다 세자 시절 서로 좋아해 결혼한 조비를 더 사랑했다.

계국공주는 이를 질투하여 원 황실에 고발했다. 고려 왕은 한 나라의 왕이면서도 사랑도 마음대로 못했다. 원나라에 소환된 충선왕은 그 후 10년이나 연경에 있어야 했다.

이 기간 동안 충렬왕과 아들 충선왕의 알력 다툼이 표면에 드러났다. 심지어 충렬왕 측근 세력 왕소유王惟紹, 송린宋璘, 석천보石天補가 계국대장공주를 서흥후瑞興侯 전琠에게 개가시켜 충선왕의 입지를 흔들고자 했다. 이 시도는 원나라의 반대로 실패했으나 충선왕은 이 일로 깊은 비애를 느꼈다.

당시 원 조정은 성종 테무르칸이 아들 없이 죽자 황제 자리를 놓고 소용돌이에 빠진다. 이때 충선왕은 자신과 외사촌 간인 무종武宗(카이산海山, 재위 1307~1311)을 도왔는데, 그가 황제에 오른다. 무종은 자신의 즉위에 큰 공을 세운 충선왕을 '심양 왕瀋陽王'에 봉한다. 심양은 만주 일대를 말하는데 여몽 전쟁 때 몽골에 끌려가거나 투항한 사람들이 집단으로 모여 사는 곳이다. 이 지역의 특별 관리를 충선왕에게 맡긴 것이다.

그로부터 2개월 뒤 1308년 3월 아버지 충렬왕이 죽자 충선왕은 귀국해 고려 국왕으로 복귀하여 두 개의 영토를 다스린다. 고려로 복귀한 충선왕은 복위 교서를 발표했다. 이번에도 역시 혁신적인 내용을 담았으나 즉위 교서에 비해 강도가 약했고, 특히 원나라와의 관계는 일절 언급하지 않았다. 복위 교서의 주 내용은 이렇다.

기강 확립, 공평 조세, 왕실 족내혼 금지, 인재 등용, 귀족 횡포 엄단, 농업 장려.

모두가 구호일 뿐 구체적 실행 내용은 없다.

아버지와 비열한 권력 암투를 벌이는 동안 충선왕의 순수한 혁신 의지는 완전히 퇴색했다. 고려 왕이 아무리 좋은 뜻으로 정치를 하려 해도 왕위 계승이나 유지 등 중대사는 결국 원나라가 결정한다는 사실을 뼈저리게 경험한 뒤였다.

이후 충선왕은 어떻게 고려를 개조할 것인지보다는 원 황실의 동태에 더 신경 썼다. 그래서 복위 교서를 발표하고 겨우 3개월간 머문 후, 제안공 왕숙王淑에게 정권을 대행하도록 하고 연경으로 돌아갔다.

그가 고려에 머문 기간에 한 일이라고는 부왕 장례식을 치르고 두 후궁을 맞이한 것밖에 없다.

그 후 5년의 재위 기간 동안 귀국하지 않고 원거리 통치를 했다는 사실은 기본자세가 결여되었다는 방증이다. 전지傳旨를 통해 국정을 다스리는 바람에 왕이 없는 개경의 정치 상황은 늘 혼란스러웠다. 한편 개경에서 연경으로 가는 길은 충선왕에게 바치는 물자를 실은 수레로 늘 붐볐다.

폐해가 심하기도 하고 어이없는 일이라 고려의 신료들은 물론이고 원 황실까지 나서서 귀국하라 종용해도 충선왕은 말을 듣지 않았다. 이미 충선왕은 원나라에서 황제와 태자 다음 대우를 받는 신분이었다. 충선왕은 고려라는 변방보다 제국의 중심에 있고 싶어 했다. 그러다 1313년(충선왕 5년) 강릉대군江陵大君 도燾에게 선위한다.

충선왕의 이중 플레이 탓에 만주를 놓치다

충숙왕忠肅王(재위 1313~1339)은 충선왕과 몽골 여인 의비懿妃 야속진也速眞의 소생이다. 충선왕과 계국대장공주 사이에는 자녀가 없었다. 충숙왕 역시 아버지 충선왕과 줄곧 원나라에 거주하며, 그곳에서 성장기를 보냈다.

스무 살이 되던 해 갑자기 충선왕이 왕위를 넘겨주는 바람에 고려 왕이 되었다. 아직 부왕이 상왕으로 있어서 왕권 행사는 제한적이었다. 더구나 충선왕이 아들을 왕에 세우면서 동시에 자신의 조카

왕고王暠를 세자로 책봉했다. 즉 아들을 현재 왕으로, 조카는 그다음 왕으로 미리 지목하는, 이해 못할 행동을 한 것이다.

그렇게도 개경에 가려고 하지 않던 충선왕은 충숙왕 재위 초기에 가끔 들렀다. 그럴 때마다 전국의 주요 사안을 충선왕이 직접 결재했다. 그리고 덕을 쌓는다며 108만 등불을 켜고 108만 승려에게 보시하는 '만승회萬僧會'를 열어 국고를 탕진했다. 아들이 왕이 된 지 3년째인 1316년 7월 원 황실의 복국장공주濮國長公主와 혼인시킨다. 자신의 입지도 강화하고 고려 왕권도 안정시키기 위함이었다. 비슷한 시기에 심양 왕을 조카 왕고에게 물려주어 충숙왕에 대한 견제 장치를 마련했다.

이런 충선왕의 이중 플레이 탓에 고려는 만주를 놓친다. 충선왕이 심양 왕으로서 다스리던 만주는 원래 고구려 영토였다. 고구려 멸망 후 고구려 유민이 세운 발해가 지배했고, 다음 거란, 여진족 등도 이곳에 거주했다. 하지만 원나라가 중국을 지배하며 만주 지역을 여몽 전쟁 때 끌려간 고려인들로 채웠다.

원 황실에서도 만주가 본디 고구려의 계승국인 고려의 땅임을 알고 고려 왕에게 다스리라 했다. 만일 충선왕이 충숙왕에게 고려 왕위를 물려줄 때 심양 왕위까지 주었다면 자연히 고려 영토가 되었을 것이다. 그러나 충선왕은 고려 왕은 아들에게, 심양 왕은 고려 왕위를 탐내는 조카에게 주었다.

그만큼 충선왕은 백년대계를 바라보는 역사의식이 없었고 원나라 황실 입장에서만 사안을 보았다. 정체성이 흐릿한 리더는 조직의 미래를 전혀 고려하지 않는다.

그즈음 원나라는 25여 년간 지속된 황위 쟁탈전 때문에 서서히 국력이 기울고 있었다. 전국 각지에서 농민 봉기가 일어나 변방 여러 제후국들이 원으로부터 독립했다. 그럼에도 원나라 조정은 고려만큼은 염려하지 않았다. 원 조정은 고려인을 통치하는 두 왕, 심양 왕과 고려 왕의 분열을 적절히 이용해 관리했다.

한편 충숙왕은 자기 세력을 서서히 키워갔다. 1318년(충숙왕 5년) 봄, 왕은 연회를 베풀고 환궁하는 길에 당 현종玄宗의 시를 읊었다.

金殿千門白晝開(금전천문백화개)
대낮에 궁전 문을 온통 열어놓고
三郎沈醉打毬回(삼랑심취타구회)
술 취한 황제가 격구하고 돌아오는 도다
九齡已老韓休死(구령이로한휴사)
이미 구령은 늙었고 한휴마저 죽었으니
明日應無諫疏來(명일응무간소래)
당연히 내일도 간섭하는 신하는 없겠지.

이튿날 밤에도 연회를 열고 유쾌하게 놀면서 위의 시를 오랫동안 읊조렸다. 그 후에 사냥을 할 때나 무녀들을 불러 기우제를 지낼 때도 마찬가지였다.

그러던 어느 날 14항목의 개혁 교서를 내린다.

"국가의 근본은 인민이다. 인민이 튼튼해야 국가가 편안하다. 따라서 지방관의 사욕을 품은 불공정 행위, 공물 징수관의 비리, 권문세가의 탈세, 고리대금업자, 토지와 노비 강탈 행위 등을 용서하지 않을 것이다."

그리고 시범 케이스로 사헌집의司憲執義 김천일金千鎰과 지평持平 장원조張元祖 등을 귀양 보냈다. 개혁 과제를 수행할 찰리변위도감拶理辨違都監도 설치했다.

이런 충숙왕의 행보에 찬물을 끼얹는 일이 일어난다. 복국장공주가 고려에 온 지 3년 만인 1319년 9월 갑자기 죽은 것이다. 사인은 불분명했다. 원 황실에서 진상 규명을 하라며 선사 이상지李常志를 보냈다. 이상지는 요리사 한마녹과 복국장공주의 궁녀들을 심문했다.

그 결과 충숙왕의 과오가 드러났다. 충숙왕은 복국장공주와 혼인하기 전에 덕비 홍씨(공원왕후 恭元王后)와 혼인했는데, 복국장공주가 입국한 후 궁에서 밀려났다. 충숙왕이 복국장공주 몰래 그녀를 만나고 다니며 정사를 게을리했다는 것이다. 이를 말리는 복국장공주를 심하게 때려 복국장공주가 피를 흘리고 쓰러지기도 했다.

이후 원 황실은 충숙왕을 불신한다. 좌절한 충숙왕은 매일 술에 절어 살며 국고를 열어 탕진했다. 마침 원나라에 영종英宗, 시디발라碩德八剌(재위 1320~1323)이 즉위했는데 영종의 총애를 받는 심양 왕 왕고가 충숙왕의 비행을 원 황실에 낱낱이 보고한다. 원 황실은 황제 즉위식에 와 있던 충선왕을 4년간 억류했다.

왕고는 이 기간에 고려 왕이 되고자 공작을 벌였으나 영종이 살해

되고 태정제泰定帝, 예순테무르也孫鐵木兒(재위 1323~1328)가 즉위하면서 실패했다. 귀국한 충숙왕은 정치에 환멸을 느껴 원나라 사신조차 만나지 않고 칩거하다가 왕위를 태자 정禎에게 양위한다. 그가 충혜왕이다.

충혜왕, 충동조절장애자

충혜왕忠惠王(재위 1330~1332, 복위 1339~1344)은 충숙왕의 장남이며 어머니는 공원왕후 홍씨다. 선대 두 왕의 어머니가 원나라 공주였으나 충혜왕은 고려인을 어머니로 두었다. 16세에 왕위에 올랐는데, 이전부터 유흥에 집착했다.

이를 잘 아는 주변에서 충혜왕의 즉위를 막고자 해도 충숙왕이 칩거하며 만나주지 않으니 별도리가 없었다. 아니나 다를까. 충혜왕은 즉위 후부터 6일 동안 정사를 내팽개치고 내시들과 씨름하고, 사냥을 다니고, 술판을 벌이며 기생과 어울렸다. 주변에 사관은 그림자도 비치지 못하게 막아 왕의 행적을 기록하지 못하게 했다. 왕이 통치를 방기放棄하자, 권신들이 권한을 남용했다. 이런 폐정이 2년 이상 지속되자 원 황실이 충혜왕을 연경으로 소환하고 대신 충숙왕에게 통치하도록 했다. 충혜왕은 근신하러 불려 간 원나라에 가서까지 못된 행실을 고치지 못했다.

그로부터 7년 후 충숙왕이 지병으로 생을 마감하자 충혜왕이 복위했다. 이쯤 되면 정신을 차릴 만도 했으나 충혜왕은 이전보다 더 음탕한 짓만 저지르고 다녔다. 부왕의 후비를 두 명씩이나 강간했고,

장인의 후처는 물론 서모庶母까지도 강간했다.

이 정도였으니 서민의 피해는 헤아릴 수 없을 것이다. 측근 신하의 부인들도 여럿이나 겁탈했다. 충혜왕은 충동조절장애Impulse Control Disorders가 있는 섹스 중독자였다. 리더는 타인과 타협하고 조정하여 공감대를 이끌어내야 한다. 그러나 충혜왕은 타인 관리는커녕 자신도 관리하지 못했다. 충혜왕이 제일 애지중지한 소지품이 정력 강장제인 '열약'일 정도였다.

또한 원나라에 소환되어 갔을 때 걸린 임질을 국내에 최초로 전파한 사람이기도 하다. 장인의 후처 황씨를 겁탈해 임질이 옮자 치료해 주라고 승려 복산福山을 보내기도 했다. 충혜왕의 미친 짓거리가 전국에 소문나자 북방 변경 주민들이 고려에는 더 이상 희망이 없다며 중국으로 도망쳤다.

원 황실은 1340년 3월에 다시 충혜왕을 압송해 갔다. 연경의 형부에 갇힌 충혜왕은 탈탈대부脫脫大夫가 황제에게 사면을 요청해준 덕분에 4월에 개경으로 돌아왔다. 이 무렵 기철奇轍의 여동생인 고려 여인 기씨가 원 황제의 제2비가 된다.

돌아와서도 충혜왕의 엽기 행각은 전혀 누그러지지 않았다. 어느 고을 수령의 처가 예쁘다는 소리를 듣고 호군護軍에게 데려오라 시켰는데, 호군이 데려오는 중에 간통하였다. 이를 알게 된 충혜왕은 그 호군을 때려죽였다.

이런 일들이 다반사였고, 매일 연회를 베풀고 수박희를 즐겼다. 연회장을 더 넓히고자 민가 백여 채를 하루 사이에 허물기도 했다. 도

무지 왕이 한 짓이라 할 수 없는 패악을 저지르자 기황후의 오빠 기철이 원 황실에 폐위를 건의했고, 원 황실에서 온 사신이 충혜왕을 체포하여 원나라로 끌고 갔다.

충혜왕은 영구히 사회에서 격리되어야 마땅한 인물이었다. 이를 잘 아는 원나라가 왜 방치했을까? 원나라는 고려가 강해지는 것도 너무 약해지는 것도 원치 않았기 때문이다. 고려가 원 제국의 통치에 부담이 안 되는 수준에서 머물기를 바랐다.

1325년경 중국에 기근이 들어 100만 명 이상이 굶어 죽었다. 특히 중남부 지방에서 잇달아 민중 봉기가 일어나 부유한 집을 습격해 재물을 빼앗아 나눠 주는 일이 비일비재했다. 이런 판국인데 황실에서도 내분이 일어나 권신權臣들끼리 다투고 있었다.

당시 고려를 성종, 현종, 문종 같은 성군이 다스리거나 왕건이나 광종, 숙종같이 강력한 구심력을 발휘할 수 있는 왕이 통치하고 있었더라면 신민臣民을 일치단결시켜 원나라에서 얼마든지 독립할 수 있었다. 원 입장에서는 남부부터 올라오는 반란의 기세를 억누르기도 버거운데 고려마저 원의 통치에 반발하면 감당하기 어려워진다. 그럴 바에 차라리 충동조절장애가 있는 충혜왕을 놓아두는 편이 유리했다.

그럼 왜 마지막에 충혜왕을 압송해 갔을까?

이때는 충혜왕의 패륜이 도를 넘어서, 방치한다면 고려에서도 중국 중남부처럼 민란이 일어날지도 몰랐기 때문이다. 그래서 명색이 한 나라의 왕인 충혜를 백성들이 지켜보는 가운데 신체를 꽁꽁 묶어

끌고 갔다. 일종의 식민지 민심 무마용 행동이었다. 그후 원나라 조정은 기황후의 오라버니 기철을 통해 고려 조정을 관리한다.

충목왕과 충정왕, 두 모후가 권력을 다투다

충혜가 원나라에 비참하게 끌려간 후 맏아들 충목왕忠穆王(재위 1344~1348)이 즉위했다. 이때 나이가 여덟 살에 불과해 모후 덕녕공주德寧公主가 섭정한다.

충목왕은 원나라에 머물다가 원의 순제順帝, 토곤테무르妥懽怙睦爾(혜종, 재위 1333~1368)에게 왕으로 임명받아 개경에 온 후 충혜왕이 편애하던 한범韓范, 장송張松, 심노개沈奴介, 전두걸불화田頭乞不花 등 15명을 추방한다.

덕녕공주는 정승 채하중蔡河中 등을 시켜 어린 왕에게 정치와 학문을 가르쳤다. 그리고 기황후의 외향인 금마군金馬郡을 익주益州(익산)로 승격시킨다. 또한 재야 학자 이제현李齊賢의 상서上書를 받고 충혜의 개인 금고였던 보흥고寶興庫와 덕녕고德寧庫, 궁내의 말만 따로 관리하는 내승內乘, 사냥할 매를 사육하고 훈련하던 응방鷹坊을 없애고 거기에 속한 노비와 토지를 본처本處에 돌려주었다.

1347년(충목왕 3년) 적폐를 청산하고 폐정을 바로잡을 정치도감整治都監을 설치하고 왕후王煦를 책임자로 임명했다. 정치도감에 왕후, 김영돈金永旽, 안축安軸, 김광철金光轍 등 4명의 판사를 두고 그 아래 속관屬官 34명을 두었다. 이들을 각도에 파견해 백성들의 원성이 제일 높은 토지, 노비, 피역避役 등의 문제점을 파헤쳤다.

이때 기황후의 친척 기삼만奇三萬과 기주奇柱 등이 적발돼 처형당했다. 그러자 옥에서 죽은 기삼만의 처가 원나라 기황후에게 일러바쳤다. 이 때문에 정치도감이 설치된 지 2개월 만에 활동이 중단되면서 개혁도 중단되었다. 개혁을 주도한 왕후와 왕후의 매부 이제현, 김윤金倫 등이 밀려나고, 반개혁 세력인 강윤충康允忠, 신예辛裔, 전숙몽田淑蒙, 배전裵佺 등이 부활했다.

이런 가운데 충목왕의 건강이 급속도로 나빠져 1348년 12월 어린 나이에 생을 마감하자, 충혜왕의 둘째 아들 왕저王眡와 충혜왕의 동생이자 충목왕의 숙부인 왕기王祺 중 누구를 후사로 해야 할지 논란이 일었다. 원의 순제는 충목왕의 부고를 듣고 연경에 당도한 왕저를 고려 30대 왕으로 책봉했다.

그가 충정왕忠定王(재위 1349~1351)으로 어머니는 희비禧妃 윤씨다. 희비 윤씨도 열두 살 아들이 왕이 되자 섭정을 하려고 나서면서 덕녕공주와 세력 다툼을 벌인다.

이 틈바구니에서 어린 충정왕은 존재감을 상실했다. 덕녕공주의 총신 배전과 희비 윤씨의 총신 윤시우尹時遇가 설치며 조정 기강이 해이해졌다. 벼슬을 하려면 반드시 두 사람에게 청탁을 해야 가능할 정도였다. 이 두 사람과 강윤충, 신예 등이 정방제조를 맡아 큰 권력을 누렸다. 이들 중 희비 윤씨의 외척 윤시우는 윤왕尹王, 원나라 환관 고용보高龍普의 처남인 신예는 신왕辛王이라 불릴 만큼 권력이 막강했다.

중앙에서 권신들이 설칠 때 남부 해안에는 왜구가 출몰해 기승을 부렸다. 이를 고려 정부가 제대로 제어하지 못하자 왜구들은 남원,

영광 등 내륙 깊숙한 곳까지 쳐들어와 약탈해 갔다. 왜구를 막아야 할 관리마저 피난을 가는 형편이었다. 도무지 조정이 제 기능을 발휘하지 못하자, 민심이 충정왕에게서 떠나 왕위 계승에서 밀려났던 강릉대군 왕기에게 쏠렸다.

1351년, 왕기의 측근 윤택尹澤, 이승로李承老 등이 어린 나이에 국정 수행이 버거운 충정왕을 폐위해달라고 청원하여, 충정왕은 폐위된다. 대신 왕기가 왕이 되니 그가 공민왕恭愍王(재위 1351~1347)이다.

희비 윤씨는 1351년 공민왕의 허락을 받고 강화도에 유배된 외아들 충정왕을 찾아가 며칠을 함께 보낸다. 십 대 초반의 소년이었던 충목왕과 충정왕이 재위하던 7년간은 두 왕의 어머니가 고려를 통치했다. 두 여인은 아들의 왕권을 뒷받침해주기보다 자신들이 아끼는 권신들의 권력 기반을 확대해주는 역할만 했다.

31대

공민왕

고려왕조의 마지막 횃불

노국공주와 함께 배원 정책, 민족성 회복의 깃발을 들다

공민왕은 충숙왕의 둘째 아들이자 충혜왕의 동생이다. 1341년(충혜왕 2년) 원나라의 요구에 따라 10년간 연경에 머물렀다.

충혜왕이 원나라로 끌려갈 때 후계 물망에 올랐으나 기황후 측이 반대했다. 충목왕이 즉위 4년 만에 사망하자, 일부 대신들이 추대했으나, 또다시 기황후의 측근 내시인 고용보가 반대 공작을 펴 무산되었다. 그런데 어린 충정왕이 정국을 주도하지 못해 고려가 혼란스러워지자 재위 3년 만에 축출되고 드디어 공민왕이 즉위했다.

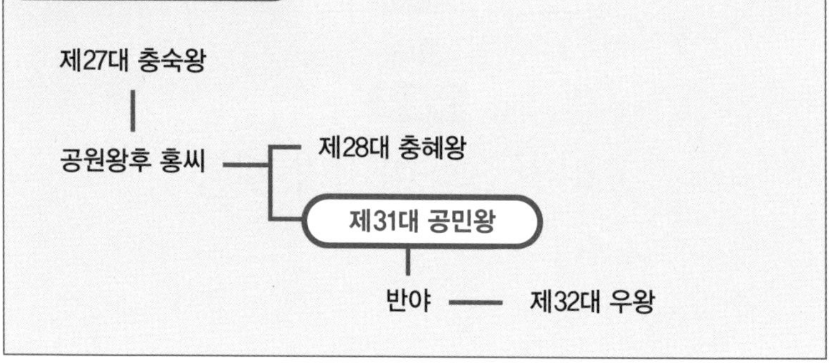

공민왕 가계도

이처럼 원나라 황실은 일관되게 공민왕의 즉위를 싫어했으나, 공민왕을 책봉해주지 않을 수 없었다. 당시 원나라는 홍건족의 봉기로 몰락하는 입장이라 고려 신민 대다수가 지지하는 공민왕을 반대할 명분도 힘도 없었다. 이러한 공민왕은 반원反元의 기치를 높이 든다.

그동안은 원나라가 충 자 돌림 여섯 왕들을 폐위하고 복위하기를 반복해도 그대로 따라야 했다. 공민왕은 이에 큰 적개심을 품고 1351년 12월 고려로 돌아왔다. 먼저 정치적 기반을 다지고자 전면적인 인사이동을 단행했다. 성리학자인 이제현을 수상에 앉히고 조일신趙日新 등을 주요 보직에 임명했다.

이듬해 1월 1일, 왕부터 나서서 변발과 호복을 버리고 고려식으로 바꿨다. 고려의 자주적 전통을 되살리겠다는 의지의 표현이었다. 곧이어 2월에 친원파가 득세했던 정방을 혁파해, 문신 인사는 전리사典理司로, 무신 인사는 군부사軍簿司로 돌렸다.

그리고 윤시우, 배전 등 부패한 귀족을 투옥시키거나 유배했다. 아울러 즉위 교서를 발표하여, 역대 선왕 및 기자箕子까지 언급하여 몽골과 전혀 다른 고려의 정체성을 분명히 했다. 원나라 연호 사용을 중단하고, 관제도 원나라 형태에서 문종 시대 것으로 환원했다.

8월에 이르러 또 한 번 반원 교서를 선포하고 원나라에 붙어 이권을 챙긴 세력의 재산을 몰수했다. 하지만 요직 곳곳에 포진해 있던 친원 세력의 저항이 거세 잠시 머뭇거리다가 1356년(공민왕 5년) 대대적 혁신을 단행한다. 먼저 기황후의 오빠 기철 등 부원배附元輩를 주살했다. 내정간섭의 창구인 정동행중서성 이문소를 전격 철폐했다. 평리 인당印璫을 서북면병마사로 삼아 압록강 이서와 쌍성雙城 지역을 공략했고 철령 이북 땅을 100년 만에 수복했다. 이때 이성계李成桂의 아버지 이자춘李子春의 도움을 받았다. 몽골식 생활 풍조도 금지하고 공녀도 송출하지 않았다.

고려의 계속되는 반원 정책에 원은 크게 반발하며 80만 대군을 동원해 짓밟겠다고 통보해왔다. 비록 원이 많이 약해졌다고는 하나 고려는 여몽 전쟁과 여섯 충왕의 거듭된 실정 탓에 원나라보다 더 쇠약해져 있었다. 부득이 공민왕은 서북면을 공략한 인당을 희생 제물로 삼고 원의 연호도 다시 사용했다. 거기에 1359년(공민왕 8년)과 1361년(공민왕 10년) 두 차례에 걸쳐 홍건적이 침입하자 원과 유대를 강화하고 반원 정책을 포기한다.

1차 침입 때, 모거경毛居敬의 4만 홍건적군이 철주와 서경까지 점령했으나 2만 고려군이 몰아냈다. 2차 침입 때는 개경까지 함락되어 공민왕이 안동까지 피난해야 했다. 이를 20만 고려군으로 3개월을 싸워 홍건족을 압록강 이북으로 몰아냈다. 이때 이성계가 큰 공을 세워 주목받기 시작한다. 그러나 피해가 워낙 컸다. 문화재와 개경 왕성까지 불에 타는 바람에 공민왕이 개경에 들어가지 못하고 죽주, 진천 등의 행궁에서 2년간 지내야 했다. 하필 이 시기에 찬성사 김용金涌이 반란을 일으켜 공민왕이 위기를 맞았으나, 최영崔瑩과 오인택吳仁澤 등이 구출했다. 고려 사회가 어지러워지자 남해안과 서해안에 왜구가 출몰하는 일이 늘어났다.

이런 와중에 노국공주가 잉태하여 공민왕이 기뻐했다. 그러나 기쁨도 잠시 노국공주가 산통으로 죽고 만다. 노국공주는 공민왕이 왕이 되던 해에 연경에서 결혼해 함께 귀국했다. 그 후 16년 동안 아이가 없었으나 어렵게 임신해서 공민왕은 죄수들까지 석방하며 좋아했다. 그런 그녀가 아이를 낳지 못하고 죽자, 공민왕은 식음을 전폐하며 슬퍼했다. 그동안 공민왕의 반원 개혁 정책은 원 황족인 노국공주가 절대적으로 지지해준 덕분에 가능한 일이었다.

좌절한 공민왕은 손수 노국공주의 초상화를 그려놓고 매일 눈물을 흘리며 바라보았다. 마치 그 초상화가 살아 있기라도 한 듯, 웃고 울고 중언부언했다.

신돈을 선택하고 신돈을 버리다

공민왕은 노국공주를 잃은 슬픔 속에서도 자주 고려에 대한 열망을 포기하지 않았다. 사람이 필요했다. 왕의 주변에 홍건적을 물리친 최영 등 무장 세력의 힘이 날마다 커지고 있었지만 어디에도 선명한 자기 세력이 없었다.

자신을 도와줄 인재를 찾는 공민왕의 눈에 신돈辛旽이 들어왔다. 공민왕은 유학 관료 집단을 견제하는 데 적합한 승려를 탐색하다가 1358년 신돈을 만났다. 이후 수시로 신돈을 불러 정책 자문을 구했다. 그런 가운데 묘한 사건이 터졌다.

무신이며 중서문하시랑평장사인 김용金鏞과 평소 사이가 나쁜 정세운鄭世雲, 안우安祐 등이 홍건적을 물리쳐 공을 세웠다. 이를 시기한 김용이 1362년 이간계를 써서 안우로 하여금 정세운을 죽이게 했다. 그 후 다시 안우마저 죽였다. 김용은 이러한 자신의 죄악이 드러날까 두려워 흥왕사에 있던 공민왕을 부하를 시켜 시해하려 했으나 실패하자, 도리어 그 부하를 즉결처분하여 무사히 위기를 넘기고 일등 공신에 책봉되었다. 그러나 결국 발각되어 사형당한다.

김용의 행각이 드러났을 때, 신돈은 행각승行脚僧으로 전국을 유람하고 있었다. 공민왕은 1365년에 신돈을 불러 사부로 삼고 청한거사淸閑居士란 호칭을 내리며 전권을 맡겼다. 호칭을 보면 공민왕이 신돈에게 무엇을 기대했는지 알 수 있다. 공민왕은 신돈이 재산이나 명예나 권력을 탐하지 말고 오직 고려를 고구려의 후예답게 강력한 자주국가로 만들어주길 바랐다. 신돈은 처음에는 이 기대에 부응했다.

무당파無黨派인 신돈은 먼저 기득권 세력을 몰아내고 그 자리를 신진 세력으로 채웠다. 이때 최영도 좌천당해 경주로 내려갔다. 또 초야의 신진들을 불러들였는데, 그들이 곧 이색李穡, 정몽주鄭夢周, 정도

전鄭道傳, 이숭인李崇仁, 권근倦勤, 윤소종尹紹宗 등이며 후에 신진 사대부로 성장한다. 흥미롭게도 이들 가운데 일부가 폐가입진廢假立眞의 논리를 만들어 우왕과 창왕이 신돈의 자식이라며 제거하고 조선을 건국한다.

하여튼 신돈은 친위 세력을 구성한 후, 1366년 5월에 전민변정도감田民辨正都監을 세웠다. 여기서 토지 소유자의 신분을 투명하게 밝혀 권문세족이 빼앗은 농지를 원주인에게 돌려주었다. 또한 강압적으로 노비가 된 사람들을 해방시켰다. 마치 광종 시절 노비안검법을 시행한 것과 유사해 고려가 초기의 강대국으로 회귀하는 듯했다. 공민왕도 비로소 자기의 꿈이 이루어지는 것만 같았다. 토지와 노비 제도를 급진적으로 개혁하자 절대 다수의 백성들이 "성인이 나타났다"며 신돈을 반겼다. 한편, 권력 기반을 상실할 위기에 처한 권문세족들은 "듣도 보도 못한 중놈이 나라를 말아먹고 있다"며 강력히 저항했다. 특히 신돈의 사생활을 집요하게 물고 늘어졌다.

일곱 채나 되는 집에 많은 첩을 두고 애를 낳았다는 둥 뚜렷한 근거 없는 낭설을 기정사실화했다. 왕을 무시하는 언동을 하고 심지어 반역을 도모한다며 몰아세웠다. 그러자 공민왕도 차츰 신돈을 의심하게 되고, 1369년(공민왕 18년) 신돈이 내놓은 사심관 제도事審官制度를 반대했다. 1370년 10월, 마침내 친정하겠다는 뜻을 밝힌다.

다음 해 신돈은 정사를 맡은 지 6년 만에 35명과 함께 귀양을 갔다가 반란죄로 사사賜死된다. 신돈이 물러나자 최영, 경복흥慶復興 등 무인 세력이 다시 득세했다. 신돈이 사라진 후 공민왕은 예전과 전혀 다른 사람이 되었다.

비전이 있고 그것을 기어이 성취해낼 리더라면 상황과 시점에 맞게 다양한 인재를 적재적소에 배치한다. 공민왕은 그 부분이 부족했다. 노국공주에 기대 자주 고려의 꿈을 이루려다 공주가 죽자 좌절했다가 겨우 신돈을 찾아 의존했으나 기득권의 공세에 밀려 신돈을 제거하고 나서는 완전히 자포자기했다.

비전과 의지를 잃은 리더는 다른 리더에게 자리를 물려주어야 한다. 그러지 않고 그 자리를 고수하면 둘 중 하나의 상태에 빠진다. 하나는 외부와 소통을 단절하고 내면으로 침잠하는 상태다. 그 대표적인 예가 충숙왕이었다. 둘째는 공민왕처럼 무분별하게 현재의 관능官能에 집착하는 상태다. 공민왕은 신돈이 떠난 궁궐에 귀족의 아들들을 모아 자제위子弟衛를 만들어 김취려의 증손 김흥경金興慶에게 총괄하게 했다. 왕의 친위 부대로 만든 이 자제위는 본래 취지와 다르게 왕의 관음증을 채워주는 도구가 된다. 공민왕은 자제위의 김흥경, 홍륜洪倫 등을 시녀와 간통하게 하고 문틈으로 엿보았다.

공민왕은 홍륜을 익비益妃와도 관계를 갖게 했는데, 익비가 그만 임신을 했다. 임신 사실을 환관 최만생崔萬生이 왕에게 알려주었는데 왕은 최만생에게 홍륜을 죽이라 명했다. 잉태된 아이를 자기 아이로 만들고 싶어서였다. 그러나 최만생이 홍륜에게 이를 일러 홍륜은 먼저 왕을 죽일 계획을 세운다. 그리고 그날 밤 만취해 자고 있는 왕을 홍륜이 시해한다.

32대

우왕

이인임을 아버지라 부른 왕

15년 동안 이인임이 왕이었다

공민왕이 암살당하자 이인임李仁任이 홍륜, 최만생 등 살해범을 체포하고 조정을 장악했다. 다음날, 공민왕의 모후 명덕태후明德太后와 경복흥이 종친 중에서 적당한 인물을 후사로 세우려 하자, 이인임이 적극적으로 왕우王禑를 세워야 한다고 주장하여 관철시켰다.

우왕禑王(재위 1374~1388)을 세운 이인임은 공민왕의 친명 정책을 버리고 친원 정책으로 돌아섰다. 우왕의 어머니 반야般若는 원래 신돈의 여종이었다. 공민왕이 신돈의 집을 자주 드나들며 반야와 정을 통해

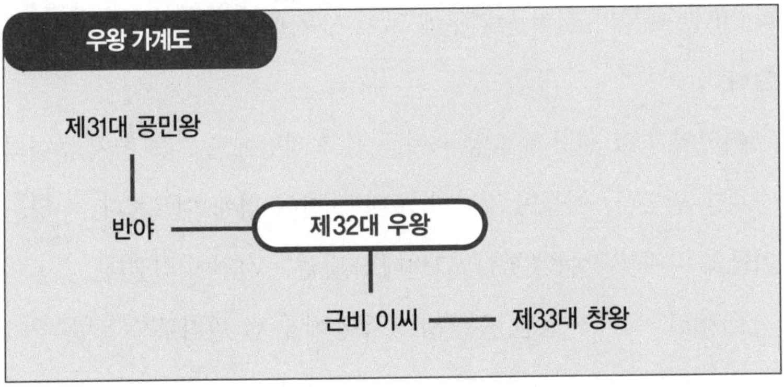

낳은 것이다. 아명이 모니노牟尼奴였는데 공민왕의 유일한 혈육이다. 신돈이 유배되자 그제야 공민왕이 아이를 궁으로 데려와 명덕태후가 길렀다. 그 후 공민왕은 살해당하기 직전 이미 죽은 궁인 한씨를 생모라고 포고布告하며 궁인 한씨를 순정왕후로 추증했다.

이런 과정을 거쳐 열 살에 우왕이 즉위하자 이인임이 정권을 장악하고 최영도 부상한다. 1376년(우왕 2년) 반야가 태후궁에 찾아와 내가 왕을 낳았는데 왜 궁인 한씨를 생모라고 하느냐며 울며 호소했다. 그러자 태후가 황급히 내쫓았다. 이인임이 그녀를 잡아다 깊은 물속에 던졌다.

조정을 장악한 이인임은 친원 정책을 유지하며 측근인 임견미林堅味, 염흥방廉興邦, 지윤池奫 등과 함께 문하시중 경복흥을 무고로 죽이는 등 전횡을 일삼았다. 좋은 땅을 보면 그 주인을 찾아가 다짜고짜 수정목水精木으로 때려 빼앗았다. 수정목은 물을 푸르게 한다 하여 물푸레나무라고도 하며, 고려인들은 그 껍질을 우려내 눈병 약으로 썼다. 또한 나무가 질겨 농기구에 많이 사용했고, 죄인을 다스릴 때도 썼다.

이인임과 그 일당은 중앙 권력을 잡고 지방에도 손을 뻗쳐 주현의 경계를 넘었다. 이들이 강탈한 노비만 천여 명에 이르렀다. 우왕도 이들의 비위를 맞춰야 했다. 그런데 느닷없는 사건이 터졌다.

1388년(우왕 14년) 정월, 염흥방이 우왕에게 전 밀직부사 조반趙胖이 반란을 모의한다고 고발했다. 그리고 조반과 그 가족을 잡아 가두고 참혹한 고문을 가했다. 조반은 모의를 부인했고, 알리바이가 분명했다. 사실은 염흥방의 가노家奴 이광李光이 조반의 땅을 강탈하자 조반이 이광을 죽였는데, 이에 화가 난 염흥방이 조반이 반란을 꾀했다고 거짓말을 한 것이다.

이 무고 사건을 계기로 우왕은 염흥방을 제거하고자 최영과 이성계에게 도움을 청한다. 최영과 이성계가 만반의 준비를 갖추고 병력을 나누어 전격적으로 염흥방을 체포해 순군옥에 가두었다.

뒤늦게 이 소식을 접한 찬성사 왕복해가 돌격대로 최영을 치러 왔으나 이를 대비하고 있던 최영에게 사로잡혔다. 이 사건으로 권문세족 50여 명과 염흥방의 가신, 노비 천여 명이 처형당했다. 당시 정계에서 물러나 있던 이인임도 이성계의 압력으로 귀양 갔다가 최영의 배려로 간신히 풀려난다.

이인임 일당이 제거되었다는 소식이 전해지자 백성들이 길거리에 나와 춤추며 노래를 불렀다. 우왕은 최영을 통해 이인임을 정계에 남겨두고 싶었으나, 이성계의 반발이 워낙 심해 겨우 목숨만 살릴 수 있었다. 우왕은 지난 15년간 이인임을 아버지라고 부를 정도로 의지하며 지냈다. 주체적으로 국정을 장악하지 못하고 이인임만 따른 것이다.

이제 모든 권력은 최영과 이성계에게 넘어갔다. 최영은 문하시중이 되고 이성계는 수문하시중이 되어 조정 인사를 주관하기 시작했다.

홍산대첩 스타일과 황산대첩 스타일

이인임이 제거되고 최영과 이성계가 정권을 잡을 때 우왕은 23세였다. 이인임은 비록 간신이지만 그래도 우왕을 내세우고 비위를 맞춰가며 자신의 이익을 챙겼다. 최영과 이성계는 달랐다. 최영은 불의와 타협하지 않는 원칙주의자였다. 부친으로부터 "황금 보기를 돌보듯 하라"는 가르침을 받고 자랐으며, 왕에게도 해야 할 말은 하는 성격이었다. 이성계는 최영과 달리 때를 가려가며 말을 했고, 말보다 큰 그림을 그려 일을 성사시켰다. 이런 이성계를 우왕은 물론 신하들조차 왕보다 더 큰 그릇으로 보았다.

우왕 입장에서는 고지식한 최영보다 불의와 타협도 하며 비위를 맞추는 이인임이 훨씬 좋았다. 물론 이성계는 최영보다 훨씬 더 부담스럽고 위압적인 존재였다. 최영은 충성심이 있었으나 이성계는 충성심보다 야심이 더 강한 인물이었다. 최영과 이성계가 정권을 잡자 우왕의 정치적 영향력은 정책 조정자 정도에 머물게 된다.

최영의 가문은 해주 최씨 집안으로 고려의 명문가다. 일찍이 무관이 되어 수많은 왜구, 오랑캐와 싸워 많은 공을 세웠다. 특히 홍산대첩鴻山大捷(충남 부여)은 가히 전설적인 전훈이다. 당시 왜구가 충청도 앞바다를 지나 금강을 거슬러 올라와 부여를 습격했다. 삼면이 절벽이고 가운데 길 하나만이 열려 있어 고려군은 적에게 진격하지 못하고 있었다. 장수들이 겁을 내며 머뭇거리자 환갑이 넘은 최영 장군이 선두에 서서 돌진했다. 싸움이 한창일 때 왜병이 쏜 화살이 최영의 입술에 꽂혔으나 최영은 태연자약하게 그 화살을 뽑아 도로 왜병에게 쏘아 가슴을 맞췄다. 이 모습에 감동한 고려 군사가 앞다퉈 적 진영에 돌진하여 큰 승리를 거뒀다.

이후 왜구는 최영을 백수 최만호白首 崔萬戶라고 불렀다. 성성한 흰 머리를 풀어젖히고 전장을 누비는 최영, 그가 나타나면 왜구는 도망가기에 바빴다.

이성계도 결코 최영에 뒤지지 않는 무장이었다. 다만 최영이 우직한 용장이라면 이성계는 지략을 겸비한 용장이었다.

이성계는 원래 야망이 컸다. 이 야망은 아직 무명 장수일 때 상징적으로 나타났다. 빈집에 들어가 서까래 세 개를 지고 나오는 꿈을 꾼 것이다. 이성계는 당시 더 배울 것이 없다고 할 만큼 박학다식한 무학대사를 찾아가 꿈에 대해 물어보았다. 무학대사는 서까래 세 개에 대해 다음과 같이 해몽했다.

"임금 왕王 자입니다."

반역죄로 처벌받을 수 있는 엄청난 이야기였다. 이런 말을 서슴없이 한 무학대사나, 그것을 그대로 받아들인 이성계나 엄청난 도전 정신의 소유자다.

기존 조직을 승계하는 리더는 도전 정신보다 충성심이 더 강하다. 최영은 "고려밖에 모르는 바보"라 불릴 만큼 고려왕조에 충성했다. 도전 정신이 강한 리더가 새로운 조직을 만든다. 새 시대를 여는 리더의 절대 조건은 강력한 도전 정신이다.

이성계는 황산대첩荒山大捷으로 유명하다. 고려 말에는 왜구의 출몰이 극심했다. 1380년(우왕 6년) 지리산 근처 황산(남원)에 왜구가 출몰했다. 이때 왜장은 고운 얼굴의 15세 소년 아지발도阿只拔都였다. 백마를 타고 전장을 종횡무진으로 누비는 그 소년 장수를 누구도 당해낼 수 없었다. 눈만 빼고 전신에 갑옷을 입어 아무리 화살을 쏘아도 소용없었다. 고려 병사들은 아지발도만 나타나면 비명을 지르며 도망가기 급급했다. 이성계가 이지란李之蘭에게 말했다.

"내가 화살로 저 아지발도의 투구 끈을 끊어놓을 것인즉, 바로 화살을 쏘아 죽여라."

과연 이성계는 신궁神弓이었다. 화살이 정확하게 아지발도의 투구 끈을 잘랐다. 투구가 벗겨지자 바로 이지란이 그의 머리에 화살을 쏘아 죽였다. 이 전투로 이성계는 일약 영웅으로 떠올랐다.

최영이나 이성계 모두 탁월한 전쟁 영웅이지만 두 사람이 큰 공을 세운 대첩을 비교해보면 스타일의 차이가 보인다. 홍산대첩의 최영은 그야말로 솔선수범형이며 물불 가리지 않고 자신을 헌신하는 스타일이다. 황산대첩의 이성계는 완전무장한 아지발도의 허점을 찾아

승리했다. 그만큼 치밀하고 전략적이다. 고려왕조가 번영할 때라면 최영같이 안정적이고 선 굵은 리더가 필요하지만 새로운 체제를 만들어야 될 때라면 이성계 같은 리더십이 진가를 발휘한다.

최영의 요동 정벌론과 이성계의 위화도 회군

최영과 이성계는 고려 내 최대 군벌이 되었는데, 두 사람의 운명을 좌우할 문건 하나가 1388년(우왕 14년) 2월 고려 조정에 도착한다. 신흥 강대국 명나라가 철령 이북의 땅을 점령하겠다고 통보한 것이다. 본래 원나라의 쌍성총관부가 다스리던 지역이니, 이제 명나라 땅이라는 주장이었다. 이 문건을 놓고 최영과 이성계가 대립한다.

최영은 이 기회에 요동을 정벌해 명나라의 야심을 꺾자고 주장했고, 이성계 등 신진 사대부는 아직 요동 정벌은 성급하다고 주장했다. 우왕은 최영의 손을 들어주었고, 최영은 명나라의 공문을 가지고 양계에 내려온 요동 군사 21명을 죽였다.

명나라에 선전포고를 한 것이다. 각도에 성을 정비하라 명령하고, 왕족이 이주할 한양산성을 축조했다. 우왕은 4월 1일, 최영과 이성계 등 여러 신하들을 불러 요동 진격을 분부한다. 이 자리에서 이성계는 전쟁에 불리한 '사대불가론'을 다음과 같이 주장했다.

"소小로 대大를 치니 불가하고, 농사철인 여름에 군사를 동원하니 불가하고, 온 나라 군대가 동원된 틈을 노려 왜적이 준동할 것이니 불가하고, 무더운 장마철이라 활에 먹인 아교가 녹고 병영에 전염병이 돌 수 있어 불가하다."

최영은 이에 반대하며 요동 정벌 가능론을 펼쳤다.

"작은 나라가 큰나라를 공략하고자 할 때는 시기가 중요하다. 지금 명나라 군대가 북원을 몰아내려고 북쪽에 몰려 있어서 요동을 돌아볼 수 없다. 이 절호의 기회를 놓치면 안 된다. 또한 장마철을 싫어하는 명나라 군사들은 여름철이면 사기가 꺾인다. 마지막으로 요동 땅이 워낙 비옥해 여름철에 쳐들어가 점령한 후 가을이면 모든 군량미를 현지 조달할 수 있다."

이성계와 최영의 논리를 들은 신하들이 두 편으로 나뉘어 설전을 벌이자 우왕이 다음에 의논하자며 미루었다.

다음 날 우왕이 어전회의에서 "이미 군사를 모아놓았으니 미룰 수 없다"고 강행하려 하자 이성계가 절충안을 내서 "군대를 서경에 주둔시켰다가 가을에 출병하자"고 했지만 거절당한다. 곧 요동 정벌군 지휘부가 구성된다.

최영은 팔도도통사, 조민수와 이성계는 좌, 우군도통사를 맡았다. 병력은 좌우군 합해 총 5만여 명이었다. 이들은 말을 2만여 필 동원해서 서경을 출발했다. 이때 최영은 직접 정벌군을 지휘하려 했으나 심약한 우왕이 자기 곁에 있어달라고 붙잡아 개경에 남았다.

만일 우왕이 만류하지 않았더라면 최영의 지휘로 고려는 명나라와 일전을 벌였을 것이다. 그해 5월에 고려군은 압록강 중간에 있는 위화도까지 진격했다. 여기서 잠시 진격을 멈춘 이성계와 조민수는 우왕과 최영에게 회군 명령을 요구했다. 그러자 개경에서 내려온 내시 김완이 왕이 진군을 격려한다며 보낸 금과 비단을 내놓았다. 장마가 져 압록강 물이 불고, 갑옷이 물에 젖고, 무더위에 병마가 찾아오자 이성계와 조민수는 다시 개경에 회군 상소를 올렸다. 그러나 이때도 개경에서는 어서 진군하라고 재촉했다.

이성계는 개경에서 보낸 환관을 붙들어두고 군사를 개경으로 돌렸다. 위화도 회군 소식을 접한 우왕은 급히 개경으로 돌아가 최영에게 반란군을 진압하라고 했다. 이미 대부분의 군사가 정복군에 편입된 터라 개경에 남아 있는 병사는 수백 명에 불과했다. 이들을 데리고 최영이 반란군을 막아보았으나 역부족이었다. 반란군은 개경을 접수한 후 우왕을 폐위해 강화도에 유배하고, 최영은 고양에 유배했다. 이렇게 견금여석見金如石의 일생을 산 최영이 이성계에게 패했다. 청렴결백한 최영은 이성계보다 개인윤리나 의협심 면에서 앞섰다. 하지만 고려 후기, 민중이 외세와 타협하고 부패한 권문세족 대신 신진 관료를 성원하는 상황에서, 권문세족과 가까운 최영이 설 자리는 많지 않았다. 이럴 때 이성계는 신진 관료를 대변하며 최영을 몰아낼 수 있었다.

33~34대

창왕 · 공양왕

이성계의 도약대

두 왕의 축출 논리를 세우다

위화도 회군으로 최영 세력이 물러나고 이성계와 조민수가 신권을 잡았다. 우왕은 강화도에 유배되었고 창왕昌王(재위 1388~1389)이 즉위했다. 창왕이 즉위하는 데는 조민수의 공이 컸다.

우왕을 폐위한 회군 세력은 누구를 왕으로 삼을 것인가로 분열되었다. 조민수는 우왕의 외아들 창昌을 주장했고, 이성계는 종친 중에 잘 골라 세우자고 했다. 당시 열세였던 조민수는 명망가 이색李穡을 설득했다. 당시 왕위 지명권은 공민왕의 제3비인 익비 한씨가 쥐고

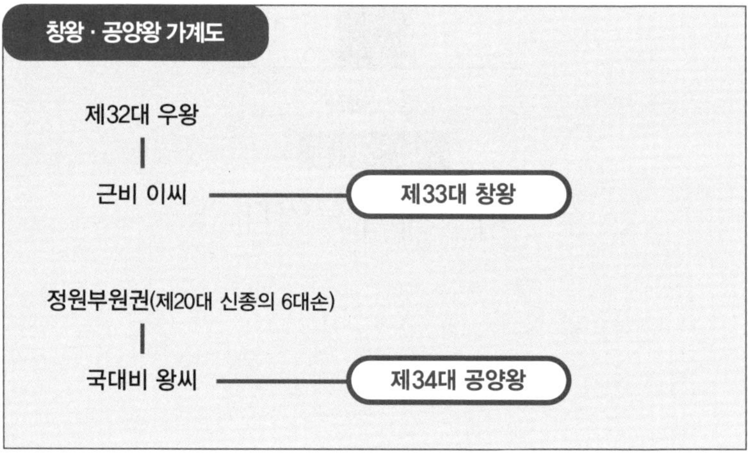

창왕 · 공양왕 가계도

있었다.

우왕이 폐위될 때 국새를 조민수가 챙겨 익비 한씨에게 맡겼다. 익비 한씨는 이색과 조민수의 청을 받고 아홉 살짜리 창을 왕으로 세운다는 교지를 내렸다. 완벽한 조민수의 승리였다. 어린 왕을 세워놓은 조민수는 권력의 핵심을 차지했다.

이성계는 신진 사대부들의 의견을 수렴해 대중적 기대에 부응하는 개혁안을 마련한다. 전제 개혁田制改革이 그것이다. 1388년 7월 안이 올라가자 조민수는 너무 과격하다며 격렬하게 거부했다. 이성계는 바로 이 점을 노렸다. 세상이 다 좋아하는 전제 개혁안을 조민수가 거부하자 신진 사대부들이 분노했고, 조준이 나서서 "이인임의 친척인 조민수가 부패와 연루되어 있다"며 탄핵했다.

조민수는 창녕에 유배되었고, 이색 홀로 창왕을 지켜주려 애를 썼지만 속속 이성계 일파가 요직을 차지하자 못 견디고 낙향한다. 이때부터 고려 왕실은 본의 아니게 이성계의 등극을 돕는 산파 역할을 해야 했다.

조선왕조의 시각에서 이성계는 천하의 영웅이지만 고려왕조의 시각으로 보면 만고의 역적이다.

리더는 당장의 애정과 존경에 목을 맬 필요가 없다. 어찌 보면 이성계보다 당대에 지조와 절개를 지킨 정몽주와 최영이 더 존경과 사랑을 받을 수도 있다. 그러나 이성계는 최영과 정몽주와는 다르게 수명을 다한 고려 대신 조선을 창건해 인민을 구제했다.

고려 말기의 왕족 구성이나 권문세족의 성향을 볼 때 고려를 쇄신하기는 어려웠다. 왕족에는 거의 다 망한 몽골족의 인척들이 많았고, 왕족과 유착된 권문세족도 한계에 달한 토지 문제 등 정국을 개혁할 의지가 전혀 없었다.

이성계가 조선을 열지 않았다면 고려는 명나라에게 정복당했을 것이다. 조직은 리더의 크기만큼 커진다. 고려의 마지막 세 왕은 비록 왕이긴 했으나 리더라 부르기는 어려웠다. 이인임이 세운 우왕이나 조민수가 세운 창왕은 자신을 옹립한 두 사람이 제거되면서 몰락했고, 이성계가 세운 공양왕은 자신을 세워준 이성계에 의해 폐위되었다.

어느 왕조나 그 마지막과 시초는 유사하다. 통일신라도 리더의 조건을 갖추지 못한 왕들이 연달아 즉위하며 망했다. 한 시대는 그렇게 저물고 새 시대가 열린다. 새로운 왕조를 개창한 리더들이 갖춘 조건도 흡사하다. 고려를 창건한 왕건이나 조선왕조를 연 이성계나 리더십 면에서 유사하다는 것이다.

첫째, 위기관리 능력이 뛰어났다. 진정한 리더십은 난관에 부딪쳤을 때 빛이 난다. 유능한 선장은 배가 바다 한가운데에서 폭풍우를 만나도 안전한 포구로 인도한다. 위기관리 능력은 곧 기업가 정신이다. 이런 능력을 갖춘 리더가 지금까지와 다른 방법으로 장애물을 뛰어넘으며 위기를 기회로 바꾼다.

둘째, 변화와 혁신에 대한 열정이 있다. 왕건과 이성계는 국가의 정체와 가치관, 지도 그룹, 이 세 가지의 변혁을 추구했다. 왕건은 국가의 정체를 당나라 중심인 신라에서 고구려 고토를 회복하는 자주적 고려로, 가치관은 신라의 산신山神 신앙에서 이타적인 불교로, 지도 그룹은 신라 왕족인 성골과 진골 중심에서 호족과 무인 중심으로 변혁을 이루었다. 이성계 역시 친원 중심 고려에서 친명 중심의 조선으로, 불교 대신 유교의 성리학으로, 고려의 권문세족 대신 과거를 통해 선발된 사대부로 전환하고자 했다.

셋째, 측근에게 변함없는 신뢰를 주어 단결시키고 대중에게는 실행하는 용기를 보여주어 지지를 얻는다. 왕건과 이성계가 사용한 용인술의 핵심은 무엇일까? '의인물용疑人勿用, 용인물의用人勿疑'다. 의심이 가면 쓰지 않았고 일단 기용했으면 신뢰하고 위임했다.

왕건은 궁예가 내치는 부하 장졸을 늘 다독였고, 전국에 독자 세력을 형성하고 있던 호족을 회유해 포섭했으며, 즉위 초 백성의 조세와 부역을 줄여주고, 억울하게 노예가 된 자들을 복권시켰다. 또한 유리

걸식하는 백성의 귀향을 도왔다. 이성계는 고려인의 원성을 한 몸에 받던 간신 이인임을 제거했고, 권문세족의 기반이자 고려 경제를 파탄 낸 토지제도를 일순간에 뒤집어엎었다.

조정에서 조민수와 이색이 사라지자 이성계는 창왕을 쫓아내기 위해 신진 사대부 중 온건 세력의 수장인 정몽주와 함께 '폐가입진'의 논리를 세웠다. 우왕은 신돈의 자식이고 창왕은 신돈의 손자인데 이런 자가 어찌 왕 노릇을 할 수 있느냐고 몰아붙이자 창왕도 견디지 못했다. 1389년 11월 창왕은 강화도로 쫓겨난다.

토지 문서를 불태워 조선왕조의 새 길을 밝히다

이성계, 심덕부沈德符, 지용기池湧奇, 정몽주, 설장수偰長壽, 성석린成石璘, 조준, 박위朴葳, 정도전이 흥국사에 모여 새로운 왕을 결정한다. 그가 신종의 7대손인 공양왕恭讓王(1389~1392)이다.

조정은 완전히 신진 사대부로 가득했다. 그중 공양왕 즉위에 공을 세운 아홉 대신이 나라의 대사를 결정했다. 서서히 이성계 세력은 역성혁명易姓革命의 본심을 드러내기 시작한다. 이들이 넘어야 할 마지막 언덕은 신진 사대부 내의 온건파였다. 정몽주, 권근, 이승인, 이종학 등은 고려왕조를 유지하면서 개혁하자는 입장이었다. 지금까지는 이들과 강력히 연대하여 고려 대대로 내려온 부패한 왕족과 권문세족을 제거했다. 이제 이들과 갈라서야 했다.

온건파를 제거하기 전 먼저 강화도에 유배돼 있는 우왕과 창왕을 제거해서 후환을 없애려 했다. 공양왕이 여러 번 반대했으나 강력하게 주장하여 결국 성사시켰다. 아홉 공신이 정치, 경제, 교육, 문화 등 사회 전반에 걸쳐 대대적 개혁 작업을 주도했다. 이러면서 이성계 세력은 새 왕조 개창開倉 작업도 병행했다. 그러자 온건 개혁 세력도 이성계 세력을 경계하다가 차츰 제거할 기회를 노렸다.

이성계는 1390년 온건 세력이 결코 해낼 수 없는 파격적 정책을 내놓는다. 이는 사전私田 개혁으로, 토지의 개인소유를 금하고 국유화하는 조치였다. 이 안을 놓고 조정 회의를 하는데 정도전, 조준, 윤소종 등이 찬성하고 이색李穡, 이림, 우현보禹玄寶, 변안렬邊安烈, 권근權近, 유백유柳伯濡 등이 반대했다. 다시 백관 회의에 부쳤더니 권세가들을 뺀 90퍼센트가 찬성했다. 사실 이성계도 동북변에 거대 토지를 가지고 있었다. 그러나 백성의 지지를 얻기 위해 자신의 기득권을 포기할 줄 알았다. 그만큼 이성계의 도량이 컸다.

다시 한 번 백성은 크게 기대하며 이성계 세력을 지지한다. 이에 고무된 이성계는 종래의 공사전적公私田籍을 개경 시가에 모아놓고 불질렀다. 정치 이벤트치고는 기발하면서도 진정성 있는 행동이었다. 이 불이 5일가량 타올랐는데 공양왕이 눈물을 흘리며 말했다.

"아! 선왕들의 토지제도가 무용지물이 되었구나."

이것이 바로 정몽주 등 온건 개혁파의 정서였다. 수명이 다한 기존 체제는 제로 베이스에서 시작해서 완전히 바꿔야 한다. 이렇게 못하는 이유가 경제학에서 말하는 매몰 비용sunk cost 때문이다. 그동안 들여온 정성과 시간, 돈이 아까워 버리지 못하는 것이다. 영국과 프랑스는 사이좋게 천문학적 비용을 들여 초음속 비행기인 콩코드를 개발했다. 막상 개발해놓고 보니 소음이 너무 크고, 수익성이 없었다. 그래도 매몰 비용이 아까워 포기하지 못하는 바람에 더 막대한 손실을 입고 말았다. 이후 더 큰 손실이 예상되는 데도 그동안 들어간 비용 때문에 포기하지 못하는 것을 '콩코드의 오류'라고 한다. 이런 오류에 자주 빠지는 리더는 주로 온정주의적paternalism 성향이 있어 합리적 의사 결정을 하기 어렵다.

흘러간 물로 물레방아를 돌릴 수 없다. 이미 고려는 리모델링으로 개선될 수 없었다. 해체하여 새로 세워야만 했다. 우왕과 이인임이 친원親元에 집착하고, 최영과 정몽주가 고려 왕씨 혈통에 집착할수록 고려는 더 수렁에 빠졌다. 부패한 조직을 쇄신하려는 리더는 매몰 비용에 집착하지 않는다.

백성이 급진 세력인 이성계에게 환호하자 크게 위축된 온건 개혁파는 이성계를 제거할 기회를 노린다. 마침 이성계가 1392년 3월 황주黃州로 사냥을 나갔다가 말에서 떨어졌다.

이성계가 조정에 들어오지 못하자 4월에 정몽주가 정도전, 조준, 남은 등 이성계 세력을 탄핵하여 유배했다. 사태가 심각해지자 이성계는 아픈 몸을 이끌고 개경으로 돌아왔다. 이런 급박한 상황을 돌파하는 길은 정몽주를 없애는 방법밖에 없다고 판단한 이방원이 아버지 이성계와 상의하지 않고 정몽주를 살해한다.

만고의 충신 정몽주는 이성계보다 학식, 인품, 가문 등 여러 부분에서 월등했다. 그러나 이성계는 혁신적인 사고를 갖고 있었다. 혁신 역량은 지능지수나 전문성이 아니라 세상을 다른 렌즈로 보는 통찰력에서 비롯된다. 특히 고려 말 같은 대변혁의 시기에는 이런 역량이 새 시대를 여는 리더가 갖추어야 할 필수 조건이다. 이성계는 고려 내부를 고려인이 아닌 외부인의 시각으로 들여다보고 기존 모델과 다른 반대 의견에 마음을 열어 혁신을 이루었다. 이성계에게 새로운 시각을 열어준 사람은 바로 정도전이다. 그는 이성계를 통해 패도 정치霸道政治가 아닌 왕도 정치王道政治를 구현하고자 했다. 왕조 국가에서는 성군聖君이 대를 이어가면 좋겠지만 혼군昏君이나 폭군暴君도 나올 수 있다. 고려 역사에서 이를 충분히 경험했다. 이를 보완하고자 정도전은 재상 중심의 왕도 정치를 조선의 통치 방식으로 정하고 싶어 했다. 왕은 인仁과 덕德으로 백성의 지아비 역할을 하고 실제 정사政事는 현명한 재상이 맡는 이런 방식의 왕도 정치는 어찌보면 이성계에게 불리할 수도 있었다. 그러나 이성계는 정도전을 전적으로 신뢰하고 밀어주었다. 이런 이성계에게 정도전은 아낌없이 충성했다.

한편 정몽주가 사라지자 잠시 움츠러들었던 이성계 일파가 다시 조정을 장악했다. 유배되었던 정도전도 다시 복귀했다. 비로소 역성혁명론이 구체화되며 급물살을 탄다.

그해 7월 17일 정도전, 배극렴, 조준, 남은 등이 이성계를 왕으로 추대하며 공양왕을 폐위했다. 이로써 34대 474년 동안 지속된 고려 왕조가 문을 닫고 500년 조선왕조가 시작된다.